사회복지와 문화다양성

성정현 · 김혜미 · 김희주 · 박동성 · 이창호 · 홍석준

KNOWLEDGE COMMUNITY 공동체

이 책은 우리 사회의 인구와 가족 구성이 다양화되는 상황에서 문화적 다양성에 대한 이해를 바탕으로 사회복지실천 지식과 기술을 학습하는 데 도움을 주기 위해 발간되었다. 특히 사회복지실천의 기본이면서도 가장 중요한 문화적 민감성과 역량을 함양하도록 하기 위해 문화인류학자와 사회복지학자들이 협업하여 책을 집필함으로써 보다 폭넓은 문화적 이해를 돕고자 하였다.

전반부는 총 2부로 이루어져 있다. 제1부는 문화적 다양성에 관하여 다룬다. 1장에서는 문화적 다양성과 관련된 기본 개념을 인종, 종족, 민족/ 국가/ 국민 등으로 구분하여 각각의 개념에 대해 살펴본다. 2장에서는 다문화정책의 개념과 모델을 동화주의를 대표하는 '용광로(melting pot)' 모델에 기반을 둔 다문화정책과 문화적 다원주의를 대표하는 '샐러드볼(salad bowl)' 모델, 문화접변으로 대표되는 '문화변용(acculturation)' 모델 등으로 살펴본다. 3장에서는 한국사회의 다문화담론에 대하여 그 배경과 다양한 입장, 이에 따른 한국사회의 과제 및 대안에 대해 살펴본다.

제2부에서는 문화적 다양성 사회의 이해라는 제하에 여러 국가들의 사례를 살펴보았다. 4장에서는 제국주의를 경험한 사회의 다문화정책과 제도에 대해 독일과 영국, 그리고 일본을 대표적인 사례로 하여 각 국가의 사회경제적 배경 등을 포함한 현황과 다문화사회의 역사, 다문화정책의 전개, 갈등과 통합, 소결 등으로 나누어 고찰한다. 5장에서는 식민지배를 겪은 사회의 다문화정책과 제도에 대해 대만과 말레이시아를 대표적인 사례로 하여 각 국가의 사회경제적 배경 등을 포함한 현황과 다문화사회의 역사, 다문화정책의 전개, 갈등과 통합, 소결 등으로 구분하여 살펴본다. 6장에서는 이민사회의 경험을 지닌 사회의 다문화정책과 제도에 대해 미국과 캐나다, 그리고 호주를 대표적인 사례로 하여 각 국가의 사회경제적 배경 등을 포함한 현황과 다문화사회의 역사, 다문화정책의 전개, 갈등과 통합, 소결 등으로 나누어 살펴본다.

후반부 역시 2부로 구성되었다. 제3부에서는 한국에서 생활하고 있는 이주민집단에 대해 살펴본다. 7장에서는 한국 이주민 정책의 변화과정으로서 근대 민족국가 형성과정 속의 다양한 이주민들의 삶과 관련 정책을 살펴본다. 8장에서는 국제결혼

가족의 개념과 현황, 가족이 형성된 배경, 복지정책과 서비스 현황을 살펴본다. 9장에서는 외국인노동자의 개념과 현황 및 복지정책, 그리고 외국인노동자의 복지와 관련된 이슈들을 알아본다. 10장에서는 북한이탈주민의 개념과 실태, 그리고 북한이탈주민의 삶의 경험과 복지 정책 및 서비스 현황을 살펴본다.

제4부에서는 문화적 다양성과 가족복지를 위한 사회복지실천가의 문화적 역량 증진과 실천방안을 알아본다. 먼저 11장에서는 다문화사회복지실천에서 문화적 역량의 중요성과 의미, 그리고 역량강화 방안을 알아본다. 12장에서는 문화적 다양성을 기반으로 하는 사회복지실천을 위한 관점으로서 임파워먼트관점과 성인지적 관점을 알아보고, 13장에서는 다문화복지실천을 전개하는 이론적 틀과 실천과정을 살펴본다.

이 책은 학생들이 문화다양성에 관한 전반적인 내용을 쉽게 이해하고 현장에서도 학습한 내용을 충분히 활용할 수 있도록 하는 데 도움을 주고자 하였다. 특히 문화적 다양성과 사회복지의 교재인 만큼 대학에서 이 강의를 하는 문화인류학자와 사회복지학자가 함께 집필함으로써 학생들의 문화적 민감성과 역량을 제고하는 데 중점을 두었다. 이 책을 집필하는 동안 사회문화적 환경이 변화하면서 새로 부각되는 주요 쟁점들을 모두 다루지는 못하였기에 미진한 부분들이 많이 있음을 느끼게 되었다. 이 책을 활용하는 과정에서 발견되는 미흡한 부분에 대하여 선배와 동료 교수, 그리고 독자들의 애정 어린 비판과 조언을 기대한다. 이러한 피드백은 책의 내용 개선에 큰 도움이 될 것이다.

마지막으로 이 책이 나올 때까지 안내자가 되어 주셨던 스승님과 선배 교수, 가족, 그리고 이 책의 출판을 허락해 주신 공동체 이사님과 훌륭한 편집을 해주신 분들께 깊은 감사를 드린다.

2020년 12월

집필자 일동

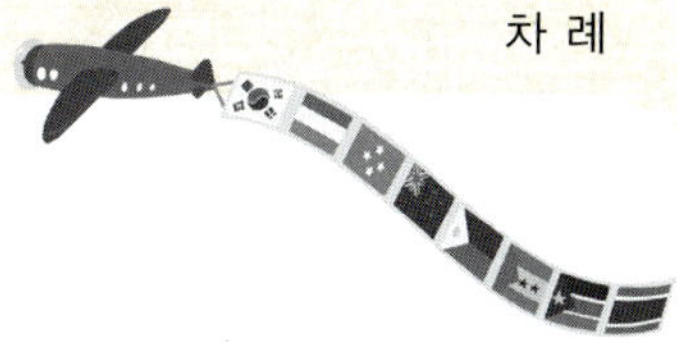

차 례

PART 02

문화적 다양성 사회의 이해

PART 03

한국 이주민집단의 이해

PART 04

문화적 역량 증진과 사회복지실천

01 PART 다문화와 문화적 다양성

CHAPTER 01

다문화와 관련된 기본 개념

1. 인 종

1) 인종에 대한 정의

'인종(race)'은 생물학적으로 동질적인 특성을 가진 것으로 추정되는 사람들의 집단을 지칭한다. '인종'이라는 용어는 세계 여러 지역에서 그리고 상이한 인구 집단에서 다양한 방식으로 사용되기 때문에 매우 복잡하다. 따라서 인종이 단일한 의미를 지니지 않는다는 점을 나타내기 위해 인용부호로 표시하는 것은 이치에 맞고 타당한 것이다. '인종'은 주로 피부색에 근거해서 규정되었다.

인종은 한자로 人種(인종)이라 쓰기에 생물학적 종(種)과 같은 개념의 분류로 간주하는 경향이 있는 것이 사실이다. 하지만 영어에서는 '스피시즈(species)'와는 별도 용어인 '레이스(race)', '종(민)족성(ethnicity)', '종(민)족 집단(ethnic group)' 등과 같은 용어로 표현되기도 한다. 즉, '인종(人種)'은 '레이스' 또는 '에스니시티'를 마땅히 번역할 단어가 없어 편의상 인위적으로 만든, 일종의 '대체어'일 가능성이 높을 뿐, 애초부터 '스피시즈'를 염두에 두고 고안된 용어라고 보긴 어렵다.

하지만 레이스라는 용어에는 생물학적 개념과 의미가 많이 포함되어 있다는 사실을 부인하긴 힘들다. 소위, '백인'과 '흑인'의 '혼혈'을 일컫는 말인 '물라토(mulato)'에는 이미 '물라(mula)', 즉 노새처럼, 다른 종(種) 사이에서 나온 자손이기 때문에 더이상 자손을 낳지 못하리라는 뜻이 함축되어 있다. 이런 의미에서 레이스 개념에 대한 비판이 생물학자들 사이에서 주로 제기되었다는 것도 인정할 필요가 있다.

이처럼 레이스 개념에는 생물학적 의미가 많이 포함되어 있다고 생각했기에 이를 사회문화적 개념이나 의미를 지닌 개념으로 대체하기 위해 사용된 용어로 등장한 것이 에스니시티(ethnicity)라고 말할 수 있다. 따라서 생물학적 개념이나 의미가 아니라 사회적, 문화적 함의를 지닌 용어로는 레이스 또는 레이셜 그룹(racial group)이라는 용어보다는 에스니시티나 에스닉 그룹(ethnic group)이라는 용어가 더 흔히 사용되고 있다.[1]

레이스의 어원은 '라자(raza)'인데, 이 용어는 원래 아랍 말의 '라즈(raz, 머리, 우두머리, 지도자, 기원이라는 뜻)' 또는 라틴어의 라딕스(radix, 뿌리라는 뜻)에서 나왔다. 15세기에 이 말은 잘나가는 집안이나 말을 기르는 집에서 쓰는 용어였다고 한다. 그러나 18세기경부터 레이스는 여러 인간 집단의 외모에 나타나는 차이점 가운데 특정 차이점을 강조하는 말이라는 의미로만 사용되기 시작하였다고 한다.[2]

서양에서 인종 또는 레이스에 의한 인류(인간) 구분 기준이 생겨난 것은 19세기 이후 식민주의를 통해 전 세계가 서로 접촉, 조우, 침략, 대항하는 과정에서 각각의 부족이나 종족, 민족들이 자기 종족이나 민족과의 근원 관계에 따라 가까운 집단과 먼 집단을 구분짓는 데서 비롯된 것으로, 이러한 구분에 따라 황인종과 백인종 그리고 흑인종 등의 구분이 정립된 것은 매우 최근의 일이라고 할 수 있다.

또한 이러한 구분의 출발은 생물학과 같은 자연과학보다는 인문사회과학에 근거를 둔 경우가 많았다. 이 과정에서 자민족의 우월함에 기반을 둔 자민족(자문화)중심주의(ethnocentrism)가 생겨났고, 이를 과학적으로 증명하기 위해 생물학의 발전 과정에서 골상학이나 사회진화론 등의 이론을 동원하여 민족이나 인종 간 우열을 구분하고자 하는 시도가 다각도에서, 다면적으로 이루어졌다. 그러나 이러한 시행착오 과정에서 자민족중심주의의 문제점과 오류가 드러났으며, 심지어 인종차별에 대한 반대에 직면하게 되어 인종에 따른 구분은 폐기되거나 구별을 위한 기준으로만 사용되기에 이르렀다.[3]

인종을 차별이 아니라 구별을 위해 사용하는 것을 넘어서, 인문학이나 사회과학

1 www.thestyleandbeautydoctor.com/Estee-Lauder-Idealist-Campaign.jpg
2 external/upload.wikimedia.org/605px-Meyers_b11_s0476a.jpg
3 특히 나치의 범죄적 학살행위의 원인 중 하나로 우생학이 지목되면서 인종에 대한 과학적 연구는 터부시되거나 사실상 불가능해진 면이 있다.

에서는 인종 개념을 일종의 '사회적 구성물(social constructs)'로 간주하여 이를 해체하려는 이론적 작업이 이루어지기도 했다. 인종이란 사회와 역사 속에서 만든 구분 기준에 따른 통계적 구성물이라는 주장이나 '인종은 없다. 인종주의만 있을 뿐이다'라는 언술도 등장했다.

이 말은 레이스(race)라는 개념이 먼저 있고 거기에 따라 구분을 하는 것이지 레이스라는 과학적 '현실'이 먼저 있고 거기 맞춰 개념이 나온 게 아니라는 것을 의미한다. 어떤 특질이 이 '인종'에게는 있고 저 '인종'에게는 없다는 식의 구분은 일단 그 개념을 만들어낸 다음, 사후적으로 정당화를 위해 동원된 것일 수 있다. 인종의 '사회적 구성물'로서의 측면을 강조하는 이러한 경향이나 흐름 때문에 사회학이나 문화인류학 쪽에서는 레이스가 아니라 '레이셜라이제이션(racialization)', 즉 '레이스에 따라 분류하기'라는 용어가 더 자주 사용된 경우도 있다.

이런 의미에서, 황인(몽골로이드), 백인(코카소이드), 흑인(니그로이드)의 3집단이 정립된 이후로는 더 이상 주요한 분류체계가 제시되지 않아 이후에도 이렇게 고착되어 있으나, 과거에는 이와 전혀 다른 분류체계가 사용된 바가 있듯이, 앞으로 현재와는 전혀 다른 새로운 분류방법이 제시될 가능성 역시 아주 배제할 수는 없을 것이다.[4]

2) 인류에 대한 분류 기준으로서의 인종

인종을 생물학적으로 구분하는 것은 무의미하다는 주장이 제기되기도 했다. 인종의 구별은 아종, 변종보다 무의미한 것으로 드러났다. 인종 간 변량(각기 다른 인종 간의 차이)은 인종 내 변량(같은 인종 안에서의 차이)보다 크지 않다는 것이다. 생물학적 종, 다시 말해서 스피시즈(species)로서는 모든 인종이 다 같은 호모 사피엔스 사피엔스 중 하나일 뿐이다. 인종 간의 우열 비교는 무의미하다는 것이다. 과거 생물학적 종 분류가 완성되지 않았을 당시에는 생물학적 지식이 별로 없었기 때문에 겉모습을 분류 기준으로 두어 유색인종을 나누었으나, 현대에서는 지식이 크게 늘어

4 참고로 흑인을 니그로이드(Negroid)라고 쓰고 있는데, 이것은 주로 과학수사인류학(forensic anthropology)나 의료인류학(medical anthropology)에서 사용하는 말이다. Negro가 흑인을 차별하는 용어로 굳어지면서, Negroid라는 용어 또한 지양되는 추세이다.

유전적인 분류로 종을 나누기 때문에 황인이든 백인이든 서로 다른 개체 간 자식 생식 능력이 있기 때문에 다른 종으로 분류가 불가능하다는 것이다. 즉, 모두 같은 종의 일부라고 봐야 한다는 뜻이다.

또한 서구, 특히 미국에서는 다민족국가(예전에는 다인종국가라는 용어로 표현됨)의 특성상, '인종' 개념을 최대한 부정하고자 하는 정치적 압력이 존재하고, 그로 인해 그러한 방향으로의 연구 편향이 강해졌음을 염두에 둘 필요가 있다.

인종이란 말 그대로 '사람의 종류'인데, 인류를 생물학적으로 구분할 때, 신체상의 유전학적인 제반 특징을 공유하는 집단을 일컫는 용어다. 인류는 호모 사피엔스라는 하나의 종(種)으로 통합할 수 있으나, 인류의 변이는 다양하고 풍부하다. 인종은 그 종 안에서의 변이를 나타내는 것이며, 동물의 아종(亞種)에 해당하는 것이다. 이런 의미에서, 인종의 개념은 역사상 순수하게 일관된 것으로서 존재하지 않는다고 볼 수 있다. 과거에는 민족이라는 개념과 동일한 의미로 사용되었으며 오늘날에도 언어학상의 개념과 혼동되거나 문화집단이나 정치적 통일체를 가리키는 데 사용되지만, 이론적으로 정합적인 형태의 개념화는 불가능하다고 할 수 있다.

일반적으로, 인종 개념에 수반되는 사람들의 인식과 실천은 비교적 세력이 있는 집단이 다른 집단을 배제하거나 분리, 소외시킬 때 사용하지만, 이에 반해 종(민)족 또는 종(민)족집단(ethnic groups)은 자발적인 일체감을 기초로 하는 경우가 종종 있다.[5] 이런 점에서 인종은 생물학적 구분에 따라 통계학적 개념에 의해 정의된 집단을 가리킬 때 주로 사용되는 생물학적 개념이라고 할 수 있다.[6] 따라서 인종이라는 개념은 풍속이나 습관, 취향, 스타일 등을 포함하는 문화와는 거의 관계가 없다. 이런 의미에서, 인종이라는 개념은 문화적 구분에 따른 민족이나 국민이라는 개념과는 구분해서 접근할 필요가 있다.

5 [네이버 지식백과] 인종 [race] (사회학사전, 2000. 10. 30., 사회문화연구소).

6 http://www.doopedia.co.kr

2. 종족(종족집단)(Ethnic Groups) 또는 종족성(Ethnicity)

1) 종족(종족집단)에 대한 정의

종족 또는 종족집단(ethnic groups)이란 흔히 민족(nation)보다는 작은 집단을 지칭한다. 역사적으로 민족보다 보편적이고 배타적이며, 귀속적인 특징을 가진다. 종족은 상당히 정치적인 개념으로, 종족이 민족으로 변화할 수도 있고 민족이 종족으로 변화할 수도 있다.

종족의 핵심적 요소로는 혈통과 문화가 거론되기도 한다(스미스, 2018 참조). 만일 종족을 혈통으로 파악한다면 민족은 공동의 조상에서 유래하고 공동의 후손들로 구성된 생물학적으로 확인이 가능한 혈연 집단을 지칭하는 경우가 일반적이다. 이러한 집단이 가족과 친족을 넘어서 한 국가의 구성원 전체를 포괄하는 것은 불가능하거나 가능하더라도 매우 예외적인 현상일 수밖에 없다.

하지만 종족적 민족주의의 대표적인 예로 거론되는 독일의 경우에도 공통의 혈통이라는 주장은 그대로 수용되기 어렵다. 역사적으로 볼 때 독일을 통일함으로써 민족국가를 수립한 비스마르크는 종족(Volk) 개념과는 거리를 두면서 오히려 국가 지향적이었고, 현재 종족적 개념의 대표적인 지표로 언급되는 시민권, 즉 국적의 부여에 적용되는 속인주의는 독일은 물론 유럽에서 일반적으로 적용되는 국적법의 원칙이다(마이네케, 2007).

한국에서도 단일민족이라는 통념을 부정하는 주장들이 이미 많이 제기되었다(임지현, 1999; 신기욱, 2012; 장문석, 2006). 따라서 종족을 혈통으로 이해한다면 종족적 개념은 현실에서 엄밀하게 적용하기가 어려운 매우 협소한 개념이 되기 때문에 일반성이나 보편성을 담보할 수 없다는 이유로 현실적인 의미와 유용성이 퇴색하게 된다.

혈통의 중요성을 부정하지 않으면서 이 문제를 극복할 수 있는 방법 중 하나는, 혈통을 생물학적 차원에서 이해하거나 파악하는 것이 아니라 공통의 조상에서 유래한 후손이라고 추정하는 것이다(스미스, 2012; 2016; 2018). 사실 공통의 조상과 그 후손이라는 것은 생물학적인 사실이라기보다는 집단의 구성원들이 공유하는 인식 또는 관념이기 때문에 이러한 접근이 현실을 더 잘 반영한다고 할 수 있다. 그런데 공통의 조상과 그 후손이라는 집단의 인식은 신화와 전설 그리고 역사와 전통을 통해 형성되고 전승되기 때문에, 일종의 문화적 과정의 산물이라고 볼 수 있다. 신화와 전설, 역사와 전통은 종교와 언어와 함께 종족적 개념의 또 다른 핵심 요소인 문화의 영역에 속하게 된다.

2) 종족성(Ethnicity)

종족성은 역사적 유산, 언어, 종교 혹은 문화의 여타 요소들을 공유하고 있다는 의식에 기반해 있는 한 집단 내의 공유된 정체감 또는 그러한 정체성 의식을 지칭한다. 이러한 정체성 의식은 집단의 권리와 승인을 획득하고 보호하기 위한 정치운동의 형태로 표현될 수도 있고, 일상적 삶을 영위하는 방식을 통해 암묵적으로 표현될 수도 있다. '인종'과 비교할 때 '종족성'은 보다 중립적이고 사회적 오명을 씌우는 정도가 덜한 용어처럼 보인다. 하지만 이 역시 차별, 분리, 억압의 토대였고 또 현재까지 여전히 그러한 측면을 지니고 있다.

유엔(UN)의 지침에 따르면 토착민은 자신들의 본래 영토와 장기지속적인 연고가 있는 집단으로 정의되는데, 이 연고는 식민세력이나 외부 사회가 이들 영토에 도래해서 지배하기 이전부터 존재해 온 것이다. 일반적으로 토착민들은 수적으로 소수자이며 흔히 자신들의 본래 영토에 대한 권리를 상실한 상태이다.

만일 종족성의 의미를 문화로 이해한다면, 즉 종족을 공통의 문화를 공유하는 집단으로 이해한다면 혈통으로 파악하는 것과는 반대로, 종족적 개념은 너무나 광범위한 개념이 되어서 모든 민족은 종족적 개념의 범주로 포착할 수 있게 되고 그 결과 시민적 개념 또는 시민 민족주의는 그 의미를 상실하게 된다. 모든 민족에게는 공유하는 문화가 있고 공유하는 문화 없이 민족은 존재할 수 없기 때문이다. 다만, 민족에 따라서 민족정체성을 확인하는 기준으로 종교나 언어, 역사와 전통 등 문화의 요소들 중에서 선택적으로 강조되거나 또는 그러한 요소들이 복합적으로 적용되거나 동원될 뿐이다. 시민적 개념에 의존하는 민족 역시 '시민문화'가 하나의 구성요소인 것을 고려하면 "모든 민족주의는 국민성을 규정할 때 어떤 방식으로든 문화에 호소한다"는 것을 알 수 있다.

사실 일반적으로 서구 학계에서는 종족이나 민족(집단)을 논의할 때, 'nation'이라는 개념과 'ethnic group'을 구분하여 사용하고 있다. 한국에서는 아직 두 개념이 엄격히 분화되지는 않고 있다. 후자의 종족 또는 종족(집단) 개념은 '혈통상의 민족'으로서 의미가 강한 것으로, 생물학적 인종에 민족의 역사성을 결합해 소위 '근대 국가'의 토대로서의 '민족'과 '생물학적 인종'으로 의미가 한정되지 않는 개별 개념의 사회적 집단을 가리킨다. 맥락상 오히려 'nation'이나 '인종'보다 더 많이 쓰이는 어휘라고 할 수 있다.

이렇듯 'ethnic group'적인 의미에서 종족 또는 종족집단은 중첩적인 사고가 필요한 개념이므로, 사실 근대에 만들어진 의미가 강하다. 또한 종족을 구성하는 요소는 지금도 계속 바뀌고 있다. 이러한 의미에서 종족 또는 종족집단은 민족이라는 개념과 연계성을 지닌다. 그리고 민족은 국가와 상호 관계가 성립될 수 있게 된다.

나아가, 민족이 국가의 핵심이라는 생각 또한 근대적인 것이라는 주장에 대해서 유념할 필요가 있다. 민족은 국가 성립의 절대적인 요소가 아니다. '민족'이라는 개념은 근대에 특정 집단을 중심으로 의도적으로 만들어진 측면이 강하다. 그렇다면 과연 '민족' 개념을 통해 생산, 유포, 소비된 '민족' 담론에 의한 집단 간 구분을 어떻게 볼 것인가라는 문제가 제기될 수 있다. 민족 관련 개별적인 공동체의 형성은 타자와의 구분을 동반하기 마련인데, 이 과정에서 배제되거나 경계가 중첩된 중간 지역이나 혼합 구역의 소수집단들은 어떻게 규정될 것인가라는 문제가 제기될 수 있다는 것이다. 다시 말해, '민족' 구분의 객관적인 기준이라고 평가받는 것들이 실제로는 매우 주관적인 성격을 띤다는 것이다.

어떤 '민족'에 대한 규정이나 정의가 이루어졌다고 해서 그 실체가 지속적으로 동질성을 확보하게 되는 것은 아니다. 그것은 어떤 민족이든지 간에 마찬가지로 적용될 수 있다. 한 민족에서 두 민족이 갈라져 나올 수도 있고, 다른 민족에 동화되어 사라질 수도 있다. 물론 이것은 구성원이 절멸함을 의미하는 것이 아니라 어디까지나 특정 민족으로서의 '관념'이 사라지는 것에 불과하다. 이것만 봐도 민족은 다분히 모호하며 관념적인 개념임을 알 수 있다. 이는 민족이라는 개념에 어떤 절대적인 실체가 존재하는 것은 아니라는 의미이다.

같은 민족 내에서 종교가 다르다는 이유로 학살이 벌어진 경우가 많았고, 사상의 차이로 서로를 죽이는 경우도 상당히 많았다. 국가 간, 자신이 속한 집단 간의 이익을 위해 서로를 죽였던 경우는 말할 필요도 없고. 이런 상황에서 민족이 실재하고, 만약 실재한다 하더라도 그렇게까지 큰 영향을 미칠 수 있는 것인지는 의문이다. 애초에 민족이라는 개념이 실존한다는 근거들은 대체로 국가에 대한 충성심 때문에 나오는 사건들이지 민족의식 때문에 일어난 것이 아니었다. 민족이라는 것은 없고 오랫동안 같은 장소에서 비슷한 생활양식으로 살아온 사람들의 동질감 이외에는 없는 것이다. 그러므로 민족이라는 것이 굳이 있다고 가정해도 그것은 의미가 없는 것이다. 민족의 개념으로 흔히 제시되는 많은 것들은 그냥 오랫동안 비슷한 장소에서 비슷한 생활양식으로 살아왔기에 자연스레 닮게 된 요소일 뿐이며, 이런 요소들은 사는 장소만 바꾸면 한 세대 내에도 사라질 수 있는 요소인 것이다. 즉, 'nation'이든지 'ethnic group'이든지 간에 민족이라는 개념은 없으며 국가에 대한 소속감만 있을 뿐이라는 것이다.

지역과 종족은 밀접한 관련을 맺고 있다. 지역과 종족은 '우리'와 '타자'를 구분하는 보편적이고 매우 오래된 관념으로서, 근대 이후 국민국가 모델이 전 세계적으로 확산되면서 국가권력이 정치, 경제, 사회, 문화의 모든 영역에서 막강한 힘을 발휘하게 됨에 따라, 지역과 종족에 기초한 타자화의 문제가 더욱 중요성을 갖게 되었다(오명석 편, 2004). 국가건설은 '우리' 의식에 기초한 '상상된 정치 공동체'의 형성을 지향하는 작업인데, 그 과정에서 동화를 강요받거나 소외되고 차별받는 주변적인 지역이나 종족집단이 발생하면서, 지역과 종족 정체성에 대한 자기 인식이 강화되는 현상이 동시에 나타났다. 이러한 자기 인식은 국가와의 관계 속에서 분리주의 운동, 자치권의 요구, 차이의 인정에 대한 요구, 통합의 수용이라는 다양한 방식으로 표출되어 있다.

한편 한국인은 '순수 혈통'에 관한 단일하고 획일적인 세계관과 정체성을 지녀왔다는 믿음을 오랜 기간 유지해 왔다. 하지만 무엇보다도 이러한 '순수 혈통'이나 '단일민족'에 대한 관념이나 믿음이 신화 또는 허상이라는 인식을 강조할 필요가 있다.

스스로 단일민족이라고 생각하고 있는 한국인들의 단일하고 획일적인 세계관에 대해 비판적 성찰의 메시지를 던질 필요가 있다. 세계화, 국제화를 내세우며 '세계는 하나의 공동체'라는 이념적 구호가 곳곳에서 들려오지만, 현실에는 종족과 민족을 둘러싼 분쟁과 갈등이 여전히 존재한다. 체첸 반군과 러시아의 전쟁, 인도 힌두교도와 무슬림(이슬람교도) 사이의 갈등, 재일교포에 대한 일본의 차별 정책 그리고 한국사회에 존재하는 외국인노동자에 대한 차별 등을 그 대표적인 사례로 들 수 있다(김광억 외, 2005 참조). 이러한 사례들은 민족적 범주와 지역적 경계는 새롭게 정의되고 있지만, 갈등 요소는 여전히 존재하고 있음을 증명해 준다.[7]

3. 민족/ 국가/ 국민

1) 민족에 대한 개념 정의

민족이란 언어, 지역, 경제생활, 문화 등의 공통성을 기초로 역사적으로 형성된 동질적인 사람들의 집합체를 가리킨다. 즉, 민족은 스스로를 공동체로 느끼는 사람들의 집단을 지칭한다. 이들은 대체로 역사, 문화, 조상을 공유한다. 민족은 국가와 필연적인 관련은 없으며 반드시 일치하지는 않지만 서로 밀접히 연관된 개념이다. 보통 민족은 국가를 추구하고, 국가는 민족의 형성에 영향을 미친다. 민족은 명확한 이데올로기적, 정치적 이념을 가진다는 점에서 종족과 구별된다.

종래의 민족 개념에 대한 접근은 주로 이분법적 시각에 기반해 왔다. 그 대표적인 예 중 하나가 민족을 시민적 개념과 종족적 개념으로 구분하여 정의하는 것이다. 하지만 민족이란 시민적 개념에서 파악하는 국민과 문화로 간주되는 종족의 함의를 모두 내포하고 있는 개념으로 봐야 할 것이다. 이러한 의미에서, 민족은 대내적으로 개개의 민족구성원이 같은 구성원이라는 의식을 가지고 있기 때문에 평등한 권리와 동시에 민족의 자유스러운 권리를 지향하게 된다고 할 수 있다. 즉, 개개의 민족구성원은 민족발전을 위한 평등권과 자유권을 가지고 있다는 것이며, 민족주의의 대내외적 가치관은 이를 토대로 한다고 할 수 있다.

7 종(민)족성과 종(민)족집단과 관련된 주제는 이미 문화인류학의 가장 핵심적인 주제로 부상하였다. 이에 대한 분석과 시도는 한국사회에 존재하는 편견과 폐쇄성에 대해 비판적 시선과 관점을 제공해 준다(김광억 외, 2005).

2) 민족, 국가, 국민

민족은 대외적으로는 특정 영토에 대한 지배권을 지향하고 대내적으로는 국민주권의 원칙을 추구하는 정치적 공동체, 즉 국민이다. 또한 민족의 단일성과 고유성을 유지하고 강화하기 위해서는 문화에 의존하는 것이 필수적이라는 점에서 민족은 문화공동체로서의 종족적 성격을 지닌다. 나아가 민족 정체성이 국가에 의한 문화적 요소의 동원으로 강화된다는 점을 고려할 때, 민족은 국가와 불가분의 관계에 있다고 할 수 있다.

민족구성의 공통요인으로 일반적으로 언어, 혈통, 종교, 문화, 역사의 공유 등 객관적 요인과 민족의식이라는 주관적 요인이 지적된다. 민족의 객관적 요인인 언어, 혈통, 종교 등은 포괄적으로 문화라고 할 수 있다. 이러한 포괄적 개념으로서 문화적 동질성의 존재 여부는 민족주의를 유형화하는 중요한 기준의 하나이다. 서구 역사에서 보면, 민족국가의 형성에서는 민족(Nation)과 국가(State)가 개념적으로나 실제적으로 반드시 일치하지 않는 경우들이 있었다. 개념상 민족은 주로 심리적 문화적 속성을 가지고 있는 데 반해 국가는 정치적 법적 속성을 가지는 것으로 이해되었다. 그리고 민족과 국가는 각기 독립된 것으로 존재할 수도 있었다(이광규, 1997). 결국 두 개념이 일치하게 된 것은 근대민족국가의 형성에서 비롯되었던 것이다. 그러나 근대민족국가 형성에서 두 개념들은 반드시 동시적으로 결합했던 것은 아니다.

민족은 고전적으로 세분하면 대략 이렇게 구분된다.[8] 민족이란 네이션(nation)을 번역하기 위해 근대에 일본에서 만들어진 단어로, 하나의 언어, 문화, 풍속 등을 공유하는 집단을 일컫는 말이다. 인종을 구분하는 명칭인 레이스(race)와는 다르다. 영어 단어에서는 네이션이 국가중심의 민족을 의미하는 경우가 많지만, 동양에서는 네이션이 영어의 에스닉그룹(ethnic group)에 더 부합하는 것으로 보았기 때문에, 초기에는 네이션을 민족이라고 번역했다가, 이후 민족과 네이션 사이의 간극과 그로 인한 차이로 큰 혼란을 겪게 된 것이다.

이런 과정에서 민족과 민족주의를 '상상된 공동체'로 간주하는 주장(앤더슨, 2018)이 제기되기도 했다. 이러한 주장은 민족과 민족주의에 대한 인식이 상상 속에서

8 https://jaymans.files.wordpress.com/2014/05/global-genetic-distances-map.jpg

지속적으로 만들어진다는 인식에 기반을 두고 있다. 여기에는 민족과 민족주의가 현실에 존재하는 것이 아니라 구성원들의 인식이나 상상 속에서 형성, 유포, 전파된다는 인식이 저변에 깔려 있다. 이는 '민족'이라는 것에 실체가 없다는 주장으로, 이 중 대표적인 것으로는 민족과 민족주의의 형성과 전파에 대한 회의론적 입장이 있다.

이런 점에서, 민족이라는 개념 자체가 모순적 측면을 지니고 있다고 할 수 있다. 특히 동아시아에서 민족이라는 개념은 공동의 언어 · 혈통 · 문화공동체라는 객관적 요소에 동포의식이라는 주관적 요소가 더해져 공고해진 실체이다. 즉, 두 요소가 서로 맞물리면서 민족을 형성했다고 볼 수 있는 것이다. 다만, 동포의식이라는 결정적 요소의 완성은 상대적으로 그 시기가 늦다고 볼 수 있으나 공통의 언어 · 혈통 · 문화공동체라는 요소는 일반적으로 말하는 유럽의 근대 민족주의의 발흥 이전부터 상당히 진하게 나타나고 있었으며, 이것이 근대에 민족의식과 함께 동아시아의 근대적 민족주의를 형성했다고 할 수 있다.

그런데 민족이라는 것을 비판하는 과정에서 이러한 요소들 가운데 일부만 비판하고 그 일부를 지나치게 일반화하는 경향이 나타난다. 그 대표적인 것이 혈통과 민족의식의 문제인데, 민족회의론자들은 이를 생물학적-인종학적 혈통에 대한 집착이 낳은 편견과 무지의 소산이라고 간주한다. 민족의식은 여타 요소와 맞물려 나타났다는 것이다. 언어의 경우에는 분명 근대의 활판인쇄술과 표준어의 보급으로 소통이 되지 않던 방언들이 일체화하는 경향을 나타내었으나, 그것은 민족이 없었으며 완전히 만들어진 개념이라고 하기에는 지나치게 단정적인 결론이라는 것이다(앤더슨, 2018 참조).

여기에 기존에 가졌던 언어 · 혈통공동체적인 요소도 분명 나타났다는 사실을 고려하면, 혈통은 민족의 구분에서 부수적인 요소이지 절대적인 요소가 아니라고 할 수 있다. 오히려 더 중요한 것은 집단적인 정체성이고, 그것이 국가중심이면 '네이션(Nation)', 종족중심이면 '종족집단(Ethnic Group)'으로 나타난다는 것이다. 하지만 이를 인정하지 않는 민족회의론의 입장에서는 혈통에만 집착하는 경향이 강하게 나타난다.

앞에서 이미 언급한 바와 같이, 민족에 대한 정의는 각 국가의 특수한 역사적 경험에 따라 다를 수밖에 없다. 영미권과 프랑스의 경우에는 그들의 전통에 맞춰 국가중심에 시민권 및 계몽사상이 강하게 반영된 '네이션(nation)'을, 독일의 경우는 수많은 국가들로 나뉘었던 자신들의 경험에 맞추어 종족을 중심으로 한 '나찌온(Nation)'을 중심으로 정의된다. 이처럼 민족에 대한 정의는 각 국가의 역사적 경험에 따라 달리 규정될 수 있다는 것을 알 수 있다.

결론적으로 민족주의는 많은 문제를 내포하고 있기는 하지만, 민족주의에 대한 비판이 곧 민족 자체가 존재하지 않는다는 주장으로 이어지는 것은 문제가 있다고 할 수 있다. 민족 자체의 존재 유무보다는 민족이 특정 정치적, 사회적, 문화적 맥락에서 어떻게 형성, 전파, 변형되는가에 더 주목할 필요가 있다.

3) 국민과 민족, 네이션, 그리고 민족주의

서양에서 '네이션(nation)'은 국가이고, 국민이며, 민족이기도 했다. 절대왕정이 붕괴되면서 인민이 주인이 되는 국가를 건설하게 되었는데, 이때 국가를 이루는 기본 단위는 '민족'이었다. 서양에서는 국가건설이 보통 근대에 이루어졌기 때문에 '근대민족국가'라는 용어가 생겨났다는 주장이나 그렇기 때문에 민족과 국가는 사실상 관련이 거의 없다는 주장이 제기되기도 했다(이광규, 1997 참조). 즉, 하나의 민족이 반드시 하나의 국가를 이루어야 한다는 것은 선험적 법칙도 아니고 경험적 법칙도 아니기 때문이라는 것이다. 하나의 민족이 두세 개의 나라를 이룰 수도 있고 여러 민족이 모여 하나의 나라를 형성할 수도 있다는 것이다. 따라서 '하나의 민족, 하나의 나라'는 정치적 구호는 될 수 있으나 그 논리적 근거는 매우 빈약한 것이라 할 수 있다.

민족이란 언어, 지역, 경제생활, 문화 등의 공통성을 기초로 역사적으로 형성된 동질적인 사람들의 집합체이다. 스스로 공동체로 느끼는 사람들의 집단을 일컫는다. 이들은 대체로 역사, 문화, 조상을 공유한다. 민족은 국가와 필연적인 관련은 없으며 일치하지 않으나 밀접히 연관된 개념이다. 보통 민족은 국가를 추구하고, 국가는 민족의 형성에 영향을 미친다. 민족 및 민족주의는 명확한 이데올로기적, 정치적 이념을 가진다는 점에서 종족과 구별된다.

민족은 대내적으로 개개의 민족구성원이 같은 구성원이라는 의식을 가지고 있기 때문에 평등한 권리와 동시에 민족의 자유스러운 권리를 지향하게 된다. 즉, 개개의 민족구성원은 민족발전을 위한 평등권과 자유권을 가지고 있다. 민족주의의 대내외적 가치관은 이를 토대로 한다.

민족구성의 공통요인으로 일반적으로 언어, 혈통, 종교, 문화, 역사의 공유 등 객관적 요인과 민족의식이라는 주관적 요인이 지적된다. 민족의 객관적 요인인 언어, 혈통, 종교 등은 포괄적으로 문화라고 할 수 있다. 이러한 포괄적 개념으로서 문화적 동질성의 존재 여부는 민족주의를 유형화하는 중요한 기준의 하나이다.

네이션은 '국민 국가의 형성'과 밀접한 관련이 있으며, 18세기 이래 유럽의 계몽주의가 확산되면서 본격적으로 등장한 용어라고 할 수 있다. 즉, 프랑스에서 출발할 당시 유럽에서 'nation'과 'nationalism'의 의미는 혈통적인 의미가 아니라 '동질의 특성을 가진 국민집단'에 관련된 의미였으며, 개인의 권한 보장과도 밀접히 관련된 의미였다. 아마도 '국민성' 정도가 이들을 하나로 묶는 특성과 비슷할 것이다. 이것이 성립된 시기는 반론도 있긴 하나, 일반적으로 프랑스 혁명과 이로 인한 프랑스라는 네이션의 성립으로 본다. 그리고 더 나아가 광신적인 민족주의 또는 국수주의를 의미하는 쇼비니즘(chauvinism) 역시 프랑스에서 만들어진 것이다.

한편 프랑스 혁명기에 민족과 민족주의가 형성되자 이에 반하는 종(민)족적인 정체성도 강하게 형성되었다. 이것이 시작된 곳은 바로 독일로, 한 국가를 중심으로 통합되어 있던 프랑스와는 달리, 신성로마제국에 속했던 각 제후국으로 분리된 독일의 상황으로 인해 국가와 여기에 속한 국민 대신 종족집단을 중심으로 한 게르만 민족주의가 시작된 것이다. 이는 19세기 독일과 이탈리아의 통일에 큰 영향을 끼쳤지만 이미 유럽은 '종(민)족집단(ethnic group)'의 의미로는 하나의 국가가 하나의 민족에 대응될 수 없어서 '범게르만주의', '범슬라브주의'와 같은 개념이 등장하기 시작했던 것이다.

일본은 독일어의 '나찌온(nation)'이라는 용어를 '민족'으로 번역하여 사용하였다. 당시 일본을 포함한 동아시아에서는 이미 대체로 안정적인 영토 구분에 따라 인적 집단의 구분이 이루어진 상황이었기 때문에 혈통적 의미를 품게 된 '나찌온'을 '민족'이라는 번역어로 사용하는 것이 보다 용이하게 받아들여질 수 있었던 것이다(마이네케, 2007 참조).

그런데 이러한 개념이 도입된 결과 기본적으로 '통일된 국민국가'를 건설해야 한다는 '민족주의(nationalism)'의 이념 이상으로 "혈통적인 통일성을 이루어야 한다"는 의식이 국민국가의 건설 과정에서 작용하게 되었다. 그 결과 동아시아의 민족주의는 유럽보다도 단일 혈통의 의미를 굉장히 강조하는 의미를 띠고 있으며, 급속도로 산업화와 근대화를 진행해야 했던 동아시아의 특성상 이념의 강도도 매우 높았다고 볼 수 있다.

한편 네이션은 민족주의 또는 내셔널리즘과 불가분의 관계를 맺고 있다. 따라서 민족주의 문제를 제대로 이해하기 위해서는 민족 또는 네이션에 대한 인식이 선행되어야 한다. 우리가 흔히 핏줄을 공유하고 있는 인간 집단으로 믿고 있는 민족은 사실상 혈연적 공통성보다 문화적 공통성을 기준으로 정의되는 집단이다.

'민족'은 오랜 역사적 세월을 함께해 온 동안 형성된 공통의 생활양식, 언어, 생활지역의 공유, 집단소속감 등을 주요 지표로 하는 문화적인 분류개념이다. 민족이라는 것이 역사적 고정 불변하는 절대적인 실체가 아니라 다양한 부족, 다양한 민족들이 오랜 세월 서로 교류하고 영향을 주고 결합하면서 뒤섞여 형성되어 온 것이며 지속적으로 변화하는 것이라는 사실을 이해하는 것이 중요하다. 하나의 민족이 분열되어 여러 개의 민족으로 분리된 경우도 있고, 두 개 이상의 민족이 동화되어 하나의 민족으로 통합된 경우도 있다.

이런 의미에서 민족주의란 "민족에 기반을 둔 국가의 형성을 지상목표로 하고, 이것을 창건, 유지, 확대하려고 하는 민족의 정신 상태나 정책 원리 또는 그 활동"을 일컫는 것이다. 다시 말해 민족주의란 "민족을 단위로 독립 국가를 건설하고 유지하자는 것"을 의미한다고 할 수 있다.

결론적으로 전체주의와 제2차 세계대전은 '민족' 개념에 대한 큰 충격을 가져오는 계기가 되었다고 할 수 있다. '순혈 아리아인'을 자칭하며 인종적 검열을 자행한 나치 독일의 게르만 민족주의를 경험한 사람들이 이후로는 혈통에 따라 인간을 구분해서는 안 된다는 인식을 하게 된 것이다.

CHAPTER 02

다문화정책의 개념과 모델

1. 이주민 정책의 배경과 분류

국내외 이주를 포함한 전 세계 이주자의 수는 현재 10억 명에 이르고 있다. 경제적인 이유로 고향을 떠날 수밖에 없는 이주자 2억 4,000만 명, 난민 및 삶의 터전을 잃은 사람 6,530만 명, 자국 내에서 집을 잃고 떠도는 사람 7억 5,000만 명이 포함된 수치이다. 70억 세계 인구 가운데 7분의 1을 차지한다는 뜻이다(뉴스위크 한국판, 2016. 10. 17). 이제 이주는 전 세계의 질서와 우리의 일상적 삶 속에서 익숙한 보편적 현상이 되었다.

점차 급속하게 진행되고 있는 '이주의 시대'에 이주민과 그 자녀들이 거주국에서 성공적으로 정착하여 그 사회의 일원이 되는 문제는 더욱 중요하게 부각되고 있다. 국가와 시민사회가 이 과정을 용이하도록 만들어 나가는 과정을 대체로 통합(integration) 혹은 편입(incorporation)이라고 하며 그 하위 유형으로 동화(assimilation), 구분배제 (different exclusion), 다문화주의(multiculturalism)로 나누어 볼 수 있다.

① 동화 : 이민자가 일방적인 적응 과정을 통해 사회에 편입되는 것을 의미한다. 이민자들은 그들 고유의 언어적, 문화적 또는 사회적 특성을 포기해야 하고 다수 인구와 구별되지 않아야 한다. 동화는 통합의 원칙으로 대체되었는데 최종 목표는 그저 느리고 점잖은 형태의 동화라고 할 수 있다. 오늘날 고도 선진 이민국가 중에서 프랑스가 동화모델에 가장 가깝다.

② 구분배제 모델 : 초청노동자모델이라고도 하는데 이주민은 임시적으로 사회의 특정 부문(특히 노동시장)에 편입되어야 하나 다른 부문(특히 시민권과 정치 참여)

으로의 접근은 인정되지 않는다.

③ 다문화주의 : 이민자들이 기본적인 가치에 순응하면서 그들 고유의 문화, 종교 및 언어를 포기하지 않은 채 사회의 모든 영역에 동등하게 참여한다는 것을 의미한다. 캐나다에서 유래한 다문화주의는 1970~1990년대에 호주, 영국, 네덜란드, 스웨덴에서 다양한 유형으로 채택되었다(Castles & Miller, 2013).

이 모델들은 각 국가의 이주민 정책에서 뒤섞여 있거나 시간적으로 차이가 있어 명확하게 구분하기 어렵다. 한국의 경우에는 정책대상에 따라 다문화가족은 동화주의 모형을, 이주노동자에게는 차별배제모형을 채택하는 선별정책을 취하고 있다(이광석 외, 2014).

2. 이주민 정책의 이론적 배경 : 동화론에서 초국가주의 이론까지

이주민 정책에 대한 모델의 구분 및 채택도 중요하지만 그 밑바탕이 된 이론들에 대한 근본적인 이해가 필요하다. 실제로 이주민에 대한 다양한 논의의 출발점은 도시공간의 분석에서 출발하였다. 단일민족국가로 상상되어 오던 한국사회에서 이주민의 증가와 함께 그동안 좀처럼 보기 힘들었던 다문화적 경관들에 대한 분석이 필요하며, 이를 위해서는 다른 사회에서 경험했던 사례들이 포함된 도시공간 및 종족성(ethnicity)에 대한 그간의 연구들을 참고할 필요가 있다.

도시공간에 대한 논의의 시발점은 1920~1930년대의 시카고학파를 들 수 있다. 시카고학파의 파크(Park) 및 버제스(Burgess) 등은 도시생태학적인 접근 방식으로 도시공간을 분석했다. 도시생태학자들은 자연생태학의 기본 개념과 원리들에 유추하여 도시의 사회공간적 조직과 변화를 분석할 수 있다고 생각한다. 즉, 이들에 의하면 도시는 인간의 사회공간적 조직형태에서 경쟁에 따른 침입, 격리, 계승 등의 생태적 과정을 통해 성장한다고 보았다(최병두, 2000 : 21). 시카고학파의 '종족적 다양성(ethnic diversity)'의 개념은 이후 도시연구에 있어 중요한 요소가 되었다.

도시공간을 연구한 초기 시카고학파의 대부분은 또한 고전적인 동화론자였다. 파크(Park)는 이주자들이 거주국 문화의 앞으로 잡아당기는 힘과, 기원국(origin)의 뒤로 잡아당기는 힘에 의해 항상 주변인이 되는 상황이 초래된다고 주장했다. 그는 이러한 양극의 과정이 접촉, 경쟁, 수용의 과정을 수반하며, 결국 이주자들은 옛 삶의 방식을 버리고 완전히 주류에 '녹아내리게 된다(melt)'고 보았다(Zhou, 1997 : 976). 또 다른 시카고학파인 워스(Wirth, 1996[1938] : 21)에 의하면 도시인구는 그 자체가 재생산되지 않기 때문에, 도시는 또 다른 도시들, 지방, 그리고 다른 국가들에서 온 이주자들을 받아들여야 한다. 따라서 도시는 역사적으로 인종, 민족, 그리고 문화의 용광로(melting pot) 및 새로운 생물학적, 문화적 혼성에 있어 가장 유리한 번식지가 되어왔다고 한다.

이러한 동화론에 입각한 시카고학파의 견해를 보다 체계화한 고든(Gordon, 1964)은 복잡한 동화과정을 유형별로 정리하였다. 시카고학파와 고든 같은 고전적인 동화론자들의 관점에 따르면 오래된 문화적 방식과 같은 뚜렷한 종족적 특징들, 모국어, 혹은 동족집단집중지(ethnic enclave)[1]는 불이익이 초래되는 원천으로 비추어진다. 그러나 동화론자들은 이러한 불이익들이 동화에 부정적인 영향을 주기는 하지만, 세대가 지나면 상당히 제거된다고 보았다(Zhou, 1997 : 977). 이 이론은 당시 상황에서 상당히 설득력이 있었지만 불이익이 발생함에도 불구하고 사라지지 않고 오랫동안 지속되고 있는 차이나타운과 같은 동족집단집중지에 대해서는 설명이 힘들어진다. 그럼에도 불구하고 동화론은 그동안 이민사회를 설명하는 데 가장 광범위하고 영향력 있게 사용되어 왔다. 사실 동화론은 미국사회의 특수한 역사적 맥락에 맞춰져 있었다. 즉, 비유럽계의 이민이 제한된 1920~1950년 사이에 유입된 유럽인 이주자들의 거주국 적응을 설명하는 데 적합한 도구였다. 따라서 동화모델의 가설은 이탈리아계 미국인 같은 유럽계 종족소수자집단에 대한 연구에서만 신뢰성을 획득했다(Zhou, 1992 : 1-3).

이러한 동화론은 1960년 이후부터 시작된 비유럽인의 대량 이주 및 적응이 시작되면서 도전받기 시작한다. 미국에 더 오래 거주하면 할수록 더 거주국에 적응하지 못하며 이러한 불이익이 재생산되는 사례들이 나타났기 때문이다. 동화론과 달리 적응의 결과는 다양하게 나타났으며 이를 설명하기 위해 다원론(pluralism)이 등장했다. 동화론이 소수집단으로 하여금 다수집단의 제도와 문화로의 일방적인 동화를

1 종족집단의 밀집거주 지역으로 한 국가의 지배하에 속하는 영토로서 지역적으로 연속되어 있지 않고 다른 국가의 영토에 둘러싸여 존재하는 영토를 뜻한다. 지리학자들은 엔클레이브를 '이민집단집중지'로 기술하기도 한다(권상철, 1998).

강조한다면 다원론은 집단들 간의 차이를 유지하거나 또는 강화하려 한다(윤인진, 2004 : 31). 다원론 중 하나인 종족–문화적 모델(ethnic-cultural model)에서는 다원적 접근을 적용한 샐러드볼 이론(salad-bowl thesis)을 제안하는데, 이 이론은 새로운 나라에 대한 적응 양식 가운데 다양한 이민자 집단들의 다양성에 대한 수용과 관용이 존재한다는 가정이 존재한다. 이 이론에 따르면 종족공동체들은 동화에 의해 사라지는 것이 아니라 계속 남아 있게 된다. 즉, 이민자들은 지배사회와 분리된 종족공동체에서 익숙하고 의존할 수 있는 환경에서 나오는 신체적이고 정신적인 안전을 도모하게 된다. 시간이 지나면서 이민자들과 그들의 후손이 더 새롭고 나은 동네로 거주지를 옮긴다 하더라도 거주하던 본래의 영역은 같은 종족집단 성원들이 운영하는 가게나 서비스의 중심지로 남게 되며, 그것으로 인해 종족정체성이 하나의 상징으로 남아 있게 된다. 이 모델은 동화의 가능성을 완전히 부정하지는 않았으나 이민자들에게 있어서, 특히 새로운 세계에 들어오기 전에 그들의 고유한 문화에 깊게 사회화되어 있고 뿌리박힌 사람들과, 직접적으로 종족공동체에서 이익을 얻어왔던 사람들에 있어서는 경로(path)를 더욱더 어려운 것으로 묘사한다. 몇 세대에 걸쳐 동족집단집중지는 쇠퇴하는 경향이 있고, 두 번째, 세 번째 세대는 종족공동체의 전통적인 제도들과 문화적 가치들로부터 더욱 쉽게 탈피하게 되며, 백인, 중산계급의 생활방식에 적응하며 완전히 미국화된다. 그러나 이러한 과정에 개인적인 종족적 특성과 문화적 정체성의 상실이 선행하는 것은 아니다(Zhou, 1992 : 3-4).

일부 학자들은 여러 이민자집단들의 다양한 적응의 경험을 통해 동화모델과 종족–문화적 모델에서 제시되고 암시된 동화의 단선적 과정에 동의하지 않는 대조적인 경로를 제안한다. 포르테스(Alejandro Portes)와 그의 동료들이 제시한 대안적 모델인 동족경제(enclave economy) 모델은 종족경제와 종족적 사회연결망이 종족성원들의 사회적 이동성과 지위획득에 발휘될 수 있는 중요한 역할임을 강조한다. 이러한 동족집단경제 모델은 경제적인 요소와 문화적인 요소를 포함하고 있으며, 이때 동족집단집중지는 독특한 노동시장을 구성하는 부분적인 자율성이 있는 더 큰 경제의 분절된 분야로 이해할 수 있다(Zhou, 1992 : 4-6).

이러한 논의들은 이후 다른 집단들의 사례가 포함되어 포르테스(Portes), 럼바우트(Rumbaut), 그리고 저우(Zhou, 1997)에 의해 분절동화론(segmented assimilation theory)으로 정리되었다. 즉, 1960년대 중반 미국 이민법이 개정되면서 아시아와 중남미 지역에서 수많은 이민자들이 미국으로 이민을 와서 정착하게 되었는데 과거 구이민자들과는 다른 통합방식을 보인다. 무엇보다도 신이민자들은 출신지역, 계층배경 등에서 매우 이질적이고 거주국에서의 적응수준과 방식에서도 큰 차이를 보이고 있다는 것이다. 그것은 첫째, 유럽계 구이민자들처럼 점진적으로 동화하는 경우, 둘째, 멕시코(Mexico)나 푸에르토리코(Puerto Rico) 하층배경의 이민자들처럼 주류사회에 진입하지 못하고 밑바닥에 머물면서 실업, 빈곤, 일탈, 범죄 등의 사회문제로 고통받고, 2세대는 기성질서에 반항하는 가치관과 행동양식을 갖게 되는 경우, 셋째, 주류사회로의 일방적인 동화를 지양하는 대신 자신들의 종족문화와 정체성을 유지하고 종족성원 간의 유대와 연결망을 활용하여 신분 상승을 꾀하는 경우가 그것이다(윤인진, 2004 : 34-35). 이러한 분절동화론은 그동안 다수집단과 소수집단의 관계를 동화가 아니면 분리라는 이분법적 구분을 해온 기존 이론을 보완하여 동화와 분리의 중간단계에 해당하는 소수집단의 대안적인 대응방식을 파악하게 한다는 점에서 이론적 기여를 하였다. 그러나 이 분절동화론은 이민의 배경, 거주국의 수용여건, 모국과의 관계 등과 같은 구조적, 상황적 요인들의 국가 간 비교를 하지 않고 있다(윤인진, 2003 : 111-112; 2004 : 35).

근래에는 동화론의 새로운 형태로 문화변용론(acculturation theory)이 등장하기도 하였다. 문화변용이란 '서로 다른 문화를 가진 사람들의 집단이 지속적으로 직접적인 접촉을 할 때 생기는 현상들'을 가리킨다(Sam & Berry, 2006). 오늘날에는 '서로 다른 집단들의 사람들이 서로 다른 문화들을 접촉하면서 상대방인 다른 집단의 문화와 생활방식을 수용하는 것'(이정환, 2011)으로 정의되기도 한다. 베리(Berry)는 소수민족집단 이민자들이 '다른 인종과 민족집단과의 관계를 얼마나 중요하게 여기는가?'와 '자신들의 문화적 특징이나 관습의 유지를 얼마나 중요하게 여기는가?'에 따라 동화(assimilation), 통합(integration), 분리(separation), 주변화(marginalization)의 네 가지 유형으로 분류된다고 지적하였다(Berry, 1987; 윤인진, 2004).

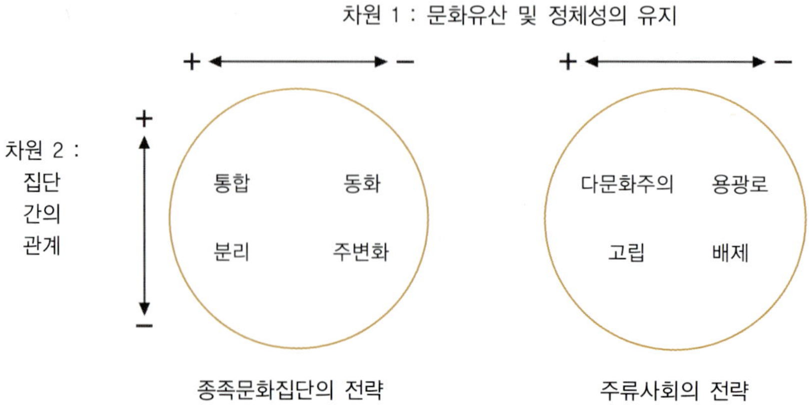

|그림 2-1| 종족문화집단과 주류사회의 문화변용전략

출처 : Berry(2006), p. 35.

이러한 베리(Berry)의 구분은 두 가지 차원을 수반하는데 첫째는, 자신의 집단을 향하는 방향과 다른 집단을 향하는 방향의 구분이다. |그림 2-1|과 같이 이러한 구분은 문화적 연속성에 대한 상대적 선호(차원 1 : 자신의 문화유산과 정체성을 유지하는 것) 또는 접촉(차원 2 : 다른 민족 문화 집단, 주류사회 등 더 큰 사회와 접촉하고 참여하는 상대적 선호)으로 제시된다. 이 전략들은 개인, 집단, 사회에 따라 다르게 나타나며 그 양상은 또한 접촉하는 두 집단의 전략들 사이의 상호작용에 따라 다양하게 나타난다. 두 차원에 대한 방향은 양극 화살표로 표현되며 문화 간 관계의 네 가지 전략이 정의될 수 있다. 첫째로, 피지배적 종족문화집단의 관점에서 개인이 문화적 정체성을 유지하고 다른 문화와의 일상적 상호작용을 추구하기를 원하지 않을 때는 동화(assimilation) 전략으로 나타난다. 이와는 대조적으로 개인이 자신의 원래 문화를 고수하는 것에 가치를 두지만 다른 집단들과의 상호작용을 피하고자 할 때는 대안적으로 분리(separation)를 택한다. 자신의 독창적인 문화를 유지하면서도 주류집단 등과 일상적 상호작용을 원할 경우에는 통합(integration) 전략을 선택한다. 마지막으로, 문화적 유지에 대한 가능성 혹은 관심이 거의 없고(종종 강요된 문화적 손실 때문에), 다른 사람들과 관계를 갖는 것에 대한 관심이 거의 없을 때(종종 배제 혹은 차별로 인해)는 주변화(marginalization)되는 방향으로 나타난다(Berry, 2006).

그런데 이상과 같은 모델들은 미국, 캐나다 등으로의 정착 및 이민을 상정한 모델들이다. 오늘날의 이주는 비록 국경을 뛰어넘는 이동이기는 하지만 여러 생활공간에 소속되고 쌍방향 이동이 활발하게 전개되는 방식, 즉 트랜스이주(transmigration) 혹은 초국가적 이주가 새로운 이주의 특징으로 자리 잡고 있다. 초국가적 이주라는 측면에서 기원지와 목적지는 더 이상 단절된 기억과 향수의 장소가 아니라, 실천적이며 상상적으로 구성되는 생활세계로 거듭나게 되었다(이영민, 2013). 이러한 초국가적 이주를 실행에 옮기는 행위자들을 우리는 초국가적 이주민 혹은 트랜스이주자(transmigrants)라고 정의할 수 있다. 초국가적 이주민이란 일상의 삶이 국제적 경계를 가로지르는 다양하고 지속적인 상호연결성에 좌우되며, 자신의 공적 정체성이 한 개 국가 이상의 관련성 속에서 형성되는 이주민을 뜻한다. 이것은 모국과 거주국을 분석의 기본 단위로 삼았던 기존의 고전적 디아스포라 논의를 넘어 이주민을 주체적 행위자로서 파악한다는 것을 뜻한다. 초국가적 공간을 빈번하게 이동하는 이주자들은 모국과 거주국, 그리고 중간의 경유국을 연결하는 초국가적 사회적 장(transnational social field)에서 정치, 경제, 사회, 문화의 다층적 사회 연결망을 형성하고 그들의 초국가적 생활을 펼쳐 나간다. 그리고 이런 초국가적인 사회적 장에서 초국가적 공동체와 소속감이 형성되어 모국, 경유국, 거주국에서 평행적인 생활이 가능해진다(Bruneau, 2010). 이런 면에서 초국가주의는 오랫동안 서구에서 이주자들이 거주국에 통합되는 모델로 여겨졌던 동화론과는 구별되는 양식을 보여준다. 즉, 종족집단의 고유한 문화와 정체성을 버리고 거주국의 문화로 일방적으로 동화되는 것이 아니라, 모국과의 연계성을 유지하고 그것을 신분 상승의 자원으로 활용하는 것이다(윤인진 외, 2017).

CHAPTER 03

한국사회의 다문화담론

1. 다문화담론의 배경

2019년 기준 한국 국내 체류 외국인 인구는 약 240만 명으로 전체 인구의 4.6%에 이른다. 이 중 90일 이상 연속하여 거주하는 장기체류외국인은 약 170만 명이며 이 중에는 결혼이주자, 외국인노동자, 외국공관 직원, 다국적기업 직원, 상사원, 유학생, 워킹홀리데이 등이 포함된다. 이런 다문화 인구의 증가에 따라 한국에서는 정부의 정책적 지원과 그들에 대한 복지의 확충 및 사회통합을 위한 노력이 계속되고 있다.

여기서 우리는 '한국사회는 다문화사회인가?' 하는 질문을 제기할 수 있다. 이것은 현재의 한국사회를 어떻게 바라보아야 할까에 대한 질문이며 이에 대한 답변 방식에 따라 우리의 삶의 방식이 규정될 수 있다. 근래 수십 년 동안 한국사회의 인구 구조는 크게 변화하고 있다. 그중 다문화인구의 증가는 가장 중요한 이슈가 되어 왔으며 이에 따라 관련 용어도 증가했다. 다문화사회, 다문화가족, 다문화가정, 다문화현상, 다문화주의, 다문화공생, 다문화축제, 다문화행사, 다문화멘토링, 다문화커뮤니케이션 등의 말을 흔히 들을 수 있다. 이것은 다문화와 관련된 사회문화적 현상이 일상생활 수준에서 쉽게 찾아볼 수 있게 되었다는 것을 의미하는 것이기도 하다.

그런데 국내에 거주하는 민족이나 종족 또는 인종이 다양해진 것은 사실이지만 한국사회의 포용성이나 문화적 다양성도 확대되었을까. 이에 대해 자신 있게 그렇다고 답하기는 어려우며, 부정적으로 답변하는 사람도 많을 것이다. 한국이 다문화사회로 급속하게 진전되고 있는 현 상황에서 학계와 시민단체 등에서 다문화에 대한 우려의 시각이 증대되고 있는 것 또한 부인하기 힘든 사실이다. 한국사회의 단일민족 의식과 순혈주의, 불법체류자의 증가, 다문화가정에 대한 복지예산 증액, 국제결혼 가정의 이혼율 증가, 북한이탈주민과 다문화가정 2세들의 학교와 사회에서의 부적응, 외국인범죄의 증가 등이 이러한 다문화 또는 다문화사회에 대한 우려를 자아내고 있는 것으로 보인다. 따라서 이에 대한 정부의 정책적 해결 방안과 학계 및 시민사회의 진지한 고민과 대안 마련이 절실히 요구되고 있다.

여기서는 한국사회에 다문화담론이 어떤 방식으로 존재하는지 살펴보고 이를 비판적으로 고찰함으로써 역설적으로 문화공동체로서의 다문화 또는 다문화주의의 실체에 접근해 보고자 한다. 특히 문화를 어떻게 정의하느냐에 따라 다문화담론은 정치적, 경제적, 사회적 목적을 위해 다양하게 조작, 변형된다는 것에 주의를 기울여야 한다. 즉, 한국사회의 다양한 다문화담론들이 사실은 국가와 자본의 정치적, 경제적 이득을 극대화하는 방향으로 진행되고 있다는 것이다. 이를 밝히기 위해서는 기존의 다양한 다문화담론들이 어떠한 역사적 배경에서 형성, 변화되어 왔으며, 그것이 갖는 문화적 의미는 무엇인가를 현재적 맥락에서 고찰하는 것이 무엇보다도 긴요하고도 시급하다.

2. 다문화를 보는 다른 시각

한국사회에는 다문화를 바라보는 다양한 시각과 견해가 존재한다. 다문화담론은 사회를 바라보는 시각에 따라 달라지기 때문에 무수히 존재할 수 있지만 크게 다음과 같이 세 차원으로 구분하여 정리할 수 있다.

첫째로, 한국사회에서 다문화사회의 형성과 변화에 대하여 역사적 필연성과 당위성을 강조하는 시각이다. 이 경우, 다문화의 경향과 추이는 세계사의 경향이고, 한국사회 역시 이러한 흐름에서 벗어날 수 없으며, 이에 조응하여 한국사회에서는 고유하면서도 독자적인 다문화담론을 구성해 나가야 한다고 주장한다. 여기서는 다문화 관련 사회 또는 문화는 기본적으로 문화적 다양성을 전제로 하기 때문에, 이에 대한 개념의 확립과 확산을 통해 다문화 관련 교류와 협력, 소통을 강조하는 네트워크 구축, 다문화 공동체를 형성해야 한다고 강조하는 경향이 나타난다.

이주민과 지역사회의 상호작용(박동성, 2008)으로 다문화공생을 통한 새로운 지역사회를 창출하는 정책적 시도는 이런 배경에서 이루어진다. 지방정부 주도의 다문화정책이 확대되면서 지역사회가 중심이 되는 다문화공생 정책에 따라 결혼이주자, 외국인노동자, 유학생, 다문화가족 등 다문화사회 구성원 전체를 포함하는 다문화 네트워크, 다문화 공동체 구축을 실천하면서 국민이 아닌 주민 개념이 중심이 되는 지역사회 만들기가 이루어지고 있다.

둘째로, 다문화주의의 개념이나 개념 정의에 대한 근본적인 문제 제기를 하고 한국적 맥락에서 논의를 전개하려는 시각이다. 여기서는 다문화주의의 문화적 토대와 전통, 관습, 관행 등을 상정하고 그것이 이미 한국사회와 한국인의 일상생활에 널리 그리고 깊이 스며들고 있음이 강조된다. 다문화와 관련된 전통과 사상적 기반을 망각해서는 세계적 경쟁에서 밀려나며, 서구 철학의 수사학적 반복이나 담론의 답습, 단순 번역 등으로는 한국만의 독자적이면서도 고유한 다문화, 다문화주의 또는 다문화사회의 문학, 사학, 철학이 만들어질 수 없다고 주장한다. 예컨대 미국의 다문화주의가 캐나다와 호주의 다문화주의와 전혀 무관한 것이 아닌 것처럼 한국의 고유하면서도 독자적인 다문화주의를 구성 또는 재구성하기 위해서는 중화주의에 대한 이해의 폭과 깊이를 더해야 한다고 주장하기도 한다.

이러한 태도와 자세는 서구 주도의 이론적, 방법론적 논의의 독점성과 문화적 편향성을 경고하는 한편, 문학, 사학, 철학, 예술의 다양한 영역에서 한국식 '다문화주의'의 재구성을 위한 새로운 가능성을 모색하는 학술적, 실천적 움직임들로 나타난다.

셋째로, 문화에 대한 개념 규정을 통해 다문화주의의 실체에 접근하고자 하는 시각이다. 이는 다문화를 둘러싸고 여러 가지 방식으로 진행되어 온 다문화주의 논의를 통하여 다문화의 실체와 본질의 규명을 위한 이론 및 지적 활동을 핵심으로 한다. 문화적 동질성의 개발과 문화적 장치의 연결을 통하여 가능한 공동체의 실현은 문화라는 매개를 통해서 가능하며, 이는 문화의 개념을 규정하는 방식에 따라 크게 영향을 받는다. 따라서 다문화담론의 요체는 문화 또는 문화와 관련된 가족과 친족, 사회조직의 원리, 민족정체성 등 문화적 논의에 초점이 맞춰질 수밖에 없다.

현재 한국사회의 다문화담론을 비판적으로 고찰함으로써 역설적으로 문화공동체로서의 다문화 또는 다문화주의의 실체를 규명하는 단서가 보일 것이다. 특히 문화의 개념을 어떻게 규정하느냐에 따라 다양한 다문화담론이 국가와 자본의 정치적, 경제적 이득 확대와 어떻게 연결되어 있는지 설명틀을 제공할 수 있을 것이다. 이를 위해 다양한 다문화담론들이 어떠한 역사적 배경하에서 형성되고 변화되어 왔으며, 그것이 갖는 문화적 의미는 무엇인가를 현재적 맥락에서 고찰해야 한다.

3. 다문화담론의 배경과 실체

1) 다문화담론에 대한 다양한 입장

다문화사회가 진전됨에 따라 학계, 시민단체, 정부 등에서는 나름대로 담론을 형성하면서 이에 대응해 왔다. 각각의 입장에 따라 한국사회에서 다문화담론은 매우 다양하게 존재하지만, 크게 다음과 같이 세 가지로 나누어 살펴볼 수 있다.

첫째, 국제결혼이주여성과 외국인노동자에 대한 사회통합 정책을 추진하는 정부의 입장이다. 한국정부는 국가적 차원에서 아무 저항 없이 전 지구적 신자유주의의 자본주의 흐름을 받아들여 왔으며, 유럽 각국에서 보이는 것처럼 심각한 사회적 갈등을 야기할 수 있는 외국인노동자들의 의미를 외면하고 있다. 결혼이주여성에 대한 한국정부의 사회통합 정책은 동화이며, 외국인노동자의 경우 임시거주자로 간주되어 아예 이민을 고려한 사회통합 정책의 대상조차 되고 있지 않다. 따라서 한국의 국가주도 다문화담론은 순혈주의적 민족주의에 기초한 폐쇄적이며 가부장적인 동화주의라고 정리할 수 있다.

둘째, 국제결혼이주여성과 외국인노동자의 유입에 대한 학계의 입장이다. 한국 학계는 현재 다문화라는 구호하에 이루어지는 정부 주도의 가부장적 동화주의를 비판하지만 노동자의 이동은 전 지구적 대세라는 정부의 전제에는 동의한다. 한국에 이주해 있는 외국인들은 주로 이주 국제결혼이주여성과 비숙련 노동자들이다. 한국 학계는 이들 이주자들의 유입 원인을 산업화의 진전과 성비의 불균형에 따른 신붓감의 부족, 그리고 한국 노동자들의 3D업종 기피에 따른 노동력 부족으로 보고 있다.

셋째, 한국의 반(反)이민단체들의 반응을 들 수 있다. 이들은 선주민으로서의 한국인과 이민자들 사이에 야기될 수 있는 사회적 충돌을 예방하기 위해서는 사회경제적 시스템을 새롭게 구축해야 한다고 주장한다. 비록 이들이 한 목소리를 내는 것은 아니지만 외국인노동자들의 수입은 불가피하고 돌이킬 수 없는 현상이라는 정부와 학계의 전제에 의문을 제기한다. 즉, 외국인노동자를 수입하는 배경은 자신들의 이익을 극대화하기 위하여 저임금 구조를 유지하려는 거대 기업과 하청업체를 위한 고객정치라고 주장한다. 나아가 노동력 부족은 산업구조의 개선과 사회복지의 확대를 통해 극복될 수 있는 문제임에도 불구하고 자본가의 압력으로 인해 한국정부가 실행에 옮기지 못하는 것이라고 주장한다.

이 세 가지의 입장 차이로 인한 논쟁은 개념 간의 역설적 충돌을 의미하기도 한다. 즉, 전 지구적 자본주의(global capitalism), 자유주의적 보편주의(liberal universalism), 국민국가(nation-state)의 개념적 충돌이다.

전 지구적 자본주의는 그 탈국가적 성격으로 인해 반인종차별주의에서 보이듯이 자유주의와 함께 보편주의의 가치를 공유한다. 그렇지만 전 지구적 자본주의는 신자유주의의 확산을 통해 사회적 격차와 구조적 계층화를 만들어 내었다. 이것은 외국인노동자들에 대하여 종족성(ethnicity)의 계층화를 구조적으로 획책함으로써 자유주의적 보편주의와 지속적으로 충돌을 일으키게 된다.

한편 자신의 영토 내에 있는 모든 사회구성원들을 위해 자유주의적 보편주의와 전 지구적 자본주의를 함께 시행해야 하는 유일한 주체인 민족국가는 이로 인해 종종 모순되는 정책을 시행하기도 하는데, 이는 이민정책과 사회통합 정책에서 잘 드러난다. 이런 상황에서 국민국가의 사회통합은 선주민들이 이 모순된 정책 시행의 희생자로 인식하게 하면서 이민자들에 대한 적개심을 불러일으키고, 이에 대한 반동으로 이민자들의 저항을 불러일으키게 된다.

사회통합은 모든 사회구성원들에게 평등한 사회경제적 조건이 주어지고, 이들이 비전과 소속감을 공유할 때 가능하다. 최소한 비슷한 정도의 조건과 소속감이 전제되어야 한다. 그런데 현재 대부분 유럽 국가들은 다문화사회의 사회통합에 어려움을 겪고 있고 그 실현 가능성이 지속적으로 의문시되고 있다. 이런 상황을 감안하면 한국사회에서도 이민 수용에 앞서 국가적 차원에서 모든 사회구성원들을 위한 사회경제적 정의에 우선순위를 두어야 한다는 한국 내 반이민 그룹의 목소리는 귀담아들을 가치가 있다.

2) 다문화담론의 형성 배경

그렇다면 왜 다문화담론은 다양한 방식으로 형성되는가. 이는 다문화담론의 생성을 통하여 추구하는 목적과 의도가 다르기 때문이다. 현대 한국에서 다문화담론이 형성되는 배경은 크게 다음의 세 가지로 요약할 수 있다.

첫째, 다문화의 정체성을 추구하기 위한 욕구에서 비롯된 담론이다. '다문화 또는 다문화주의란 무엇인가', '다문화의 실체는 무엇이며, 우리에게 어떠한 의미를 지니는가' 나아가 '다문화는 과연 존재하는가' 등과 같은 질문에 대답하기 위한 것이다. 이는 곧 문화 찾기의 한 행위로서 한국적 다문화에 대한 재고는 서구담론에 바탕을 둔 근대화 또는 서구식 발전주의 모델에 대한 비판적 성찰의 한 반작용으로 등장한 것이라고 볼 수 있다. 즉, 서구에 대해 가져왔던 환상이나 서구에 부여했던 이성의 절대성에 대한 신화를 스스로 벗어나려는 자구적 노력의 일환인 것이다. 다문화는 원래 서구에서 발명된 개념으로 존재하는 것이었으며, 서구를 설명하고 서구문화를 뒷받침하는 또 하나의 거울로서 존재하는 것으로 인식되었다.

그런데 이제 서구적 근대의 해체는 다문화 개념의 발상지인 서구가 아닌 비서구에서 역사적 필연성을 부여하고 있는 것이다. 예컨대 한국에서 다문화주의에 대한 실험과 다문화 개념에 대한 성찰은 서구사회에 대한 비판과 한국사회의 '배타적 민족주의'와 '순혈주의적 단일민족의 신화'에 대한 학문적, 실천적 관심을 촉구하기도 했다.

둘째, 한국사회에서 다문화에 대한 인식 수용 및 변화에 따른 정치적, 경제적 성취의 현실에 대한 설명과 문화적 다양성의 확산에 따른 사회적, 문화적 규범과 가치의 확산이라는 현실 변화에 대한 원인을 찾고자 하는 지적, 실천적 작업이다.

한국은 서구 문명권에 속하지 않을 뿐 아니라 단일민족으로 구성된 민족주의적 성향이 매우 강한 나라임에도 불구하고 경이로운 경제발전을 이루었을 뿐 아니라 국제결혼이주여성과 노동 이주자의 유입으로 인해 새로운 양상과 의미의 급격한 사회문화적 변동을 경험하고 있다. 이는 한국인의 내부자적 시선에서뿐만 아니라 외부자적 시선에서도 한국과 같이 국토의 면적이 작고 인구 규모도 크지 않으며 나아가 분단의 현실을 안고 있는 나라가 경제성장 또는 사회문화 발전 등을 이루어냈다는 사실 자체가 신선한 충격이기 때문이다.

이와 같이 근대화의 한계와 오류, 서구 자본주의 체제와 사회주의 체제의 한계성과 허구성을 경험하면서 서구인들은 '동양의 기적'을 낳은 어떤 신비한 힘의 정체를 규명하고자 하는 지적 움직임을 주도하기 시작했다. 그것은 한국을 포함한 동양문화와 문명에 대한 새로운 각도에서의 전면적인 재검토를 통한 한국적인 다문화 또는 한국식 다문화주의에 대한 새로운 의미의 도전과 실험의 성공적 시도를 의미하는 것이라고 풀이될 수 있다.

셋째, 한국사회에서 다문화의 정체를 밝히고 재조명한다는 것은 서구중심적인 세계체제의 확산에 맞서서 자위적 공동체를 형성하려는 한국사회의 욕구와 자신감이 빚어낸 담론이다. 사실 21세기에 접어들면서 한국사회에서 다문화라는 말이 본격적으로 사용되었을 때, 다문화는 단순히 다양한 문화, 문화의 다양화, 하나의 문화가 아니라 여러 문화 등만을 의미하는 것이 아니라 서구사회와는 다른 새로운 의미의 다문화를 창조해 낸 것이다.

20세기까지 다문화는 서양의 전유물이었다. 다문화와 관련해서 서양은 줄곧 인식의 주체였고, 한국을 포함한 동양은 인식의 대상이었다. 이러한 역사적 경험 속에서 서양의 다문화모델에 대한 대안으로서 한국적 다문화모델을 모색한다는 것은 긍정적인 시도이다.

냉전체제가 붕괴되어 이념적 긴장과 강제성이 해체되면서 탈이념적 지역공동체에 대한 정치, 경제적 필요성의 자각은 다문화에 대한 다양한 담론들을 촉구하였다. 요컨대 다문화담론의 요체는 한국사회 내의 문화적 다양성과 역사적 필연성, 그리고 한국만의 고유하면서도 독자적인 새로운 다문화공동체 형성의 당위성에 대한 담론으로 수렴된다.

그러나 그 내용은 아직 체계화되지 않은 상태이다. 한국문화의 특징이 어떠하다는 언명이 그대로 한국이라는 국가와 한민족이라는 민족 사이에 그러한 문화적 특징들이 시대와 공간을 뛰어넘어 공유되고 있다는 사실을 보장하는 것은 아니다. 따라서 담론과 실천의 구별과 논증이 없이 주관적인 예상에 의한 암묵적 전제에 바탕을 둔 논의는 한국에서의 다문화담론 자체를 허구적인 것으로 만들어 버릴 가능성이 있다.

문화는 고정된 실체가 아니라 다양한 맥락에서 복잡한 사건과 계기, 상황에 따라 항상 변화하는 속성을 가지고 있기 때문에 문화에 대한 논의는 다양하며, 문화를 다룬다는 것이 매우 어렵다는 사실을 인식해야 한다. 여기에 규범적이고 윤리적인 메시지와 실천 차원에서의 전략적 담론 사이의 질적인 차이가 존재한다.

따라서 문화(민족)를 하나의 고정된 실체로 보거나, "중심에서 주변으로 문화가 이동한다"는 식의 이분법적 구도로 단순화하는 것은 문화 간 충돌과 긴장, 이주와 정착에 따른 새로운 문화의 생성 등 문화의 역동적인 상호작용을 간과할 위험이 크다. 그 구체적인 예를 우리는 한국의 현재의 사회적 상황 속에서도 발견할 수 있다. 한국사회에서는 다문화담론이 다양하고 복합적인 양상과 의미로 전개되고 있음에도 불구하고 여전히 강력한 민족주의적 성향이 유지되면서 이질적인 문화 상호 간의 혼종성(cultural hybridity)이 아니라 상호 간의 배타적 경쟁심을 강조하는 경향이 강하게 남아 있다. 다른 나라와의 협력관계를 구축하는 과정에서도 다른 나라에 비해 유독 국익의 문제를 우선시한다고 알려져 있는 것 또한 부인하기 힘들다. 한국 내부에서도 국내 문제에만 집착한 나머지 전 지구적인 차원에서의 문제에 대해서는 관심을 기울이지 못하고, 따라서 제대로 역할을 수행하지도 못했다는 평가는 당연한 일일 것이다.

이러한 관점에서 그간 다문화라는 범주를 설정할 때 주요 개념으로 거론되어 온 다양성(diversity), 이질성(heterogeneity), 혼종성(hybridity) 등은 그동안 상호작용하는 과정에서 조우, 침투, 포용, 통합의 훈련을 쌓기 위한 과정보다는 각자 따로 고립, 분리된 상태로 존재하면서 상호 교섭과 이해를 위한 작업에 매우 소극적이었다. 상호 통합을 통한 시너지를 배가하는 활동보다는 각각의 개념적 가치와 철학을 서로 고립, 분리시킨 채 구분 짓는 데만 치중해 왔다고 말할 수 있다.

바로 이 점을 직시하는 데서 비로소 한국사회에서 문화에 바탕으로 둔 다문화에 대한 인식과 실천을 위한 구체적 분석틀 형성의 단초가 만들어질 수 있으며, 그러한 작업은 '다문화' 담론에 대한 비판적 검토에서부터 시작되어야 할 것이다.

4. 다문화담론의 현상

1) 다문화담론의 현실

현대 한국사회에서 다문화담론을 둘러싼 기존의 인식과 논의들은 내부적 성찰이 결여된 채로 서구의 다문화주의를 무비판적으로 수용하는 경향이 강했다. 이는 세계를 '단일문화(monoculture)'와 '다문화(multiculture)'로 나누고, 모든 문화적 요소를 기계적 이항대립으로 치환하여 다문화의 내적 다양성과 융통성과 가변성을 무시함으로써 문화 자체를 화석화하는 경향이 있다.

아직 경험적으로 충분히 검증을 거치지 않고 주관적인 해석과 기대로써 한국의 문화적 원리에 대한 긍정 일변도의 해석은 구체적인 내용을 결여한 비과학적이고 비논리적인 방식으로 이루어지는 경우가 많다. 가족주의, 혈연 및 지연에 대한 강조, 음양의 조화, 관용, 인간중심주의 등 한국문화의 특징이라고 거론되는 항목들은 정도의 차이는 있지만 어떤 지역이나 국가, 민족 또는 종족집단(ethnic group)에게도 있는 것이다.[1]

따라서 한국사회 내에서 한국사회와 비(非)한국사회, 즉 외국인거주자 또는 국제이주자를 엄격히 구분하고, 이를 다문화에 단순 대입하여 한국과 다문화라는 이분법적 구도에 따라 나누는 것은 매우 위험하다. 하지만 이러한 구분은 현실적으로 작동하고 있으며 이는 차별과 배제, 억압, 폭력의 원인이 된다.

한국사회는 역사적으로 오랫동안 외부세계와의 접촉을 유지하면서 문화적으로 통합을 이룬 '단일민족국가', '순혈주의적 혈통을 지닌 한민족국가' 등으로 알려져 있다. 한국사회의 이러한 통합성과 단일성은 역사상 다른 어느 국가나 민족보다 두드러진다고 이해되어 왔다. 즉, 한민족은 다른 민족과 우호적 교류를 하거나 침략을 당하는 역사적 경험을 하면서도 순혈주의적인 단일민족국가를 유지해 왔다는 것이다. 그러나 이런 낭만적인 결론이 적절한지 자문하고 성찰해 볼 필요가 있다.

한국사회에서는 다문화라는 하나의 범주로 국제결혼이주여성과 노동이주자들을 묶는다. 인간 집단을 하나의 범주로 묶기 위해서는 그 집단 사이에 공통의 세계관,

1 김광억(1998)도 이러한 입장을 취하고 있다.

국가관, 문화적 동질성이 존재한다는 공통서의 전제가 필요하다. 각 국가와 민족의 고유한 역사적 경험과 문화적 환경의 차이에 대한 과학적 논의를 축적하지 못한 채 관념과 감정 위주의 다문화에 대한 개념 규정 또는 명명에 급급해해서는 안 된다.

나아가 '한국적인 다문화의 가치와 규범은 과연 존재하는가?', '한국사회에서 다문화라는 개념 설정은 가능한가?', '만약 가능하다면 어느 범주와 어느 범위까지 가능한 것인가?' 등의 질문을 던질 필요가 있다. 한국문화는 중국 기원의 한자 문화와 한문에 의해 지탱되었던, 유교로 대표되는 사대부 또는 선비 문화가 한국 전통문화의 공통기반이라는 주장이 제기되기도 하는데, 과연 이러한 주장은 현실성이 있는 것인가? 더 나아가 이러한 주장은 한국사회에서 다문화담론의 형성과 변화에 어떠한 영향을 미쳤는가? 다문화가 문화적 다양성과 이질성, 혼종성에 바탕을 두고 있다는 점을 인정한다면, 한국사회에서 다문화담론에 대한 비판적 검토는 한국 전통문화에 대한 성찰에서 시작되어야 할 것이다.

한국은 기본적으로 농촌사회에 그 기반을 두고 있었기 때문에 연장자의 경험과 지혜를 존중했다. 효도가 강조되고, 개인이 아니라 가족 본위의 제도를 중시해 온 사회이기도 했다. 그러나 근대에 접어들면서 이러한 가족 중심의 이데올로기가 개인을 억압하는 제도로 이해되는 경우도 종종 나타났다.

더 나아가 기존의 다문화담론 또는 담론 만들기에는 아직 정제되지 않은 정부 주도의 문화결정론이 강하게 작용하고 있음에 주목할 필요가 있다. 한국은 문화적으로 동질적이며 이를 잘 이용하면 하나의 통합된 주체로서 미래에 세계의 주축이 될 것이라는 신념이 표출되어 있는 것이다. 다시 말하면 유교 문화, 한글과 한자의 병용, 공동체주의, 상호 조화와 상생, 화합의 원리, 민주주의와 인권의 역사와 문화, 한글을 통한 의사소통의 실현 등은 한국사회의 동질성을 나타내는 표상이며 정치와 경제 발전의 원동력으로, 한국사회를 추동하는 힘이라는 낙관적인 신념이다. 그러나 이러한 신념에 기반을 둔 주장과 이념적 실천은 다문화의 동화와 포섭을 유도하는 동화주의와 긴밀히 연계될 가능성을 안고 있다는 점을 인식해야 한다.

또한 이러한 주장은 정치나 경제발전이 문화에 의해 결정된다는 것으로 연결될 수 있으며, 이는 너무 단순할 뿐만 아니라 명백한 오류이기도 하다. 따라서 우리는 한국사회의 문화적 특성이 과연 긍정적이기만 한 것인가의 문제와 우리 스스로 다문화라는 명명을 통해 또 하나의 '역사 만들기(making history)' 또는 '문화 만들기(making culture)'에 탐닉하고 있는 것이 아닌가 하는 우려를 해야 한다. 즉, '문화식민주의(cultural colonialism)' 또는 '문화제국주의(cultural imperialism)'의 폐해를 지적하고 이를 비판적으로 극복하는 문제와 아울러 우리 스스로 자문화중심주의(ethnocentrism)의 또 다른 굴레에 빠지고 있는 것은 아닌지 깊이 성찰해야 한다.

2) 실천 대상으로서의 다문화 현실

다문화주의는 서구사회의 문화적 다양성을 말하기 위하여, 또는 다양성이 부족한 '단일민족의 신화'와 같은 낭만적인 신비화 작업이 빚어낸 한국사회의 허구적 현실을 직시해야 한다고 말하기 위하여 사용되기도 한다. 그런데 이것이 '다문화사회로서의 한국사회', '다문화사회로 가는 한국사회', '한국사회의 다문화', '다문화와 한국사회' 등의 표현 속에 숨겨진 문화적 특징과 의미를 소비하면서 한국인 스스로 자신의 신비화를 시도하고 있는 것은 아닌지 진지하게 자문할 필요가 있다.

오늘날 한국사회에서 다문화담론을 통한 신비화는 근대에 대립되는 원시성에서 오는 신비가 아니라 서구적 담론으로는 이해하지 못하는 선진과 우월성으로 장식되는 신비성이다. 이들 담론은 문화적 동질성에 대한 신념과 각각 다른 전략에서의 세계관을 은폐함으로써 문화적 이질성과 혼종성에 대한 이해와 서로 다른 세계관과 가치관의 존재와 가치에 대한 경계와 공포를 동반한다는 점에서 기존의 서구사회에서의 다문화담론과 공통점을 지닌다.

이러한 다문화담론은 다문화라는 용어와 개념 속에 각각 다른 문화와 세계관의 존재와 가치를 은폐하고 이를 차별, 배제, 억압하는 '낙인의 폭력', '낙인찍기의 폭력성'을 드러내는 이중의 폭압 기제로 작동하고 있음을 간과해서는 안 된다.

나아가 국가 단위와 민족 단위의 차이를 고려할 필요가 있다. 국가와 민족을 동일한 범주로 인식하는 문화가 있을 수 있고, 반면 이 양자가 엄격히 구분되는 범주라고 인식하는 문화가 있을 수 있다. 국가는 서구에서 근대 이후에 형성된 정치체로 인식되는 반면, 민족은 어떤 의미에서는 공통의 언어, 관습, 종교 등과 마찬가지로 공통의 원초적 요소의 집합체라는 의식에 의해 '상상된 공동체(imagined community)'[2]로 받아들여지기도 한다. 한국은 단일민족국가라는 이미지가 강하게 작용하고 있는 나라라는 점에서 국가와 민족을 엄격하게 구분하지 않으며 실제로 양자가 구분되지 않는 것을 당연시하거나 자연스럽게 생각하는 경향이 강하다.

우리는 때때로 인식의 문제 또는 관념으로서의 문화와 문화 전체를 혼동하는 경향이 있다. 인식의 차원과 문화의 차원을 동일시하는 이론과 방법론이 문화연구에서 중요한 비중을 차지한 것은 사실이나, 관념 자체가 문화라는 식의 단순화는 곤란하다. 의식 또는 관념의 체계는 문화체계의 한 중요 구성 요소이기는 하지만 그것이 문화의 결정적인 요소는 아니라는 점을 염두에 두어야 한다.

그러므로 동일성의 인식이나 공동체 추구의 의식은 원초적 감정(primordial sentiment) 혹은 원초적 충성심(primordial royalty)에 의해 즉각 허구적인 담론임을 드러내게 된다. 결국 공동체 의식을 추구하는 문화 전통이나 상호 친밀성의 인식을 나타내는 의식조사가 과연 보편성을 보장하며 국가의 경계를 넘어서 시민사회의 무한한 확장을 보장하는 것인지에 대한 질문이 제기되는 것이다.

더 나아가 다문화 역시 하나의 실체를 구성하는 문화라 했을 때, 그 문화의 실체란 과연 무엇인가라는 근본적인 질문을 제기해야 한다. 문화란 논자에 따라서 실로 다양하게 정의되고 있다. 혹자는 예술과 교양이라고 하는 부문을 말하고, 혹자는 종교와 언어, 사상체계를 말하고, 혹자는 풍습과 관습적 제도와 규범체계를 말한다. 그러한 문화들이 과연 하나의 공동체를 만들기 위하여 작용할 수 있는가 하는 질문을 제기해야 한다.[3]

이런 측면에서 볼 때, 담론을 만들어내고 있는 주체와 그 배후의 힘을 밝히는 것이 중요한 과제가 될 수 있다. 다문화 또는 다문화주의 담론이라고 하는 것의 실체는 시대적 유행에 부응한 하나의 발명품에 불과하다. 한국 다문화담론의 근저에는 유럽과 북미를 포함한 서구에 대한 콤플렉스가 자리 잡고 있다. 따라서 한국사회의 다문화담론이 서구 논리의 희생양이 되어서는 안 된다. 서구중심의 이데올로기에서 벗어날 때 비로소 한국사회의 다문화담론은 제대로 이해될 수 있을 것이다.

---

2 이 개념은 앤더슨(2018)이 민족주의의 기원과 전파를 설명하기 위해 발명한 조어로서, 민족이란 어떤 실체의 공동체라기보다는 고유한 문화적 상황과 특수한 역사적 경험의 산물로서 특정 집단 내에서 '상상된 공동체'로서의 성격을 가지고 있다는 의미로 사용된다.

3 이러한 의미에서 문화란 그것을 향유하고 생활의 근간으로 삼으며 실천하는 사람들에게 비로소 의미가 있는 것이다(김광억, 1998 참조). 그러므로 요소나 형태로서 문화의 공통성이 있다는 사실만 추출하여 그것이 곧 문화 공동체 혹은 문화적 동질성을 이루는 방향으로 거의 자동적으로 작용한다고 단정 혹은 기대를 할 수는 없는 것이다(홍석준, 1998; 2003).

이와 같이 다문화의 실체에 대한 구체적 논의를 전개하기 위해서는 다문화 관련 시민운동의 다양한 목소리에 귀를 기울일 필요가 있다. 이것은 운동이나 실천적 움직임을 통한 목소리들이 특정 사회에서 어떠한 역할을 수행하며 그 배경은 무엇이고 또 그것의 사회문화적 함의는 무엇인가에 대한 깊은 성찰을 요구한다. 이것은 기본적으로 다문화의 다양성에 주목하는 것으로서 한 문화 집단이 다른 문화와 소통과 교류를 통하여 상호작용을 하는 상호문화주의(interculturalism)와 같이 소수자의 권리를 회복하고자 하는 운동으로서의 성격을 가진다. 이는 범세계적으로 세계 각지의 부족들 간에 네트워크를 이용하여 '신부족주의(neo-tribalism)'를 고취하고 있는 '신사회운동(New Social Movement)'과도 그 맥을 같이한다.

이와 같이 문화적 권리(cultural rights) 확보를 통한 연대라는 점에서 이는 다민족, 다문화주의의 재현이라고 말할 수 있다. 이러한 운동은 중심의 논리를 강조하는 전지구화의 논리와 전략에 배치된다는 점에서, 그리고 그에 대한 대안으로 일어나고 있다는 점에서 주목된다. 이는 전 지구화와 지역화의 갈등일 뿐만 아니라 주변으로부터 중심을 포용하는 변화를 가져다줄 수 있는 가능성으로서 중요한 문화적 주제로 자리 잡아 가고 있다.

문화를 단순히 개념화하는 것을 경계하고 담론의 신비와 허구를 극복할 수 있는 구체적 방안을 모색하기 위해서는 문화적 동질성의 추구에 집착하는 자세에서 벗어나서 그 다양성에 대한 인식으로 눈을 돌려야 한다. 따라서 한국과 중국과 일본의 문화적 이질성에 대한 확인과 인정의 자세 및 능력이 무엇보다도 동질성에 대한 믿음을 기반으로 하는 통합의 요구나 기대가 지니는 제한적이고 허구적인 논의를 넘어서야 한다.

이런 점에서 기존의 다문화에 관한 논의들이 다문화 정체성의 원형(prototype) 또는 '원형 찾기'에 지나치게 몰두해 온 것이 아닌지 비판적으로 성찰해 보아야 한다.[4] 정체성은 독특한 역사적 경험과 고유한 문화적 배경에 따라 달리 정의되고 규정될 수 있는 유동적인 성격을 지니고 있다. 그러나 원형에 대한 지나친 집착은 정체성을 고립되고 정적인 실체로 간주하는 경향을 당연시하며, 더 나아가 그 주체의 실천적 측면을 간과하는 위험을 내포한다.

4 이러한 주장은 이미 홍석준(1998)에서 제기된 바 있다. 이에 관한 보다 상세한 논의는 홍석준(1998)을 참조할 것.

문화적 공통점만을 강조하는 것은 의미가 없다. 우리가 진정 관심을 기울여야 하는 것은 문화 간 차이점이 아닐까. 문화 간 차이점에 주목할 때 비로소 문화의 역동적, 실천적 변화의 측면이 부각되며, 단순히 문화구조 또는 문화체계가 아닌 그것을 움직이고 자신의 목적에 따라 조작, 변형하는 주체들의 실질적인 움직임들이 포착될 수 있다. 이렇게 함으로써 다문화 또는 다문화주의를 역동적인 관점에서 바라볼 수 있을 것이다.

3) 문화 번역(Cultural Translation)으로서의 다문화담론

다문화담론은 서구에 대한 절대성 부여나 서구 및 세계에 대하여 가지고 있는 우리의 인식의 실체를 객관화하고 재검토하는 행위의 하나로서 의미가 깊다. 즉, 자연관, 인간관, 세계관의 또 다른 측면(다양성과 이질성, 혼종성)을 재고하는 운동으로서 타당성을 가진다.[5] 다문화담론이 제기하는 문제의식은 서구-비서구 또는 중심-주변의 대립구도로 공식화되어 왔던 문화인식의 틀에 의문을 제기했다는 점과 다양성의 근거를 제시했다는 점에서 중요한 공헌을 했다. 그리고 이들 담론의 근저에는 문화의 실체를 이해해야 한다는 메시지가 자리 잡고 있다.[6]

그러나 사실 가장 중요한 문제 중 하나는 문화 번역(cultural translation)의 문제를 논해야 한다는 것이다.[7] 어떻게 타자를 우리의 언어로 재현할 것인가? 우리가 감각의 차원에서 경험적으로 추출하는 문화의 특질과 현상에서 어떤 문화의 본질을 찾아내고 번역을 할 수 있을 것인가? 문화는 단순히 기계적인 제도나 법률이 아니라 사람들이 실천하는 것이고 머릿속에서 생각하는 것이며 상징과 상상의 세계에 이르는 것인데 이를 몇 가지 언어로 정리를 한다는 것이 타당한가? 다문화를 타자로 상정할 때 그 문화의 속성과 의미를 어떻게 우리의 방식으로 구현해 내고 이해할 수 있는 대상으로 만들어낼 수 있을까? 이러한 딜레마에 대한 진지한 성찰 없이 다문화를 한데 묶어 동질적인 문화 형태로 간주하는 한, 다문화담론들은 그것이 비판의

5 이에 대한 비교문화론적 사례 중 하나로 서양문화의 다양성과 이질성, 혼종성에 대한 새로운 이해를 포함한 '동아시아 담론' 또는 '동아시아 정체성 담론'에 대한 비판적 검토의 사례를 들 수 있다(홍석준, 2003 참조).

6 이러한 입장을 잘 드러낸 글로는 한경구(1997)를 참조할 것.

7 문화를 제대로 이해하는 데 있어 문화번역이 갖는 중요성이나 그 의미에 관해서는 Clifford & Marcus(1986)와 Clifford(1997)를 참조할 것.

대상으로 삼고 있는 서구담론과 똑같이 문화결정론의 환상을 유포하고 문화제국주의적 세계관을 생산하고 은폐한다고 할 수 있다.

전 지구화가 급속하게 진전되고 있는 현 상황 속에서 문화를 다룰 때 고려해야 할 사항이 또 하나 있다. '전 지구화의 문화적 차원'[8]을 고려할 때, 문화의 전 지구화는 동질화와 같은 것이 아니다. 전 지구화는 지역의 정치적, 문화적 경계들로 흡수된 다양한 동질화의 도구들의 이용을 포함하고 있다. 결국 이 도구들은 국가가 점차적으로 미묘한 역할을 하는 국가주권, 자유기업, 근본주의 등의 이질적인 대화들로 송환될 가능성이 이전에 비해 훨씬 더 증대되었다는 사실을 받아들여야 할 것이다. 이러한 논의는 다문화의 사회와 문화를 다룰 때 동일한 방식으로 적용 가능하다.

그러므로 다문화 각국의 문화적 배경과 역사적 경험을 형성하는 데 큰 영향을 미친 국가와 시민사회의 갈등, 시장의 확산과 국가 간의 경쟁, 기업의 자율화와 국가 간여의 정책성향, 전통과 현대의 관계 등이 사회문화적 맥락을 고려한 경험적 연구를 통해 구체적으로 논의되고 탐구되어야 한다. 그럼으로써 각국의 시민들 사이에 공동체에 대한 간단한 낙관이나 문화만능주의의 단순성을 극복할 논의의 패러다임을 찾아내기 위한 구체적인 노력, 예컨대 비교론적 관점에 입각한 경험적 연구의 필요성에 대한 인식이 증대되어야 한다.

마지막으로, 왜 지금 여기, 현재 한국사회에서 다문화사회를 이루어야 하는지에 대한 기본적이면서도 근본적인 질문은 생략한 채 어떻게 하면 다문화사회 또는 다문화공동체를 이룩할 수 있을 것인가에 대한 피상적이고 기술적인 방법이나 형식만을 논하는 한, 다문화 또는 다문화주의(상호문화주의 역시 예외가 될 수 없음) 담론은 허구에 불과한 것이며, 그 결과 한국사회에서 다문화담론의 생산과 유통, 소비의 주체들은 자칫 '다문화사회로서의 한국사회'라는 또 하나의 담론의 희생자로 전락할 가능성이 높다는 엄연한 사실을 반드시 유념해야 할 것이다.

8 이 개념은 Appadurai(1990; 1996)과 Beynon & Dunkeley et al.(2000), 그리고 Short(2001)에서도 사용된 것이다.

5. 다문화주의 정착을 위한 한국사회의 과제

한국에서 다문화주의가 정책적으로 시행된 것은 2000년대 중반부터이다. 시골 지역의 출산율 저하와 3D 업종의 노동력 부족 문제에 대한 해결책으로 정부 차원에서 적극적으로 외국인노동자의 유입을 유도했다. 그러나 체류 외국인이 200만 명을 초과했지만 이주민과 그 문화에 대한 선주민의 차별적 인식과 적대적 태도는 여전히 한국사회의 갈등 요소로 내재해 있다.

여기서 현대 한국사회에서 바람직한 다문화담론의 형성과 올바른 다문화이해를 위해서 무엇이 필요한지 몇 가지 제언을 하고자 한다. 첫째, 한국 다문화주의 담론은 반차별주의나 평등주의 담론이 아닌 다인종주의 담론이 되어야 한다. 둘째, 원칙에 있어서 분리주의와 동화주의는 배제하고 다원주의와 융합주의를 추구해야 한다. 셋째, 다문화주의를 어떤 정치 이데올로기와 주되게 결합할 것인지 심의와 결정이 필요하다. 넷째, 다문화 현상을 바라보고 이해하는 철학적 인식론은 실재론이 아니라 관념론과 기호학에 기반을 두는 것이 유리할 것이다. 다섯째, 정책의 편향성을 개선하기 위하여 보수주의적이고 동화주의적인 다문화주의 담론과 더불어 자유주의적이고 진보주의적인 담론도 활성화해야 한다.

이런 과제는 모든 사회가 가지고 있는 것이기는 하지만 특히 한국사회에서 강조해야 하는 이유는 아직 다문화사회의 역사가 짧다고 인식하기 때문일 것이다. 그러나 다문화사회는 급속도로 진전되고 있으며, 따라서 적절한 다문화정책이 무엇보다 필요하다.

한국의 다문화주의 정책은 기존의 외국인정책이나 다문화가족정책의 틀을 넘어 사회 제도 및 관행의 전반적인 재구조화를 지향해야 할 것이다. 이를 위해서는 사회문화적 소수집단들의 역량 강화와 사회통합을 촉진할 수 있도록 인권법, 차별금지법, 다문화교육진흥법 등의 제정이 필요하다.

한국의 다문화정책이 제대로 자리를 잡기 위해서는 결혼이민여성의 결혼 동기, 생애주기, 정주 기간, 출신국, 학업 기간, 가족구성 등이 다양하고 경제력이나 사회진출 정도 역시 차이가 크다는 것을 인정해야 한다. 따라서 보편적 원칙 아래 세분된 개별적 접근으로 맞춤형 지원이 이루어지는 것이 당연하다.

한국 국적 자녀가 있는 결혼이민자가 체류자격 등의 문제를 쉽게 해결할 수 있도록 법과 제도를 개선해야 한다. 그리고 이들이 한국사회에 적응하고 통합될 수 있도록 복지서비스 전달과 취업 지원 정책이 체계적으로 이루어질 수 있도록 제도 개선이 필요하다. 외국인노동자에 대해서도 단지 임시거주자일 뿐만 아니라 거주 기간 동안 한국사회의 구성원이라는 점을 인정하고 정책에 반영해야 할 것이다.

이주배경 청소년들이 겪고 있는 언어 장벽과 심리 불안 등의 어려움에 대해서 무관심해서는 안 되며, 시혜적 태도의 특별한 지원이 아니라 균등한 기회 보장과 참여를 통한 사회화가 가능하도록 해야 한다.

다문화주의가 무엇을 대상으로 하는지 인식하는 것이 중요하다. 이것은 다문화의 대상이 문화인지 민족인지 인종인지 개념을 분명히 하고 구분하는 일이다. 이제 단일민족적 전통이라는 말이 아무 감흥을 일으키지 않는 상황에서 다문화를 민족이나 인종을 대상으로만 삼는다면 계속 한계에 부딪힐 것이다. 내가 사는 곳이 조상 대대로 살아온 땅이든 이제 막 이주해서 살게된 나라이건 주민으로 살아가는 것은 마찬가지이다. 지역에서 사는 수많은 다문화 가족들이 있어 왔고 현재도 함께 살아가고 있다는 관점에서는 다문화를 말할 때의 혈족적, 민족적 관점은 세대를 거듭하면서 무색해진다.

30년을 서로 다르게 살아온 두 남녀가 가정을 이루어 사는 것 역시 그 자체로 다문화라고 볼 수도 있을 것이다. 출신이 다르고 살아온 환경이 달라도 서로 양보하고 인정한다면 평화로운 가정을 이룰 것이고 이기적이고 개인적인 면만이 강조되면 대립과 갈등이 벌어질 것이다. 다문화에 대한 이해는 서로 다른 정체성을 인정하는 것이며, 다문화사회 혹은 다문화정책은 요즘 들어 새로이 나타나고 필요해진 것이 아니다.

02 PART 문화적 다양성 사회의 이해

CHAPTER 04

제국주의를 경험한 사회의 다문화정책과 제도

이 장에서는 근대 이후 국외에 식민지 경영 경험이 있는, 즉 제국주의를 경험한 사회의 다문화현상에 대하여 살펴본다. 16세기가 되면서 대항해시대가 전개되고 인류사회의 인구 이동은 비약적으로 증가되었다. 스페인과 포르투갈을 필두로 유럽 열강은 세계 각지를 항해하면서 식민지를 개척했다. 19세기까지는 강력한 중앙권력이 존재하지 않는 전 세계 모든 지역은 어떤 형태로든 제국주의의 영향 아래에 놓이게 되었다. 이런 식민지 경영은 다시 광범위하고 많은 숫자의 이동을 유발했으며 20세기 중반 식민지가 독립국으로 전환된 이후에도 큰 영향으로 남았다.

다문화사회의 진행과 모습은 그 사회의 역사를 반영하고 있다. 제국주의를 경험한 사회는 이른 단계부터 대규모 인구 이동 및 타문화와의 전면적 접촉을 경험했다. 유사한 경험을 가진 사회에서 제국주의의 종식 이후 다문화사회의 전개와 제국주의 시대의 문화적 태도와 정책 연결성을 파악하고 비교해 보는 것은 향후의 전개를 예측하는 참조점을 제공할 수 있다.

여기서는 독일, 영국, 일본의 다문화현상에 대하여 살펴보고 한국에 어떤 시사점을 제공할 수 있는지 고찰해 보자.

1. 독 일

1) 현 황

독일은 19세기 말에 독일제국으로서 식민지 개척을 시작했다. 아프리카와 오세아니아 지역에 식민지를 경영하고 있었으며 동아시아에서도 중국에 조차지를 가지고 있었고 조선의 국정에 개입하기도 했다. 독일제국은 제1차 세계대전에 패배한 후에 해체되었기 때문에 독일의 식민지 경영도 이때 끝났다고 할 수 있다.

이처럼 독일은 제국주의의 역사를 가지고 있지만 20세기 중반까지는 국내로 유입된 외국인 인구가 그리 많지 않았다. 1950년대 이후 경제발전과 더불어 노동력의 필요성이 증가했으며 이에 따라 외국인노동력의 유입이 본격적으로 이루어졌다. 1951년 인구의 1%를 차지하던 외국인 인구는 2018년 6월 30일 기준으로 총인구 8,289만 명 중 986만 명으로 12%를 차지하고 있다. 그런데 외국 국적자가 아니라 다문화사회라는 면에서 파악하면 독일의 다문화인구는 훨씬 많아진다.

독일에서는 2005년부터 외국인 통계 외에 '이주배경(migrationshintergrund)'을 가진 인구를 별도로 파악하고 있다. 이주배경을 가진 사람은 몇 가지 범주로 나뉜다.[1] 첫째, 국적을 불문하고 외국에서 태어나서 독일에 거주하는 사람, 둘째, 독일 혹은 외국에서 태어난 외국인, 셋째, 독일에서 태어난 독일 국적자로 부모 중 한 명이 이민자이거나 독일에서 외국인으로 태어난 사람, 넷째, 독일에서 외국인으로 태어나서 독일 국적을 취득한 사람, 다섯째, 2000년 이후 외국인 부모에게서 태어난 자녀들로 독일 국적 혹은 외국적을 선택해야 하는 사람이다.

가구를 기준으로 인구를 파악하는 이런 방식으로 독일의 인구 변화를 보면 다음과 같다.[2]

1 위키피디아 독일 https://de.wikipedia.org/wiki/Migrationshintergrund (2019. 8. 12. 검색)

2 독일 통계청. https://www.destatis.de/ (2019. 8. 12. 검색)

〈표 4-1〉 독일의 인구 변화

단위 : 천 명, %

<table>
<tr><th rowspan="4">연도</th><th rowspan="4">총인구</th><th rowspan="4">이주배경 없는 인구</th><th colspan="5">이주배경 인구</th><th rowspan="4">이주배경 인구 비율</th></tr>
<tr><th rowspan="3">계</th><th colspan="2">독일인</th><th colspan="2">외국인</th></tr>
<tr><th>유</th><th>무</th><th>유</th><th>무</th></tr>
<tr><th colspan="4">본인의 이주 경험 유무</th></tr>
<tr><td>2005</td><td>80,528</td><td>66,106</td><td>14,146</td><td>4,750</td><td>2,966</td><td>4,856</td><td>1,575</td><td>17.6</td></tr>
<tr><td>2010</td><td>79,439</td><td>64,760</td><td>14,679</td><td>4,908</td><td>3,701</td><td>4,709</td><td>1,361</td><td>18.5</td></tr>
<tr><td>2013</td><td>79,683</td><td>63,137</td><td>15,847</td><td>4,957</td><td>4,115</td><td>5,444</td><td>1,332</td><td>19.9</td></tr>
<tr><td>2014</td><td>79,991</td><td>63,660</td><td>16,330</td><td>4,971</td><td>4,197</td><td>5,821</td><td>1,341</td><td>20.4</td></tr>
<tr><td>2015</td><td>80,562</td><td>63,509</td><td>17,053</td><td>5,005</td><td>4,323</td><td>6,386</td><td>1,339</td><td>21.7</td></tr>
<tr><td>2016</td><td>81,431</td><td>62,989</td><td>18,443</td><td>5,121</td><td>4,471</td><td>7,488</td><td>1,363</td><td>22.6</td></tr>
<tr><td>2017</td><td>81,740</td><td>62,482</td><td>19,258</td><td>5,235</td><td>4,608</td><td>7,937</td><td>1,479</td><td>23.6</td></tr>
</table>

〈표 4-1〉은 2005년 이후 이주배경 인구의 증감을 나타낸 것이다. 2017년 독일에서 이주배경을 가진 인구는 1,926만 명으로 전체 인구 8,174만 명 중 23.6%를 차지하고 있다. 2000년대 이후 출산율이 감소하면서 인구 감소가 우려되는 상황이었으나 2010년대에 들어오면서 실질 인구가 증가하고 있다. 실질 인구가 증가하는 이유는 이주배경이 없는 인구가 감소함에도 불구하고 이주배경 인구가 그 이상으로 증가하고 있는 것이 반영된 결과이다.

2) 역 사

19세기 중엽부터 독일은 아프리카와 아시아 지역에 제국주의적 진출과 식민지 경영을 했다. 케냐, 소말리아, 탄자니아, 르완다, 나미비아, 보츠와나, 카메룬, 토고 등 아프리카 지역을 식민지화했고 청으로부터 칭다오를 조차했다. 태평양 지역으로는 멜라네시아, 미크로네시아, 사모아 등지에 진출했다. 독일의 식민정책은 영국과 같은 세계정책 추구가 아니라 내부의 불만을 외부로 전환시키기 위한 목적이 강했다.

그렇기 때문에 식민지로부터 본토로의 인구 이동은 많지 않았으며 주변국으로부터 노동자의 이동이 오히려 활발했다. 제국주의 종식 후에는 패전국이라는 특징 때문에 식민지에 대한 정리나 보상이 제대로 이루어지지 않았다. 그래서 제2차 세계대전 이후에 부족한 노동력을 보충하기 위하여 독일로 유입된 대규모 인구로 인한 다문화사회의 전개는 식민지와는 거리가 있다.

제2차 세계대전에서 패배한 독일은 전후의 피폐한 시기를 라인강의 기적으로 불리는 경제성장으로 극복했다. 전쟁으로 인한 인구의 급감은 급격한 경제성장에 따른 노동력 부족을 초래했고 독일을 외부에서 노동력을 조달해야 했다. 그래서 1950년대에 공업 부문에서 '손님노동자(Gastarbeiter)' 제도로 정책이민을 시작했으며 1960년대에는 유럽 각국과 고용협약을 체결했다.

1980년대 이주노동자 세대의 2~3세를 포함한 이들의 법적, 사회적 지위에 관한 문제가 논란이 되어 사회통합, 안전보장이 주요 과제가 되었다. 1989년 페레스트로이카 이후 동유럽에서 외국인노동자가 유입되면서 노동 이민에서 새로운 요소가 더해졌다. 또한 1990년 이후는 저출산, 노동인구의 감소, 노령화가 심각한 사회문제로 발전할 것이 예상되었으며, 이에 대한 대비로 2000년 독일 국적을 쉽게 취득할 수 있도록 국적법이 개정되었다.

독일은 꾸준히 외국으로부터 노동력을 유입시켜 왔으나 이민국가임을 부정해 왔다. 그러나 1990년대 이후 이민제도의 수립에 대한 요구가 강해지면서 이민국이자 다문화국가임을 인정하고 2004년 이민법을 제정했다. 이민법의 성립과 더불어 독일은 이주민에 대한 정책을 외국인 정책에서 통합정책으로 전화하기 시작했다. 2007년 국민통합계획을 수립하고 다문화주의를 확립하기 위하여 국가적 차원의 통합정책 및 계획을 마련했다. 2010년 10월 메르켈 총리는 "독일의 다문화주의는 완전히 실패했다"고 발언하여 비판을 받았는데, 이는 다문화주의 정책의 실천이 쉽게 진행되지 않았다는 것을 보여준다. 그러나 2015년에는 난민 유입에 개방적인 대처를 하고 더 많은 이민을 받아들여야 한다는 입장을 취하면서 다문화주의 정책에 대한 지지를 재확인했다.

3) 정책의 전개

독일은 20세기 후반 지속적으로 외국인 인구가 증가하는 중에도 "독일은 이민국가가 아니다"라는 대전제하에 다문화정책을 수립해 왔다. 1950년대부터 이루어진 노동이주자에 대해서 계약상으로는 일정 기간 노동 후에 본국으로 귀국하는 것이었으나 사회의 요구에 따라 체류 갱신이 계속 이루어졌다. 노동자의 장기 체류가 가능해지면서 현지에서 가족을 구성하거나 본국에서 가족을 초대하는 사람들의 숫자가 점차 증가해 갔다. 장기체류자의 누적 인구도 꾸준히 증가했지만 독일은 노동자에 대한 온정적인 정책을 취해왔기 때문에 이들에 대한 강제 귀국은 없었다.

노동이주자가 장기체류를 하는 이러한 상황에서도 노동력 부족 현상은 지속되었기 때문에 1990년대 들어 세계화 현상이 가속화되기 시작했을 때는 이미 상당한 숫자의 이주노동자가 50년 가까이 독일에 체류하고 있었다. 이들의 가족 이주자와 혼인을 통하여 태어난 인구도 크게 증가했지만 독일은 여전히 이민국가가 아니라는 주장을 지속했다.

1998년 정권이 보수 기민당 정권에서 시민당과 녹색당의 연정으로 바뀌면서 이민정책에 대한 전환 움직임이 활발해졌다. 사민당과 녹색당은 연정 협약에서 독일이 사실상의 이민국가라는 현실을 직시하고 이에 상응하는 정책을 수립하고자 했다. 시급한 문제는 이민자의 사회통합 문제이며 통합을 위한 주요 수단으로서 국적법 개혁이 핵심과제라고 천명했다.[3] 국적법 개혁의 핵심 과제는 속지주의, 이중국적 또는 다중국적 인정, 국적 취득을 위한 거주기간의 단축이었다.

이런 변화의 노력을 거쳐 2000년 국적법 개정이 이루어지고 2005년 1월 1일 '유럽연합 시민과 외국인의 이민 유입통제 · 경계설정과 체류관리 및 통합에 관한 법률(약칭 이민법)'이 시행되었다. 이 법률에서 국가는 이민자 사회통합 프로그램을 지원할 의무가 있고, 이민자는 그 프로그램을 이수할 의무가 있다고 규정하고 있다. 즉, 독일사회는 이민자에게 독일의 정치, 경제, 사회적인 기회균등과 접근성을 보장하는 지원을 하고, 이민자는 독일어의 습득과 독일의 기본 가치를 습득하는 노력을 하도록 요구되는 것이다.[4]

---

3 고상두·하명신(2010). 다문화 시대 독일의 시민권 변화 : 개정국적법 및 이민법을 중심으로. 국제정치논총, 40. 429 참조.

4 설동훈(2013). 국제이동과 이민자의 시민권. 한국인구학, 36 참조.

독일이 사회통합의 수단으로 가장 중요하게 추진하는 것은 외국인에 대한 독일어 교육이다. 사회통합 코스 프로그램은 문화, 역사 등 독일사회에 대한 배경 지식을 제공하는 오리엔테이션을 포함하여 의무적으로 참여해야 하는 수업이 약 900시간이다.

EU 공통법안인 외국인 취업허가 제도인 블루카드제도가 2012년 8월부터 개별국가 단위에서 시행되었는데, 독일이 가장 적극적으로 이 제도를 시행하고 있다.

4) 갈등과 통합

독일은 민족주의적 전통이 강해서 많은 노동력을 필요로 했지만 노동자의 장기거주를 원하지 않았다. 이런 상황에서 독일의 외국인에 대한 혐오나 차별도 문제가 되어 왔다. 국가적으로는 사회통합정책을 중요하게 실천하고 있지만 바이에른과 같은 보수적인 경향이 강한 주에서는 히잡을 금지하고 기독교의 상징물을 사용하는 것은 허용하는 등 이슬람에 대한 차별을 드러내는 곳도 있다.

독일의 이주민이 독일사회에 통합되지 않는 측면도 있다. 특히 노동이주 초기부터 높은 비율을 점해 왔던 터키 출신을 중심으로 이슬람계 2, 3세들이 독일문화에 동화되는 것을 거부하면서 종교 갈등에 대한 우려가 지속되었다.

독일의 주류사회와 터키인 공동체는 한 국가에 살고 있지만 다른 사회의 구성원인 것처럼 전혀 다른 규범 속에서 살아가고 있다.[5] 이러한 보이지 않는 장벽 때문에 이들은 50년 이상의 기간 동안 이민으로서 정착하고 있지만 문화적으로 독일사회에 통합되지 못하고 있다. 대부분의 터키 이민자들은 단순노동자로서 교육수준이 낮고 출발에서부터 한계를 가지고 있다. 이들은 저소득, 높은 실업률, 자녀 교육 등에서 애로를 겪는다. 이들은 독일 사회에 존재하는 직·간접적 차별과 소외로 주류사회에 통합되는 것에 어려움을 겪어 왔다.

이주자 문제는 민족이나 종교 문제뿐 아니라 더욱 밀접하게는 경제문제와 결부되어 있다. 외국인의 실업률은 전체 실업률보다 훨씬 높다. 2014년 베를린의 전체 실업률은 11.1%인 데 비해 외국인 실업률은 25%에 달했다.[6] 이는 도시적인 특징을 반

5 박재영(2012). 독일 다문화사회의 터키인 공동체. 다문화콘텐츠연구, 12.

6 김영란(2017). 독일의 다문화 사회통합정책 연구. 다문화콘텐츠연구, 25, 19.

영하는 것이기도 한데, 베를린에 외국인 인구가 증가하고 심각한 소득불평등이 발생하면서 도시의 불안요소가 되고 있다.

독일이 이민사회임을 선언하면서 실시된 사회통합정책은 언어적 문화적 통합을 지향하는 것이며, 언젠가 돌아가야 할 일시 거주자라는 인식을 바꾸고자 하는 것이었다. 독일시민으로서 경제적인 통합을 이루는 것이 중요하며 독일사회의 노력은 이런 목표를 이루는 것이었다. 이런 분위기 속에서 기존의 이주자와 난민을 받아들이는 유화정책이 적극적으로 전개되었다.

쾰른사건은 이런 움직임에 찬물을 끼얹는 사건이었다. 2015년 연말연시에 일어난 쾰른사건은 북아프리카 출신 난민들에게 성폭력을 겪었다는 다수 여성의 신고가 이루어진 사건이다. 극우 단체에서는 난민 추방 주장이 강해지고 정치권의 움직임은 난민에 대한 통제를 강화하고, 경우에 따라서는 독일 내 처벌이 아니라 즉각적으로 추방하는 법안을 제안하기도 했다. 2018년 5월 3일 추방 대상 토고 출신 난민을 체포했다가 150명의 난민이 경찰을 위협하여 충돌하는 사건이 일어났다. 경찰은 이를 난민폭동사건으로 규정하고 민감한 사안으로 취급했다.

5) 소 결

민족 이데올로기가 강한 독일에서는 다문화사회의 진전에 따라 여러 갈등이 예상되었다. 실제로 이런 갈등이 폭력 시위로 분출되기도 했지만 독일은 미국과 함께 가장 중요한 난민 수용국의 위치를 차지할 정도로 다문화사회를 진전시켜 왔다. OECD 통계에 따르면 2016년 독일의 이민 수용 인구는 1,051,014명으로 미국의 1,183,505명에 이어 세계 2위이다. 이 숫자는 3위인 영국의 350,085명에 비하여 압도적으로 많다. 이민의 숫자가 많은 것이 사회의 개방 정도의 척도와 반드시 일치하는 것은 아니지만 중요한 의미가 있다는 것을 부정할 수는 없다. 독일의 강력한 경제력이 인구 유입의 요인이 되기는 하지만 다문화주의가 진전되기 위해서는 사회적으로 개방적인 태도가 전제되어야 한다. 미국이 미증유의 경제적 호황에도 불구하고 정치적으로 배타적인 태도가 강해지면서 지금까지와 달리 이민에 대해서 폐쇄적인 정책을 취하는 것과 대비된다.

2. 영 국

1) 현 황

역사상 최고의 제국주의 국가였던 영국은 본토의 식민지로의 이민과 식민지 인구의 영국 유입이 다문화사회의 기초가 되었다.

〈표 4-2〉 영국의 다문화인구 통계[7]

단위 : 천 명

연 도	총인구	영국출신	외국출신			외국출신 비율
				유럽	비유럽	
2000	57,928	53,500	4,423	1,148	3,725	7.6%
2005	59,629	54,037	5,580	1,584	3,996	9.4%
2010	61,958	54,699	7,234	2,314	4,920	11.7%
2015	64,265	55,642	8,569	3,183	5,387	13.3%
2018	65,611	56,245	9,342	3,599	5,743	14.2%
2019	66,006	56,502	9,482	3,616	5,866	14.3%

2019년 영국 총 인구 66,006,000명 중 외국 출신자는 9,482,000명으로 14.3%를 차지하고 있다.[8] 2000년 7.6%, 2010년 11.7%, 2015년 13.3%인 것에서 볼 수 있듯이 다문화인구의 비율은 지속적으로 증가하고 있다. 외국 출신자 중 유럽 출신이 38%, 비유럽 출신이 62%를 차지하고 있어서 비유럽 출신이 훨씬 숫자가 많다는 것을 알 수 있다. 출신국별 인구는 인도(863,000명), 폴란드(818,000명), 파키스탄(547,000명), 루마니아(427,000명), 아일랜드(360,000명), 독일(289,000명) 순이다.

외국출신자 중 영국 국적 보유자는 약 330명으로 35% 정도를 차지한다. 유럽 출신자는 영국 국적 보유자가 거의 없는 것을 고려하면 비유럽 출신자의 영국 국적

7 https://www.ons.gov.uk/ (출생국가 및 국적에 따른 영국 인구. 2020. 5. 20. 검색)에서 필자가 작성. 추정치의 오류 범위를 고려한 통계이기 때문에 합계 인구가 정확히 일치하지는 않는다.

8 2020년 기준 영국 총 인구는 67,886,000명이다.

보유자의 비율은 43% 정도가 된다. 외국 국적자는 6,227,000명으로 전체 인구의 9.5%를 차지하고 있다. 이 중 60%인 3,715,000명이 유럽연합 국적이며 40%인 2,511,000명이 비유럽연합 국적이다.

2) 역 사

19세기 산업혁명의 진전에 따라 공장도시가 형성되고 농촌의 과잉인구를 흡수했지만 노동력 수요를 따라가지 못하자 우선적으로 인접한 식민지 아일랜드에서 노동력을 유입했다. 부재지주 제도와 인클로저 운동으로 농촌은 황폐화되었고, 아일랜드 농민들은 영국, 미국, 호주로 이민을 떠났다. 아일랜드인들은 주로 섬유업과 건설업이 발달한 산업도시에 정착했으며 잉글랜드 노동자의 경쟁자로 인식되어 적대감과 차별의 대상이 되었다.

19세기 말에서 20세기 초에는 동유럽 유대인의 대규모 유입이 있었다. 1875년부터 1914년 사이에 러시아에서 발생한 유대인 박해를 피해 약 12만 명의 유대인이 영국으로 이주했다. 유대인 이민자들은 유럽인들의 전통적인 유대인 혐오증 때문에 인종주의적 공격의 목표가 되었다. 그리고 이들이 주로 정착한 런던 북동부 이스트엔드 지역은 가난과 범죄의 대명사였다. 이스트엔드에 거주하게 된 유대인들은 가족 단위로 이주하는 특징을 가지고 있었다. 이들은 1세대들은 가난에서 벗어나지 못했지만 2세대들은 교육열과 근면성을 바탕으로 노동시장의 주변에서 중심으로 진입하여 계층의 상향 이동에 성공했다.

유대인 이민자에 대한 대응책으로 영국정부는 1905년 외국인법(Alien Act), 1914년 외국인규제법(Alien Restriction Act)을 제정했다. 1905년 외국인법은 범죄자가 될 우려가 있거나 경제활동 능력이 부족한 사람에 대하여 내무장관이 이민을 거부할 수 있는 권한을 주었다. 이 법을 통해 이민자에게 나름 개방적이었던 영국이 처음으로 이민 규제를 시작하게 되었다. 1914년 외국인규제법은 더 나아간 규제 정책으로, 외국인의 출입과 추방에 대한 전적인 권한을 내무장관에게 부여하는 내용을 담고 있었다.[9]

9 염운옥(2014). 영국 이민사 연구의 쟁점과 전망: 인종주의와 다문화주의의 이중주. Homo Migrants, 11. 이주사학회.

제2차 세계대전 중 국내의 부족한 노동력을 유럽뿐 아니라 식민지 출신으로 충당하면서 대량의 이민이 유입되었다. 전후 경제 회복을 위해 영국에서는 아일랜드, 동유럽 이민자들을 적극 유치했으며, 서인도제도, 아프리카, 아시아 등지에서 이주한 영연방국가 출신들도 영국에 정착하면서 가족과 친지를 불러들이고 이후 영국의 이민사회를 형성해 갔다.

한편 1940~1950년대에 아시아의 식민지가 영국으로부터 속속 독립하고, 1960년대에는 아프리카의 식민지들이 독립하면서 대부분의 이들 독립국가는 영연방에 머물렀다. 영국에서는 영연방의 결속을 강화하기 위하여 신연방(식민지에서 독립한 국가, 비백인과 개발도상국)과 구연방(Old Commonwealth 또는 White Commonwealth. 1945년 이전의 영연방 자치령)을 포괄하는 국적법을 1948년에 제정했다. 당시 영국과 영연방 사이에는 별도의 이민 규제가 없었기 때문에 이 국적법은 영국국민의 범위를 확대하는 결과가 되었다.

3) 정책의 전개

1962년에 제정된 영연방이민법은 이민에 대한 정책을 방치할 수만은 없다는 우려에서 만들어졌다. 1962년법은 과거 대영제국의 신민이자 영연방의 구성원으로서 '영국신민', 국민국가 구성원으로의 '국민'을 통합시키기 위한 방법을 제시하는 것이었다. 이 법이 가지는 문제점은 인종주의에 기초한 이민규제 정책, 유색인종을 배제하고 백인종 혹은 영국 인종을 받아들이려는 방향성을 띠고 있다.

1968년에 개정된 영연방이민법은 케냐 출신의 동아프리카 아시아인(대영제국 시절 동아프리카로 이주하여 정착한 인도계)의 이민을 규제하기 위하여 급조되었다.

1971년에 개정된 영연방이민법은 이민자를 본국인(patrials)과 비본국인(non-patrials)으로 분류하고 본국인에게는 자동적으로 거주할 권리를 부여하는 내용을 포함한다. 비본국인은 취업허가증을 받아서 입국하며 거주할 권리는 부여하지 않는다.

1965년에 처음으로 인종관계법을 제정하고 1976년, 2000년에 개정을 거쳐 인종차별 금지를 제도화해 나갔다. 이 법에 따라 독립기구인 인종평등위원회(Commission of Racial Equality)를 두어 다문화주의를 추진하고, 이주민 커뮤니티와 주류 사회의 공존을 모색하기 위해 인종차별 금지 정책과 이주민 지원정책을 발전시켜 왔다. 또한 동화나 통합정책으로 이주민을 영국사회로 직접 통합하려고 하지 않았다. 인종관계법은 1960년대 미국에서 전개된 흑인과 소수자의 인권운동이 격화되는 것을 보고 이를 예방하기 위해 마련된 방어적인 법률이며, 아래로부터의 요구라기보다 주류사회와 정치 엘리트의 온정주의적인 태도의 산물이라고 할 수 있다.

1990년대 후반 유고사태로 인하여 영국으로의 난민신청이 쇄도했다. 당시 영국은 IT 산업이나 의료보험 등의 부문에 전반적인 노동력 부족을 겪고 있었다. 그래서 이를 계기로 외국인노동자를 보급하기 위하여 이민억제정책을 완화하였다. 구체적으로는 2000년에 IT 관련 산업과 의료보험 분야에서 유럽 출신이 아닌 외국인의 경우에도 대학 졸업 후 출국하지 않고 노동허가증을 취득할 수 있도록 했다. 이는 30년 만에 노동허가증 발급 규제를 완화한 것이었다.

2002년에는 '고급기술이민프로그램(HSMP : Highly Skilled Migrant Programme)'을 도입했는데, 이는 의사, 수의사 등 고도의 기술이나 경험을 가진 이주자에게 취업이나 개업에 제한을 두지 않고 기회를 부여하는 제도였다.

2008년에는 포인트근거제도(PBS : Point-Based System)가 전면적으로 시행되었는데, 이는 영국의 경제발전과 국가경쟁력 강화에 기여할 수 있는 사람들의 이민을 적극적으로 촉진하고자 하는 제도이다. 구체적으로 이민신청자들을 5개 계층으로 분류하고 계층별로 정해진 기준에 따라 점수를 부여하여 일정 점수 이상의 점수를 취득한 자에게만 이민을 허가해 준 것이다.[10]

2011년 2월 5일 뮌헨 국제안보회의에서 캐머런 총리는 영국의 다문화주의는 실패했다고 선언했다. 이 발언에 대하여 영국의 대표적인 우익단체인 영국수호동맹(EDL : England Defence League) 등은 열렬하게 환영했다. 야당은 수상이 극우단체의 행동강령을 만들어 주었다고 비난하고 무슬림 단체는 이슬람 혐오를 부추기는 발언이라고 크게 반발했다. 경제위기 이후 유럽의 다른 지역과 마찬가지로 영국도 보수적인 움직임을 보이고 있다.

10 이삼식 · 최효진(2012). 저출산대책 관련 국제동향분석: 미국, 영국 편. 한국보건사회연구원(연구보고서 2012-47-22).

4) 갈등과 통합

구식민지로부터의 인구 유입이 증가하자 사회적인 갈등이 증폭되고 폭동으로 이어지기도 했다. 1958년 노스켄싱턴과 노팅힐에서 인종폭동이 발생했다. 1958년 8월 24일 서인도제도 자메이카 출신 레이먼드 모리슨과 결혼한 스웨덴 출신 백인 여성 마브릿 모리슨이 부부간에 언쟁을 하고 있었다. 여기에 일단의 백인 청년이 개입하자 주변 사람들과 모리슨의 친구들이 개입하면서 가벼운 싸움이 일어났다. 그런데 다음 날 백인 청년 깡패가 마브릿 모리슨을 공격했다. 그리고 테디 보이라고 하는 300~400명의 백인 폭도들이 서인도제도 출신자들의 주택가를 밤에 습격하면서 폭동과 습격이 매일 반복되었다. 이 폭동은 9월 5일까지 계속되어 경찰은 2주 동안 140명을 체포했다.[11] 노팅힐 인종폭동은 이때까지 누적된 불만이 마브릿 모리슨이 트리거가 되어 폭발한 것이며 언제든 발생할 수 있다는 위기의식을 가지게 만들었다. 이에 따라 영국에서는 '영연방이민법'(1962년 제정) '인종관계법'(1965년 제정) 등의 법률을 제정하면서 대책을 마련해 갔다.

1981년 4월 11~13일에는 브릭스턴 폭동이 일어났다. 런던 남부 흑인 거주지인 브릭스턴에서 경찰이 흑인을 골라서 불심검문하는 것에 주민들이 반발하면서 폭동으로 발전했다. 이틀간 이어진 폭동으로 150동의 건물이 손상을 입고, 100대의 차량 파괴, 약 280명의 경찰과 약 65명의 군중이 부상을 당하고, 82명이 연행되었다. 이 폭동에는 총 5천 명이 가담했다고 추정된다.

2011 영국폭동(2011 England Riots)은 런던폭동으로 불리다가 전국 규모로 발전하여 영국폭동으로 불린다. 이 사건은 2011년 8월 4일 범죄용의자인 29세의 흑인 남성이 경찰관에게 사살된 것이 계기가 되어 8월 6일부터 시작되었다. 8월 6일에 사망자의 유족이 토트넘 경찰서 부근에서 추도 항의 데모를 하다가 경찰 차량을 파괴하고 방화를 한 것이다. 이 사건은 진정되는 것 같다가 다음 날 토트넘 경찰서에서 멀리 떨어진 상업지구에서 파괴, 약탈, 방화가 일어났다. 가담자 55명이 체포되고 경찰관도 다수 부상을 입었지만 폭동은 진정되지 않고 오히려 넓은 범위로 확산되면서 규모가 커져 갔다. 9일까지는 버밍햄, 리버풀, 노팅햄, 브리스톨 등 각 지방도시에서도

11 https://en.wikipedia.org/wiki/1958_Notting_Hill_race_riots

폭동, 약탈, 방화가 발생하여 전국 규모의 폭동으로 발전했다. 수상은 9일에 폭동진압에 관한 긴급대책회의를 열고 10일부터 강경진압에 나섰다. 11일이 되어 폭동은 진정세로 접어들어 진압되었다. 이 폭동으로 5명 사망, 2천 명 이상 체포, 2억 파운드(2,500억 원) 이상의 재산피해가 났다.[12] 이 폭동이 미친 사회적 파급력은 컸다. 인종폭동으로 시작하여 영국 전체, 인종과 계층을 불문하고 수많은 사람들이 폭동에 가담했다. 이것은 기존의 다문화공존 정책의 실패로 여겨지며 새로운 시도를 낳고 있다.

영국에서는 2000년 이후 노동당 정부 때부터 이미 다문화주의 정책에 대하여 소극적인 방향으로 전환했다. 많은 이들이 영국의 이민 및 소수자 정책이 다문화주의적 지향에서 강한 국가정체성 및 사회 결속(social cohesion)을 중심으로 한 동화주의적 방향으로 전환했다고 평가했다. 2001년 인종 갈등 이후 캔틀 보고서를 시작으로 쏟아지기 시작한 각종 보고서들은 하나같이 능동적 시민권(active citizenship)이 커뮤니티 결속과 사회통합에 핵심임을 주장했고, 정부는 영국 사회로부터의 통합 과정이 동질적인 문화로의 동화가 아니며 각 커뮤니티 사이의 쌍방향적 과정이 되어야 함을 강조하고 있다. 하지만 많은 학자들은 정부가 이 과정을 어떻게 쌍방향적으로 가져갈 것인지에 대한 전략이 없이 다문화주의로부터 거리두기를 시작함으로써 실제 정책에서도 이민자들에게 통합에 대한 책임을 전가한다고 비판했다. 실제 이민관리 강화의 명분으로 시민권 수업 개설, 영어 구사 능력 기준 강화, 영국적 가치와 국가에 대한 충성을 맹세하는 시민권 획득 행사 등의 정책적 변화가 있었으며, 백인중심의 다수 영국인이 어떻게 다양성을 상호적으로 수용하는 과정에 동참할 것인지에 대해서는 새로운 전략이나 구체적인 방안이 없다.[13]

5) 소 결

영국은 제국주의가 종식된 후에도 식민지였던 국가와 우호적인 관계를 유지하면서 연방을 구축했다. 대규모의 인구 이동이 일어나는 상황에서 인종 갈등으로 인한 소요 사태가 수시로 발생하고 있지만 다문화주의적 태도에 기초하는 영국 당국은

12 https://en.wikipedia.org/wiki/2011_England_riots

13 신지원 외(2012). 이민정책 해외사례 연구 : 다문화정책의 최근 논의를 중심으로. (IOM이민정책연구원 연구보고서 No.2011-08).

사회통합 대책에는 비교적 미온적이었다. 다문화주의는 영국에서 비백인 집단이 다문화시민권을 요구할 수 있는 일차적인 근거가 되었다. 다문화주의 정책을 배경으로 하여 영국에서는 소수자 집단이 일종의 ethnic box로 취급되지만 교류와 통합을 위한 시도는 지속되고 있다. 이는 다문화시민권을 인정하면서 상호 간 문화적 영향을 받아들이려는 시도이다.

여전히 영국은 스스로를 다인종·다민족 국가로 인정하고 있다. 실질적으로 제국주의 시대와 영연방의 이념은 영국의 이념을 외부로 확산하고 외부의 영향을 받아들이는 것에 있다. 따라서 영국에서 사회통합은 이민자를 영국사회에 통합시키는 방향만이 아니라 영국사회가 이민자의 문화적 영향을 받아들이는 것이다.

과거부터 다양한 이유로 이민자를 받아들인 영국은 그에 따른 정책과 법안을 만들었고, 이것을 바탕으로 다문화사회를 유지해 왔다. 비록 총리가 스스로 다문화주의의 실패를 선언하기도 했지만 사회 전체가 이를 받아들이지는 않았다. 다문화주의에 대한 부정적인 인식이 여전히 강력하게 남아 있는 이유는 정책적인 부족함도 있지만 영국인의 우월의식 때문으로 볼 수도 있다.

최근 영국의 이민정책의 전개는 도구적인 제한주의로 볼 수 있다. 체류자에 대해서는 영국사회에 유리하게 활용하고, 새롭게 유입되는 인력은 고급인력으로 제한하는 방향을 취하기 때문이다. 이런 제한주의는 브렉시트(Brexit)가 진행되면서 유럽인도 그 대상이 될 수 있다는 것을 보여준다. 비록 영국이 개방적이고 포용적인 전통을 가지고 있다고 하지만 경제 쇄국정책의 진전에 따라 다문화정책이 어떻게 전개될지는 주의 깊게 지켜보아야 한다.

3. 일 본

1) 현 황

일본 총무성 통계에 따르면 2019년 일본 총인구 124,776,364명 중 외국인은 2,667,199명으로 2.14%를 점하고 있다. 외국인 인구의 비율은 1950년 0.63%, 1970년 0.58%, 1990년 0.82%, 2000년 1.32%, 2019년 2.14%로 전 세계의 다문화인구 변동 상황과 비교해 보면 매우 완만하게 증가하고 있다. 통계 방식에 따라 일본에서는 국적을 기준으로 통계를 작성하기 때문에, 외국인이 귀화를 할 경우 일본 국적자로 보며 다문화인구에 포함되지 않는다.

〈표 4-3〉 일본의 외국인 인구 변화[14]

단위 : 명, %

연 도	총인구	외국인	비 율
1950	84,114,574	528,923	0.63
1960	94,301,623	578,519	0.61
1970	104,665,171	604,253	0.58
1975	111,939,643	641,931	0.57
1980	117,060,396	668,675	0.57
1985	121,048,923	850,612	0.70
1990	123,611,167	1,025,317	0.82
1995	125,570,246	1,362,371	1.08
2000	126,925,843	1,686,444	1.32
2005	127,767,994	2,011,555	1.57
2010	127,522,000	2,134,151	1.67
2015	127,111,000	2,232,189	1.76
2019	124,776,364	2,667,199	2.14

외국인의 거주 경향은 지역적 편향을 보이는 경우가 있는데 일본의 광역자치단체 중 도쿄도는 외국인 등록자 수가 가장 많다. 도쿄도 내에서도 신주쿠구 오오쿠보 지역은 외국인 인구 비율이 가장 높은 것으로 알려져 있다.

동향 출신 외국인이 집단적으로 거주하는 경우도 있다. 군마현 오타시와 오이즈미초 등 북관동 지역에는 일계 브라질인이 많이 모여 산다. 한국인들이 많이 모여 사는 곳은 가나가와현 가와사키시, 오사카 이쿠노구, 신주쿠 신오쿠보 등지가 대표

14 https://www.stat.go.jp/(일본 총무성 통계국)

적이다. 나가노현에는 제국주의 시대에 중국에 개척단으로 파견되었던 귀환자들이 많이 거주하고 있다.[15]

20세기 중반까지 일본에 이주한 외국인들은 일본 제국주의 시대에 조선과 중국에서 이주한 사람들로 주로 도시 지역에 거주하고 있다. 그런데 20세기 후반에는 노동력 부족으로 인한 외국인노동자의 유입과 농산간 지역의 소위 "며느리 부족"으로 인한 결혼이주자의 등장이 특징이다.

2) 역 사

일본에서 이민자의 큰 부분을 차지하는 인구는 제국주의 시절의 식민지 출신이다. 일본은 19세기 말부터 주변 지역을 식민지로 편입시키면서 대규모의 인구 이동을 경험했다. 이 시기에는 국내와 해외로 대규모의 인구 이동과 집단 이주가 있었다. 해외로의 방향은 미국과 남미로의 노동 이민과 농업 이민이 있어서 미국과 남미 지역의 일계인 사회의 이어졌다. 또한 일본으로부터 조선과 만주, 중국 본토로의 이주도 큰 인구 규모로 이루어졌다. 일본국내로의 인구 유입은 주로 식민지 조선과 중국으로부터의 이민이었다.

제2차 세계대전 패전 후 미주 이외의 해외로 이주했던 대부분의 일본인들은 본토로 귀환했다. 일본으로 이주한 중국과 조선의 이주민들도 다수가 귀국했으나 그중 일부는 일본에 잔류했다. 이 인구가 재일한국조선인과 재일중국인을 구성하는, 소위 올드커머(old-commer)로 불리는 외국인이다. 이들과 구별하기 위하여 이후에 이주한 인구는 뉴커머(new-commer)로 불린다.

영국이나 독일 등 유럽 지역에는 전후 복구와 성장 과정에서 외부로부터 대규모 노동력 유입이 있었으나 일본은 고도경제성장기를 경험하고도 이런 노동력 유입을 겪지 않았다. 오히려 일본 다문화사회의 진전은 국내적으로 도시로의 인구 집중과 노동의 계층 분화에서 비롯된 것이 크다.

1970년대 중반부터 일부 업종과 중소기업이 노동력 부족 상황에 직면하게 되면서 외국인 이주 노동자의 유입이 시작되었다. 농산간 지역에서는 인구 유출로 인한 여

15 변수정(2014). 동아시아 국가의 다문화가족 현황 및 정책 비교연구. 한국보건사회연구원.

성 인구의 부족으로 결혼상대자를 찾지 못하는 남성이 증가하기 시작했다.

이에 연예산업에 종사하기 위해 일본 국내에 입국해 있던 여성과 결혼하거나 해외에서 직접 결혼상대자를 구하는 사람들이 생겨나기 시작했다. 심지어 이런 상황에 착안하여 지방정부가 나서서 결혼을 주선하는 곳도 있었다. 1985년 야마가타현 아사히마치에서는 미혼 남성에게 지방정부의 단체장이 주선하여 결혼상대자를 찾아주기로 했다. 그래서 필리핀의 한 도시에서 후보자를 구하여 단체로 맞선을 보게 하였고 그 중 일부가 결혼까지 이어졌다. 이 사건은 큰 화제가 되어 다른 지역에서도 관 주선의 국제결혼이 다수 이루어졌다. 이후 일본의 국제결혼은 그 수가 급속히 증가했다.

노동시장의 변화에 대처하기 위하여 1989년 출입국관리법이 개정된 이후 일본계 외국인의 체류자격이 완화되고 취업 자격이 확대되면서 외국인 수의 급증과 다양화가 진행되었다.

노동이주자의 유입 상황을 살펴보면 다음과 같다. 후생노동성이 제정한 고용대책기본계획은 1967년 1차 계획부터 1976년 3차 계획까지 외국인노동자는 받아들이지 않는 것이었다. 이런 기조는 1988년 6차 계획에서도 외국인노동자를 '전문 기술 노동자'와 '단순 노동자'로 구분하여 '전문 기술 노동자'는 가급적 수용하고 '단순 노동자'는 신중하게 대응한다는 것이었다.[16] 이것은 6차 계획 단계에서도 외국인노동자의 일반 유입은 실질적으로 이루어지지 않는다는 것을 의미했다.

1989년 출입국관리법이 개정되어 1990년에 시행됨에 따라 일본계 외국인은 취업 직종에 제한이 없고 가족을 동반할 수 있는 비자를 발급받을 수 있게 되었다. 이를 계기로 '남미 일계인'으로 불리는 브라질, 아르헨티나, 페루 출신의 일계인이 대량으로 입국하여 저임금 노동에 종사하게 되었다. 일계인은 문화적인 동질성을 예상했으나 일본어의 어려움과 문화적 차이로 일본사회에 통합되지 못하고 특정 지역에 집단적으로 사는 경향이 있다.

일반 외국인 노동이주의 경우는 1993년 기능실습제도를 만들어 개발도상국에 기술 이전을 한다는 명목으로 외국인을 연수, 기능실습생으로 받아들이게 되었다. 기능실습생은 최장 3년간 일본에서 일할 수 있게 되었다. 이런 방식은 2019년까지 일본의 외국인노동자 정책으로 유지되어 왔다.

16 藤巻秀樹(2012).「移民列島」ニッポン[他文化共生社会に生きる], 藤原書店.

2000년대가 되면서 고령화사회가 진전됨에 따라 산업계 노동력보다도 간호, 개호 분야에서 심각한 일손 부족 사태가 나타났다. 이를 해소하기 위해 2008년에 인도네시아와 경제연대협정(EPA : Economic Partnership Agreement)을 체결하고 이후 동남아시아 각국과 협정을 체결했다. 이 협정에 따라 상대국에서 간호사, 개호사 후보생을 받아 일본에서 연수를 받게 하고 자격을 취득하면 체류기간을 지속적으로 갱신할 수 있게 되었다.

2018년 11월 출입국관리법이 개정되어 2019년 4월부터 시행되었다. 이 개정은 산업계의 요청에 대응하는 것이었는데 외국인 노동이주자가 종사할 수 있는 업종을 늘리고 체류자격 갱신의 폭을 넓히는 것이다. 기술 보유자는 가족을 동반할 수 없는 체류기간 5년 비자를 받고, 시험에 합격하면 비자 갱신과 가족 동반을 인정하기 때문에 사실상 영주가 가능하다. 단순노동에 종사하는 기능실습생의 경우에도 일을 하면서 기술을 습득하여 기술보유자가 되고 시험을 치를 수 있기 때문에 영주의 길이 열린다. 이것은 사실상 이민을 인정하는 것으로 보이지만 일본정부는 이민은 아니라고 선언적인 제한을 하고 있다.

3) 정책의 전개

일본의 다문화정책은 법적인 측면에서는 1990년 이후 2019년 '개정입관법'이 통과되기까지 큰 변화가 이루어지지 않았다. 1980년대 후반 이후 외국인 이주민의 수용 주체로서의 지역사회를 상정하여 "지역으로부터의 국제화"를 슬로건으로 하여 다문화정책을 추진했다. 지방자치단체를 중심으로 국제교류와 국제협력을 이루어 나간다는 것이었다. 이에 따라 각 지역에서는 공통적인 다문화 프로그램의 하나로 국제교류협회를 운영하고 있다. 국제교류협회는 해당 지역에 외국인등록을 하고 있거나 거주하는 외국인들을 대상으로 하여 네트워크를 만들고 일본어 교육, 상담활동, 모임의 조직 등 일상생활을 지원하고 일본인 주민과의 교류가 이루어지도록 돕는 활동을 한다. 국제교류협회는 민간단체이면서 지방정부의 지원을 받기 때문에 반민반관의 성격을 가진 거버넌스라고 할 수 있다.[17]

17 박동성(2008). 일본 과소지역에서의 '국제가족'의 형성과 지역사회의 대응 : 아마가타현의 사례분석. 한국문화인류학, 41(1).

다문화정책의 전개에서 지방자치단체가 중심이 되는 방향을 유지하고 강화하는 정책으로 총무성은 「지역에서의 다문화공생 추진 계획」[18]을 발표했다. 여기서는 내국인의 인구 감소와 외국인 인구의 증가에 따라 그동안 일부 지역에 국한되었던 외국인 시책이 전국적인 과제가 될 것으로 보고 새로운 시도가 필요하다는 점을 제시하고 있다. 이에 따라 지역에서의 국제협력, 국제교류와 함께 다문화공생을 축으로 다문화정책을 전개하고자 했다. 2006년 3월부터 시행된 「지역에서의 다문화공생 추진 계획」은 일본 다문화정책의 골격이 되고 있다. 여기서 제시하는 '지역에서의 다문화공생의 의의'는 다음과 같다.

① 외국인 주민의 수용 주체로서의 지역 : 입국한 외국인을 지역사회에서 수용하는 주체로서 행정 서비스를 제공하는 역할을 담당하는 것은 주로 지방정부

② 외국인 주민의 인권 보장 : 지방정부가 다문화공생 시책을 추진하는 것은 「국제인권규약」, 「인종차별철폐조약」 등 외국인 인권존중 취지에 합치하여야 함

③ 지역의 활성화 : 세계에 개방된 지역사회 조성을 추진함으로써 지역사회가 활성화되어 지역산업, 경제 진흥으로 연결

④ 주민의 타문화 이해력 향상 : 지역 주민의 타문화에 대한 이해력을 향상시키고 타문화와의 커뮤니케이션 능력이 우수한 젊은 세대를 육성

⑤ 유니버설 디자인 지역 만들기 : 국적과 민족이 다른 사람들이 대등하게 지역사회의 구성원으로서 함께 살아가는 지역 만들기를 추진

총무성에서는 지역에서의 다문화공생의 의의를 위와 같이 예시하면서 각 지역에 따라 나름대로 다문화공생의 의의를 명확히 할 것을 주문하고 있다.

구체적인 지원과 실천을 위한 지침으로 다양한 언어, 미디어에 의한 행정 · 생활 정보 제공, 외국인 주민 상담창구 설치 및 전문가 양성, NPO와의 제휴, 지역 외국인 주민을 상담원으로 활용할 것 등을 제시한다.

도시 집중에 따라 지방이 위축되는 상황에서 다문화공생 플랜을 만들어 지방자치단체별로 실시하고 있다. 여기에는 지역주민의 참여가 전제되는데, 민간 봉사나 전문적인 교육을 통해 다문화가정을 돕는 것이다. 주민의 참여로 외국인 이주자를 지원하는 정책에서 그치지 않고 지역사회의 주민으로 공생할 수 있도록 하는 것이 목

18 總行國第79號(2006. 3. 27) 総務省自治行政局国際室長. 「地域共生推進プラについて」.

표가 된다. 외국인 주민에 대한 행정서비스, 인권보장, 이주민의 문화에 대한 주민의 이해 및 개방적 태도가 중요한 목표가 되며 이를 뒷받침할 수 있는 정책들을 지금까지도 만들고 개정하는 것이 다문화공생의 취지이다.

다문화공생의 실천과 개선을 위하여 총무성에서는 사업의 진행 상황에 대하여 지속적인 모니터링과 평가를 하며 이에 따른 사례집을 발간하고 있다.

4) 갈등과 통합

제2차 세계대전에서 패전한 후 일본제국은 소멸하고 새로운 일본이 수립되었다. GHQ 점령하의 일본 영토에는 일본인과 식민지에서 이주하여 일본에 정착한 재일조선인, 재일중국인 등의 주민들이 살고 있었다. 여기에 소수이기는 하지만 점령군과 일본인 사이에서 태어난 혼혈인이 새로운 구성원이 되었다.

일본인과 이러한 '이질적'인 존재의 동거는 오랫동안 일본사회에 고민거리를 안겨주었고 이들은 차별의 대상이기도 했다. 식민지 출신으로 일본에 거주하던 사람들은 일본이 패전하면서 본국이 식민지로부터 독립을 하게 되자 그때까지 일본인이었다가 갑자기 일본 국적을 상실하게 되었다. 이들 중 오랫동안 거주하면서 구축한 생활터전을 버릴 수가 없어서 본국으로 귀국하지 못한 이들은 외국인 신분으로 일본에 체류하게 되었고 일본 국민으로 귀화하는 것도 쉽지 않았다. 이들은 일본에서 가족을 구성하고 영구적으로 거주할 예정임에도 법적으로도 제도적으로도 구조적으로도 차별을 받아 왔다. 제도의 개선이 이루어져도 구조적인 차별이 반드시 없어지지는 않지만 일본정부는 이러한 법제도의 개선에 소극적이었기 때문에 구식민지의 주민들은 외국인으로서의 차별을 받을 수밖에 없었다.

과거 외국적 일본주민에 대한 차별철폐운동으로 대표적인 것은 재일한국인을 중심으로 벌어진 지문날인거부운동을 꼽을 수 있다. 일본의 외국인등록법에는 외국인이 입국을 할 때 지문을 날인하고, 장기체류자의 경우에는 매년 출입국관리국에서 지문날인을 하도록 규정하고 있었다. 재일한국조선인 등 식민지기부터 거주해 온 사람들은 수십 년 동안 일본에 체류하거나 일본에서 태어난 사람들임에도 일본인과 달리 지문날인을 해야 하는 차별을 철폐하기 위한 노력이 지문날인거부운동이다.

이 운동의 결과 식민지 배경의 영주자는 특별영주자의 지위가 부여되고, 외국인에 대한 지문날인제도는 1993년에 폐지되었다. 2007년 테러대책으로 외국적자에 대한 지문등록제도가 만들어진 이후에도 특별영주자는 일본인과 마찬가지로 대상외로 분류했다.

식민지 배경 외국적에 대한 차별 요소는 내부적인 개선이 아니라 외부 요인에 의해서 개선이 이루어지기 시작했다. 그 실마리는 베트남전쟁의 종결로 발생한 난민 수용을 위한 법제도의 정비였다. 일본은 1981년 난민조약에 가입하면서 본국의 외국인들에 대한 처우를 개선하지 않을 수 없었다. 지문날인거부운동도 이런 과정에서 성장한 권리의식이 제도개선운동으로 발전한 결과라고 할 수 있다.

그리고 산업구조의 변화에 따른 외국인노동자의 유입, 과소화에 따른 국제결혼의 증가, 세계화의 영향 등으로 구식민지 주민에 대하여 제도적으로 신분 보장과 처우 개선이 이루어졌다.

일본에서 사회 내의 외국인에 대한 차별은 단일민족 이데올로기의 민족주의에서 비롯된다. 그러나 전지구화가 일상이 되고 국제화과 지역사회의 다문화공생이 국가의 주요 가치로 강조되는 21세기 상황에서도 여전히 다문화주민에 대한 차별은 존재한다. 이것은 1990년대 이후의 경제 침체와 더불어 정치적 보수화가 진행되면서 뿌리를 내리고 있다.

특히 소수자 혐오 표현을 법적으로 제재하기 위한 「헤이트 스피치 해소법」[19]이 2016년 5월 24일 제정되었다. 헤이트 스피치는 특정 민족이나 국적의 사람들을 배척하는 차별적 언동을 말하며, 주로 재일한국·조선인이 그 대상이 되었다. 우익세력의 일부가 "○○인은 나가라", "조국으로 돌아가라", "○○인을 죽여라" 등의 구호를 외치며 구체적인 협박을 하기도 했다. 이런 상황에 재일한국인 단체와 개인을 중심으로 지방자치단체와 국회에 대하여 적극적인 대처를 통해 입법화가 가능했다. 그러나 이 법은 위법행위에 대한 처벌 규정이 없어서 미흡하다는 평가를 받고 있다.

19 정식 명칭은, '일본 외 출신자에 대한 부당한 차별적 언동의 해소를 위한 노력의 추진에 관한 법률'(「本邦外出身者に対する不当な差別的言動の解消に向けた取組の推進に関する法律」)(2016년年 법률 제68호)

5) 소 결

일본은 제국주의 종식 이후 식민지 출신 이주자가 소수집단으로 사회에 존재하는 사회이다. 전후 복구기에 노동 이주자의 유입이 없었으며 산업구조의 변동에 따라 새로운 형태로 이주자를 받아들이게 된 사회이다.

폐쇄적인 의식과 외국인 관리와 관련된 법체계가 이민 정착을 매우 어렵게 하고 있는 상태이다. 2006년 도입된 다문화공생 프로그램으로 지역사회가 주체적으로 문화정책을 실천하도록 장려하고 지원을 하고 있으며 지역으로부터의 국제화를 표방하는 곳이 많아졌다. 그러나 이후에도 동화주의 모형과 배제 모형이 강력하게 작동하고 있으며 경제적이 어려움이 커지면서 소수자와 이민자에 대한 혐오가 사회문제로 대두되고 있다.

사회의 요구에 비하여 정책의 대응이 기민하지 못하여 비판을 받아오다가 2018년 입관법 개정이 이루어지고 2019년 4월에 시행되면서 이주자의 유입에 기민하게 대처하고 있다. 과거 독일처럼 일본의 경우에도 이민사회가 아니라고 정치적으로 주장하고 있지만 결혼이주자뿐 아니라 노동이주자도 영주자가 늘어나는 구조이기 때문에 앞으로 이민사회로서의 구조변화를 해나갈 것으로 보인다.

4. 결 론

제국주의 시대의 식민지 경영 방식은 영국, 독일, 일본이 각각 달랐으며 제국주의가 종식된 이후의 다문화사회 진행 방식도 각기 달리 나타났다. 독일과 일본은 제2차 세계대전의 패전국이라는 지위를 공유하면서도 이후의 다문화사회 전개 방식은 전혀 달리 나타났다. 이는 그 나라의 문화적 배경과 경제적 상황이 달랐던 것에 기인한다고 볼 수 있다.

다문화정책을 둘러싼 세 나라의 특징을 비교하면 다음 표와 같이 나타낼 수 있다.

〈표 4-4〉 다문화정책 비교

독 일	영 국	일 본
이민국	이민국	이민국 아님
노동이주 많음	노동이주 비교적 많음	노동이주 적음
다문화주의(사회통합)	다문화주의(방임)	다문화주의(통합)
민족이념 강함	민족이념 약함	민족이념 강함
제국주의 시대 배타적	제국주의 시대 상호적	제국주의 시대 수용적
배타주의 강함	배타주의 약함	배타주의 강함
차별 강함	차별 강함	차별 약함
소수자혐오 집단행동	소수자혐오 집단행동	소수자혐오 집단행동
평등대우법(2006)	인종관계법(1965) 평등법(2010)	차별금지조례(2017년 동경 세타가야구) 헤이트 스피치 해소법(2016)

〈표 4-4〉에서 보듯이 세 나라는 이민에 대하여 상당히 다른 태도를 취하고 있다. 이주자의 숫자가 많아진 배경은 공통적으로 그 사회의 노동력 부족으로 외부에서 노동자를 유입할 필요가 있기 때문이었다. 사회 내 이주자의 형성 배경에서 영국과 일본은 식민지에 연원한 인구가 많으며 독일은 식민지 지배와 관계없는 터키 출신 외국인노동자가 다문화인구에서 높은 비율을 차지했다. 일본의 경우 고도경제성장 과정에도 외국인노동자의 추가적인 유입이 없다가, 후기산업사회의 사회구조 변화에 따라 외국인노동자를 받아들이게 되었지만 여전히 이주자에 대해서 폐쇄적인 태도를 취하고 있다.

이들 국가들은 이민의 역사가 길고 다양한 시행착오를 겪으면서 다문화사회의 진전에 대처해 왔지만 여전히 배타적이고 차별적인 면을 남기고 있다. 법제도적인 측면에서의 개선책이 제시되기는 하지만 소수자에 대한 보호 정책에 미온적이다. 이주민 인권을 보장하기 위한 법제도의 정비와 현장실천은 전 지구적인 차원에서 상호 참조가 이루어지기 때문에 예방적인 차원의 제도 정비와, 갈등 해소를 위한 신속한 행동이 중요하다.

21세기 들어 전 지구적으로 보수화의 흐름이 이어지는 가운데 팬데믹으로 인한 고립과 경제적인 어려움은 문제가 해결된 이후에도 상당 기간 지속될 것이며, 이는 이주민의 인권을 심각하게 위협할 가능성을 제기한다.

CHAPTER 05

식민지배를 겪은 사회의 다문화정책과 제도

이 장에서는 식민지배를 겪은 사회의 다문화정책과 제도에 대해 대만과 말레이시아를 대표적인 사례로 하여 각각을 사회경제적 배경 등을 포함한 현황과 역사, 정책의 전개, 갈등과 통합, 소결 등으로 구분하여 살펴본다.

1. 대 만

대만사회는 문화와 역사가 한국사회와는 크게 다르지만, 1980년대 말부터 증가하기 시작한 결혼이민자의 유입과 다문화정책의 전개에 있어 유사한 점이 많이 발견된다. 대만은 결혼이주민에 대해 처음에는 동화정책을 펼치다가 그 한계를 인식하고 이민자 가정 2세대에 초점을 맞추고 동화가 아닌 교류와 이해에 중점을 두기 시작하면서 미래의 다문화사회를 준비해 나가고 있다.

1) 현 황

대만은 1987년 계엄령 해제 이후 대륙 배우자와 외국인 배우자가 유입되기 시작하고, 세계화에 따라 1989년부터 대만인에 대한 여행자유화가 시행되면서 혼인이주를 통한 인구유입에 유리한 사회적 환경이 조성되었다(정준호, 2015 : 56). 그리고 1993년부터 대만정부가 동남아시아 국가에 대한 경제적 투자와 외교적 관계를 강화하는 '남향정책'을 추진하면서 동남아시아 국가와 인적 교류 또한 증가하게 되었다.

이 과정에서 1990년대 후반부터 2000년대 초반을 거쳐 결혼이민이 급격하게 증가하기 시작하였으며 2003년에는 정점을 이루었다(변수정 외, 2014).

〈표 5-1〉 대만의 대륙 배우자 및 외국인 배우자 변화 추이

구 분	총혼인자(쌍)	대륙배우자 (명, %)	외국인 배우자 (명, %)	대륙 및 외국인 배우자(명, %)
1998	145,976	12,451(8.53)	10,454(7.16)	22,905(15.69)
1999	173,209	17,589(10.16)	14,674(8.47)	32,263(18.63)
2000	181,642	23,628(13.01)	21,338(11.75)	44,966(24.76)
2003	171,483	34,991(20.41)	19,643(11.45)	54,634(31.86)
2004	131,453	10,972(8.35)	20,338(15.47)	31,310(23.82)
2005	141,140	14,619(11.36)	13,808(9.78)	28,427(20.14)
2009	117,099	13,294(11.35)	8,620(7.36)	21,914(18.71)
2010	138,819	13,332(9.61)	8,169(5.88)	21,501(15.49)
2013	147,636	11,542(7.82)	7,950(5.38)	19,492(13.20)

출처 : 내정부 통계처(http://www.moi.gov.tw/stat) 자료 재구성; 정준호(2014), p. 53.

대만에서 본토나 동남아 국가의 여성 결혼이주민이 급증하게 된 주요 원인으로는 첫째, 정치적인 요인으로서 양안 관계 개선에 따라 인적 교류가 증가했기 때문이다. 1980년대 중국 본토와 대만 간의 인적 교류가 허용되면서 1950년대 대만으로 이주한 노병을 중심으로 본토에서 배우자를 데려와 혼인하는 사례가 크게 증가하였고, 이에 따라 대륙신부의 수가 급증하게 되었다. 1990년대 이후 대만과 대륙의 교류가 점차 확대되면서 군인뿐 아니라 민간인 중에도 대륙신부와 혼인하는 숫자가 증가하였다(한승준 외, 2009).

둘째, 대만의 인구 구조적인 특징 때문이다. 전통적인 남아선호사상과 함께 1955년 대규모 군인과 민간인의 대만이주가 이루어졌으며, 1969년에는 직업군인을 인구통계에 포함시키면서 1970년대 심각한 남녀성비 불균형 현상이 나타나게 된 것이다. 그러나 1980년대 말부터 대륙신부와 외국계 여성배우자의 유입이 급증하면서 남녀성비 불균형은 점차 완화되었다.

셋째, 유교적 전통이 강하게 남아 있어서 가부장적 가정문화의 특성이 뚜렷하기 때문이다. 이로 인해 대만에서는 부권사회의 관념이 강해 혼인에 있어서도 남성이 자신보다 조건이나 능력이 다소 낮은 배우자를 선택함으로써 배우자 간의 관계에 있어서 여성보다 더욱 우월한 지위에 있고자 하는 성향을 의미하는 '혼인경사도(marriage gradient)' 현상이 매우 뚜렷하게 나타나고 있다(정준호, 2015).

〈표 5-2〉 외국인 배우자의 국가별 현황(2013년)

단위 : 명(%)

국 적	합 계	남	여
총 계	157,630	14,878	142,752
베트남	89,042(18.29)	413	88,629
인도네시아	27,943(5.74)	499	27,444
태 국	8,375(1.72)	2,589	5,786
필리핀	7,707(1.58)	494	7,213
캄보디아	4,282(0.88)	3	4,279
일 본	4,197(0.86)	1,951	2,246
한 국	1,238(0.25)	359	879
기타 국가	14,846(3.05)	8,570	6,276

출처 : 내정부 통계처(http://www.moi.gov.tw/stat); 변수정 외(2014), p. 48.

2000년대 초반까지는 대륙 배우자의 비중이 외국인 배우자보다 월등하게 높았으나 2004년을 전환점으로 하여 대륙 배우자와 외국인 배우자의 격차가 크게 줄어들었다. 대륙 배우자와 외국인 배우자의 격차가 크게 줄어든 것은 대륙 배우자의 수가 급감하였기 때문이다(변수정 외, 2014). 2013년 기준 대륙 및 외국인 배우자는 총 486,703명이며 이 중 본토지역 출신은 315,905명, 홍콩 및 마카오 출신은 13,168명, 동남아 국가 출신은 142,784명, 기타 국가 출신은 14,846명에 달한다.

2) 역 사

대만은 토착세력인 원주민족 이외에도 오랜 기간 동안 외부로부터 다양한 종족의 유입이 이루어지면서 여러 민족과 다양한 문화적 특성을 가진 다원화사회가 형성되었다. 대만의 4대 주요 사회집단은 원주민족(高山族), 한족계 본성인(本省人)인 객가인(客家人)과 민남인(閩南人) 그리고 한족계 외성인(外省人)으로 구분할 수 있다(한승준 외, 2009 : 47). 한족계인 본성인과 외성인의 구분은 대만으로 이주한 시기를 기준으로 본성인은 명나라 말기에서 청나라 시기 동안에 대만으로 이주한 한족들을 가리킨다. 외성인은 대만이 일본의 식민지배로부터 독립한 이후 대만으로 이주한 중국 본토인을 가리키며, 특히 국민당 정부가 대만으로 철수하던 1949년 이후에 대만으로 이주한 본토인을 의미한다(한승준 외, 2009 : 53).

외성인으로 구성된 '이주정권'인 국민당은 대만으로 들어온 1945년부터 1987년 계엄령이 해제되고 민주화가 진전되기 이전까지 대만의 선주민인 '본성인'을 폭압적 방식으로 배제하고 통치자로 군림해 왔다(심혜영, 2001 : 147; 김미란, 2011 : 241). 1987년 양안관계의 개선에 따라 계엄령이 해제되고 민주화가 이루어지기 전까지 이러한 경직된 정치체제는 사회적 다원화 및 다문화사회의 발전에 부정적인 영향을 미쳤다(한승준 외, 2009). 1990년대 이후에는 대만사회 내에 세계화 양상, 즉 외국인노동자 및 외국인 결혼이민자의 급속한 증가 양상이 나타나기 시작했다.

대만의 근대 역사와 복잡한 정치적인 상황들을 돌이켜보면 그 맥락이 단순하지 않음을 알 수 있다. 특히 1980년대 민주화 이후 대만사회의 가장 큰 변화 중 하나는 대만인 정체성이 증가하였다는 것과 중국(인)과 구별되는 대만(인)의 정체성을 강조하는 대만의식, 대만정서에 관한 논의들이 활발하게 전개되기 시작했다는 것이다(지은주, 2012 : 367; 심혜영, 2001 : 151). 이러한 대만인들의 자각은 선거와 같은 정치과정뿐 아니라 다양한 문화정책에서도 여러 갈래로 반영되어 있다. 1993년부터 시작된 지역과 공동체를 강조한 공동체부활운동(Community Renaissance), 1980년대부터 시작된 대만의 다양한 토착 종족집단의 권리를 옹호하는 사회운동에서 촉발되어 반영된 1990년대 후반의 국가주도 다원문화정책, 국가개념보다는 문화적 권리의 중요성을 강조한 문화적 시민권(cultural citizenship) 담론 등이 이에 해당된다(Wang, 2005/2006 : 231-232).

대만은 내부 사회의 종족집단과 새로 유입된 결혼이민자에 대한 정책이 구분되어 있다. 즉, 기존의 대만사회를 구성하고 있는 원주민족이나 객가인 등의 문화를 보존하고 발전시키는 것은 사회통합정책이라는 측면에서 접근하고 있으며, 외국인 및 대륙 배우자에 대해서는 이민정책 측면에서 접근하고 있다(정준호, 2014). 한국사회에서 흔히 '다문화사회(multicultural society)', '다문화주의(multiculturalism)'라고 부르는 명칭은 대만에서 각각 '다원문화사회(多元文化社會)', '다원문화주의(多元文化主義)'로 번역되어 사용되고 있다(王俐容, 2004). 그러나 이 용어는 1980년대 이후 다양한 민족적, 문화적 특성을 가진 대만사회의 특징을 나타내는 것으로 사용된 것으로, 외국인 배우자들의 유입으로 인해 형성된 다국적 사회에 대해서는 '신이민사회(新移民社會)'라는 명칭을 별도로 사용하고 있다.

결혼이민여성을 부르는 호칭 역시 변화하였다. 현재 '신주민(新住民)', '신이민여성(新移民女性)', '신이민(新移民)' 등이 혼용되고 있으나 점차 신주민으로 정착되고 있는 추세이다. 대만에서는 그동안 대륙에서 결혼으로 온 여성 배우자를 '대륙 신부'라 하였고, 동남아는 '동남아 신부', 다른 국가에서 온 외국인 배우자는 '외국 신부'라고 불렀다. 이 용어들은 언론매체, 중개업자, 공기관 등에 의해 일반화되어 보편적인 명사로 사용되었다. 그러나 이 용어는 '비(非)대만인'의 느낌이 강하고, 이들을 배척하는 경향이 보이며, 잠시 거주하는 외국인으로 취급하는 부정적인 측면이 매우 강하였다(邱汝娜 · 林維言, 2004 : 6). 따라서 시민단체에서 이들에 대하여 긍정적인 관념으로 수용하려는 의도에서 주도적으로 '신주민'이라는 용어를 사용하였다. 이를 정책적으로도 인정하여 현재 대만에서는 국제결혼으로 이주해 온 배우자 및 그 가정, 자녀에 대하여 '신주민'이라고 한다(김숙이, 2010).

3) 정책의 전개

1990년대까지 다문화정책의 가장 중요한 목표는 외국인 배우자를 대만사회에 신속하게 적응하도록 하는 것이었다. 그러기 위해서 외국인 배우자에게 중국어 교육과 중국문화에 대한 이해를 강요하였다. 1999년부터 시행된 '외국인 배우자 생활적응지도 실시계획(外籍配偶生活適應輔導實施計劃)'은 외국인 배우자가 대만사회에 잘 적응할 수 있도록 중국어 교육이나 문화강좌의 개설, 통역서비스 등을 제공하는 것을 주된 내용으로 하고 있었다(정준호, 2014).

그러나 2003년부터 생활적응지도 실시계획보다 다문화정책의 범위가 확대되고 외국인 배우자의 본국 문화에 대한 존중과 보호를 포함하는 '외국인 및 대륙배우자에 대한 지원지도조치(外籍與大陸配偶照顧輔導措施)'가 시행되면서 동화주의적인 다문화정책에 변화가 발생하기 시작하였다(정준호, 2014). 2007년에는 중앙정부 차원에서 이민서(移民署)를 설립하면서, 대만은 본격적으로 신주민을 위한 정책적 지원을 실시하고 있다. 이는 과거 출입국관리국에서 처리하던 이민 관련 업무를 1995년 5월 「출입국 및 이민법」이 공포 시행되기까지 7여 년이 경과하고서야, 비로소 내정부에 출입국이민서를 개설한 것이다. 이민서는 각 현(시)에 전담센터를 설치하여 외국인 및 대륙 배우자 관련 업무를 주관하도록 하였다. 현재 국제결혼으로 대만을 출입하는 신주민에 대한 업무는 이민서에서 총괄하고, 교육부의 국민교육사에서는 교육 관련 업무를 담당하고 있으며, 각 지방은 현·시정부에서 교육 및 상담 업무를 주관하고 있다(김숙이, 2010).

2012년부터 내정부와 교육부가 주도하여 시행하고 있는 '전국신주민횃불계획(全國新住民火炬計劃)'은 다문화가정의 자녀들이 부모의 본국 문화에 대한 이해와 전승을 실현하면서 대만사회에도 순조롭게 적응하여 대만의 새로운 미래의 주역으로 성장할 수 있도록 지원하는 것이 핵심목표이다. 이 정책은 대만정부의 다문화정책이 동화주의에서 다원주의로 전환하는 중요한 계기를 제공하였다. 정부의 예산지원을 받는 신주민중점학교(新住民重點學校)를 중심으로 외국인 배우자와 자녀 및 일반인까지도 정책대상으로 하여 외국인 배우자의 본국 문화를 자녀들이 전승하고 일반인들이 외국인 배우자들의 본국 문화를 이해할 수 있도록 다양한 교육 프로그램과 활동 등을 추진하고 있는 횃불계획을 통해서 대만정부는 기존의 동화주의적 다문화정책의 한계에서 벗어난 다원주의적 다문화정책의 추진을 시도하고 있는 것이다(정준호, 2014).

4) 갈등과 통합

대만에서 외국인 배우자들이 직면하는 문제들은 대체로 혼인 자체의 문제, 거류 문제, 법적인 문제, 취업문제, 언어학습 문제이다(김숙이, 2010). 외국인 배우자들에게 혼인과 관련해서 흔히 발생하는 문제는 가정폭력, 부부간의 의사소통, 통역 등이며, 거류, 호적, 국적의 문제는 신변 보장과 직접 관련됨에도 불구하고, 관련 규정에 대한 이해 부족으로 인하여 충분한 권리를 보장받지 못하고 있는 현실이다. 법률상의 문제에 있어서도, 동일한 이해 부족 현상이 나타나고 있으며, 취업에서는 불법 취업 문제, 직업 훈련 참여를 권장하나 언어 소통의 문제가 따르기 때문에 언어를 학습해야 하는 어려움이 있다(黃文彦, 2008 : 75).

대만에서 결혼이민자에게 가장 갈등적인 상황으로 나타나는 것은 중국대륙 출신 결혼이주자와 동남아 출신 결혼이주자에게 시민권 및 거주, 취업, 의료보험이 다르게 적용된다는 점이다. 동남아 결혼이주자의 경우, 「국적법」의 적용을 받아 결혼과 동시에 입국하며 입국 시에 쿼터 제한이 없다. 이들이 결혼 후 4년이 경과하면 국적을 취득하게 되어 있는 반면, 대륙배우자는 「타이완지역과 대륙지역 양안인민관계조례(臺灣地區與大陸地區兩岸人民關係條例)」(1992년 제정, 이하 '양안조례')의 적용대상이며 쿼터제에 따라 입국한다. 대륙배우자의 국적취득에 소요되는 기간은 1992년 제정 당시, 규정상으로는 8년이었으나 쿼터제의 영향으로 실질적으로 10년가량이 소요되게 되었다.

개방 이후 대륙배우자들이 요구해 온 3대 요구사항은 '노동권'과 '전 국민 건강보험권', 그리고 '출입국 횟수와 체류기간 제한 완화'와 '쿼터제' 철폐였다. 적정 생계유지를 위해 수입원을 가지고 안정적으로 머물며 결혼 후에 즉각 입국할 수 있게 해달라는 이 요구는 타이완인과의 기회균등을 주장한다는 점에서 '재분배'에 대한 요구에 해당한다.

그러나 2002년 수정본 양안조례 '공포안(公布案)'은 국적 취득 기간을 '11년'으로 연장하고 거류단계에 노동권을 허용한다는 내용을 담고 있었다. 대륙배우자들은 자신들을 더 이상 '재분배'를 요구하는 '노동권'을 원하는 존재가 아니라 "새로운 타이완인(新臺灣人) 아들을 낳고 기르는 어머니"라는 정체성을 전면에 내세워 기간연장에 반대하였다. 이것이 2003년 시위 당시 발표된 대륙배우자들의 "애국선언(愛臺灣宣言)"이다.

이에 대한 타이완 사회의 반응은 자유시보에 실린 "중국배우자 오늘 거리로 나서다, 타이완 단결연맹 : 위법 선언(中國配偶今上街 臺聯 : 違法)"이라는 기사에 드러나 있다. 시위에 나선 대륙배우자의 행위는 국가의 안전을 위협하는 '비본국인사'의 '내정간섭'으로 간주되었다. 그러나 타이완 우선주의자들은 단지 이 대륙배우자만을 '국경' 밖으로 밀어낸 것이 아니라 이 담론의 기반 위에 타이완 '국민'의 배타적인 우선권과 '2개의 중국론'을 가시화하고자 하였다. 2008년에 수정된 판본의 「양안조례」에서는 의무대기기간이 6년으로 단축되었으나 실질적 소요기간은 그보다 길다(김미란, 2011a; 2011b).

이와 같이 시민권 부여에 차별이 존재하는 것은 대륙 출신 결혼이민자에 대한 사회적인 인식의 문제가 존재하기 때문이다. 기본적으로 '대륙처녀(大陸妹)는 값싸게 사온 여성', '사랑 없이 결혼한 여성'이라는 인식이 존재한다는 것이다. 집권당인 민진당은 대륙배우자를 '비국민', '외성 출신'으로 보았다. 그러했기 때문에 이런 인식을 기반으로 대륙 배우자들이 '허위결혼 진짜 취업', 혹은 '허위결혼 진짜 매음'하는 자가 반을 차지한다는 언설이 정부담당자를 통해 유포되기도 했으며 그 효과는 정상적인 대륙배우자의 권리제한을 정당화하는 데서 발휘되었다. 이는 '친대륙 성향'에 대한 대만사회의 공포감이 기저에 작동하고 있기 때문이다. 향후 중국과 흡수 통일되거나 대만기업의 대륙 이전에 따른 경기침체 장기화와 박탈감 등도 작용한다.

대륙 출신 결혼 이민자들이 동남아 출신 결혼이민자보다 유리한 점이 있다면 대륙 출신 어머니를 둔 이주 가정의 자녀가 학교에서 언어상의 장애를 느끼지 않는다는 점이다. 반면 동남아 출신 이주 가정의 자녀는 경제적 문제로 돌볼 여유가 없어 학습력이 떨어지는 경우가 상대적으로 많다고 한다. 그래서 학교마다 방과 후 어머니자원봉사단을 조직하거나 교사가 학습부진아를 가르치도록 제도적으로 마련하고 있다(월간조선, 2014. 11월호).

5) 소 결

대만은 토착세력인 원주민족 이외에도 오랜 기간 동안 외부로부터 다양한 종족의 유입이 이루어진 다원화 사회이다. 1987년 계엄령 해제 이후에는 세계화의 확대 및 여행자유화 시행을 거치면서 새롭게 대륙 배우자와 외국인 배우자가 유입되기 시작하였다. 이에 따라 기존의 종족적 구성이 급속하게 바뀌게 되었으며 다원문화 혹은 다문화 관련 정책 역시 내부 사회의 종족집단과 새로 유입된 결혼이민자에 대한 정책이 구분되기 시작했다. 초기 대만 다문화정책의 가장 중요한 목표는 외국인 배우자가 대만 사회에 신속하게 적응하도록 하는 것이다. 많은 다문화 프로그램들이 외국인 배우자에게 중국어 교육과 중국 문화에 대한 이해를 강요하는 내용으로 채워져 있었다. 그러나 2003년 이후 기존의 동화주의적인 다문화정책은 외국인 배우자의 본국 문화에 대한 존중과 보호를 포함하는 정책으로 전환되었다. 현재 대만에서 결혼이민자에게 첨예한 갈등 상황은 중국대륙 출신이 동남아출신에 비해 시민권 및 기본 생활 보장이 불리하게 적용된다는 점이다. 사회 전반에 걸쳐 대륙 출신 결혼이민자에 대한 다양한 문화적 편견이 존재하고 있기 때문이다. 이 문제는 현재 진행형이며 미래 조화로운 다문화 사회로 진입하기 위한 새로운 대안 마련이 요청되고 있다.

2. 말레이시아

1) 현 황

인도양과 남중국해(South China Sea) 사이에 자리한 말레이반도는 예로부터 서양과 동양의 상인, 여행자, 선교사들이 만나는 황금의 교차로였다. 그래서 말레이 역사는 끊임없는 외세와의 상호작용으로 만들어졌다. 예전에 힌두교, 불교 문화권이었던 말레이반도는 말라카(Melaka, Malacca) 왕국의 전성기였던 15세기경에 이슬람 문화권으로 탈바꿈했다. 그 시기 말레이반도에 유입된 이슬람은 말레이 전통사회와의 접촉을 통해 다양한 변화를 경험하게 된다. 특히 해안지역의 상인계층을 중심으로 그

세력을 확장하였던 이슬람은 내륙지역의 수장들과 끊임없는 갈등과 긴장 속에서 전통 아랍사회에서 형성된 기본적인 가르침과는 큰 차이를 보이게 되었다. 그것은 이슬람을 통한 종교적, 문화적 침투가 항상 현지 사회와 문화에 순조롭게 적응하지는 않았다는 점을 시사한다.

16세기 초반 포르투갈과 영국의 식민지배를 받았던 말레이반도는 제2차 세계대전의 종식과 더불어 독립을 하게 되었다. 이러한 역사적 배경으로 인해 현재 말레이시아의 총 인구구성은 다양한 종족집단(ethnic group)의 집합으로 이루어졌으며, 각 종족마다 고유한 문화적 풍습과 종교적 의례 및 예술적 관행을 지속해 왔다는 점에서 일 년 내내 각종 종교의 행사와 의례가 다양하고 풍성하게 제공되는 곳이 바로 현재의 말레이시아 사회라고 할 수 있다.

2018년 통계에 따르면 말레이시아의 총인구는 3,100만 명으로, 종교구성 비율로 보면, 무슬림이 60.4%, 불교 19.2%, 기독교 9.1%, 힌두교 6.3%, 유교와 도교 그리고 중국 전통종교가 2.6%, 무응답 0.9%이다. 이슬람은 끌란딴, 뻐를리스와 뜨렝가누 주에서 두드러지고, 불교는 화인(華人)이 비교적 많은 조호루, 말라카, 삐낭 주와 쿠알라룸푸르가 강세를 보이고 있다. 힌두교의 경우는 슬랑오르와 느그리슴빌란 주가 비교적 많은 숫자를 차지하고 있다.

반면에 종족별로 신봉하는 종교는 다르게 나타난다. 말레이계(Bumiputra)의 86.4%는 국교인 이슬람을 믿으며, 지역에 따라 말레이시아 토속신앙을 섬기는 인구가 6.3%이다. 말레이계는 불교, 기독교, 그리고 힌두교 등의 다른 종교를 거의 믿지 않는 것으로 조사되었다. 이슬람을 신봉하는 말레이계와 다르게 중국계는 불교(75.9%), 인도계는 힌두교(84.5%)를 믿고 있다. 비록 중국계가 기독교(9.6%)와 유교·도교를 비롯한 중국의 전통종교(10.6%)를 신봉하지만, 종족별로 대표하는 종교에는 들지 못한다.

말레이시아의 종교는 종족별로 뚜렷한 선호를 보이고 있고, 이로 인해 말레이 무슬림과 비무슬림 간의 종족분쟁이 종교분쟁까지 일으키는 요인이 되고 있다. 또한 종족별 거주 지역에 따라 종족별 종교 분포가 차이가 난다. 기독교의 경우 화인들이 큰 비중을 차지하는 동 말레이시아 지역(사라왁과 사바)에 대부분 거주하고 있다.

종교별 인구분포에서 특이한 사항은 부미뿌뜨라[1]의 수가 적음에도 불구하고 이슬람인구의 비율이 높은 주는 화인 혹은 인도계 개종자가 많고, 무슬림 이주자들 때문이다. 기독교계가 강세를 보이고 있는 사바와 사라왁은 부미뿌뜨라의 인구가 높지만, 다른 주와 달리 이슬람을 신봉하는 인구가 적다. 이는 기독교의 선교활동에 의한 것이 분명하다. 특히 사라왁의 경우에는 토속신앙의 비율이 어느 정도 차지하고 있기도 하지만, 기독교 선교활동으로 개종한 원주민들이 다른 주보다 훨씬 많다는 점을 알 수 있다. 전체적으로 볼 때, 부미뿌뜨라 중에서 토속신앙을 믿는 원주민을 제외한 말레이계가 이슬람을, 화인과 인도계는 각각 불교와 힌두교를 신봉하고 있다. 말레이반도의 토착종족과 사바 · 사라왁 등 동 말레이시아의 2개 주에 산재되어 있는 이반, 까다잔족, 이반족 등 토착 원주민들은 말레이인들과는 달리 원시신앙을 믿는 편이지만 일부는 기독교로 개종하였다.

전 지구적 차원의 자본주의화와 서구화를 포함한 전 지구화는 화인과 인도계가 기독교로 개종하는 데 큰 영향을 미친다. 그로 인해 유교, 도교 그리고 전통 중국 신앙을 믿는 중국계의 숫자는 현저하게 줄어들었으며, 힌두교도 역시 감소추세에 있다.

말레이시아는 다문화사회(multicultural society), 다종족사회(multiethnic society)의 대표적인 국가이다. 문화적 다양성과 종족적 복합성을 특징으로 하는 말레이시아의 사회문화적 특성과 종족문제가 어떠한 관계를 맺고 있는지에 대해 살펴보자. 이를 통해 말레이시아 종족관계와 종교, 이슬람, 이슬람화의 관련성에 주목하여 종족관계와 종족정체성의 다양성과 복합성에 기반을 둔 말레이시아 사회와 문화의 특징과 그 변화의 의미를 이해하고자 한다.

2) 역 사

동남아시아 지역의 현재의 종족들은 다양한 종족들이 혼합된 결과로 보인다. 말레이시아의 역사와 문화는 동남아시아 전체 속의 일부로 이해되어 왔으며, 특히 동남아시아의 이슬람 전파와 유럽에 의한 식민지화 과정에서 인식된 측면이 있다.

이슬람의 말레이시아로의 전파는 주로 아랍과 인도의 무슬림 상인들, 특히 인도

1 부미뿌뜨라는 bumiputra, bumi(땅이라는 뜻의 말레이어)+putra(자손들이라는 뜻의 말레이어)의 합성어로, '땅의 자손들'이라는 의미를 지님.

구자라트(Gujarat) 지역의 무슬림들이 결정적인 역할을 했던 것으로 보인다. 이러한 배경의 말레이시아 이슬람은 이전의 토착 신앙들과 결합되고 관용을 지니는 등 근본주의에서 벗어난 모습을 보였다. 14~15세기에 이슬람이 대중 종교운동을 확산하면서 말레이 세계의 이슬람화가 점차 확대되어 15세기 말까지는 말루꾸와 필리핀의 군도지역도 이슬람화되었다.

그러나 16세기부터 서구세력이 들어오면서 말레이시아는 서구 열강의 식민지로 전락하게 되었다. 1511년 향료무역 참가와 기독교 전파를 내세운 포르투갈이 말라카(Malacca)를 점령하면서 말레이시아의 서구 식민지배가 시작되었다. 서구 열강의 식민지 경험을 통해 당시 말레이시아 사회는 세계 정치와 경제의 흐름에 휩쓸려 들어가게 되었다. 문화적으로 말레이시아에 대한 서구 열강의 식민지배는 원래 중층적이던 말레이시아문화를 더욱 복잡하게 만든 요인이 되었다. 그리고 이러한 역사적 경험과 문화적 변천 과정은 말레이시아로의 이주민의 물결을 낳았으며, 이는 종족 관계와 언어, 그리고 문화에 변화를 초래했다.

말레이반도에 사는 일부 토착민들은 세노이(Senoi) 또는 사카이(Sakai)로 불린다. 이들의 생김새는 매우 다양하게 나타나며, 인도차이나, 태국, 미얀마, 아삼지방, 그리고 인도네시아와 필리핀의 종족 유형과 유사한 편이다. 이들 대부분은 몬크메르어를 사용한다. 하지만 민족사가(ethnohistorian)들은 이들이 말라요-폴리네시아어와 같이 전파되었다고 주장하기도 한다. 말라요-폴리네시아어의 분포, 까다이어와 따이어의 유사성은 이러한 주장을 뒷받침해 준다.

한편 14세기 말 말라카는 말레이반도와 수마뜨라(Sumatra) 섬을 잇는 지협에서 최고의 항구도시였고, 수마트라와 말레이 반도의 빠항(Pahang)으로의 영토 확장에 성공함에 따라 말라카는 중국과 인도 사이의 해양무역에 대한 지배권을 얻어 중심 항구로 성장하게 되었다. 이 지역에서 활발하게 활동한 인도의 구자라트(Gujarat) 출신 상인들의 이슬람의 영향으로 지배자들은 이들의 경제력을 바탕으로 한 이점을 고려하여 이슬람으로 개종함에 따라서 정치 · 경제 부문들이 이슬람 문화의 영향을 받게 된다. 그러나 불교와 힌두적 요소의 영향이 의례행사와 왕의 대관식에서 그 영향력이 곳곳에 남아 있음을 알 수 있다. 이러한 불교와 힌두적인 영향이 남아 있는 관계로 미얀마와 몬 타이 크메르 왕국과 유사한 의식을 보존하고 있었다 하더라도 말레이인들은 이슬람과 경제적 정치적으로 동맹관계에 있고 종족이 다르기 때문에 이들의 왕권과는 차이점을 가진다.

동남아시아에 유럽의 세력이 본격적으로 들어오기 시작한 것은 16세기 포르투갈의 진출부터라고 볼 수 있다. 포르투갈인들은 그들이 페르시아만에서 말라카 해협을 통해 몰루카 제도까지의 항로를 발견하고 이곳에 그들의 요새를 구축하는 일이 무어인들에 대한 십자군 운동의 일환이고 아시아에서 이슬람의 확산을 막는 것이 신으로부터 그들에게 주어진 임무라고 믿었다. 이러한 포르투갈인들은 이전 무슬림들이 하던 동서무역을 그들이 관장하고 심지어는 유럽세력 중에서도 자신들이 이를 독점하려고 했다. 포르투갈인들이 말라카를 점령하고 동양과 서양 사이의 향료무역을 독점하며 아시아 지역에서도 태국의 아유타야 왕조나 마카오를 거점으로 한 중국과 교역하여 이익을 챙기고 있었다.

17세기 초에 이르러 포르투갈인들의 세력은 점차 약화되고, 이 지역에서의 서구 세력으로 네덜란드가 부상한다. 이는 향료의 주요 소비국으로 포르투갈을 통해 비싸게 사는 것보다 조금이라도 더 싼 가격에 향료를 얻으려는 노력으로, 동남아시아로의 항로개척을 위해 노력한 네덜란드가 포르투갈이 쇠퇴하자 이에 대한 대체 세력으로 등장한 것이다. 영국도 포르투갈인들과 스페인 세력에 대항하여 네덜란드와 함께 동남아시아 지역에 등장한다. 게다가 영국은 스페인과의 전쟁에서 승리함으로써 해양세력으로 세력 팽창의 새로운 전기를 맞이하게 된다. 네덜란드인들은 도서부 동남아시아에 동인도회사를 설립하고 동남아시아 지역에서의 활발한 무역 활동을 하는 반면, 영국의 경우 17세기에는 동남아시아 진출까지는 역부족이라고 느끼고 인도 무역에 더 관심을 가진다.

그러나 여러 가지 상황변화, 즉 도거뱅크 전쟁, 나폴레옹의 네덜란드 점령, 영국으로의 삐냉(Penang) 할양, 영국령 인도에 버마인의 침입이라는 상황변화로 인해 점차 동남아시아 지역에서도 영국의 세력이 강해지기 시작한다. 나폴레옹의 침공으로 네덜란드는 잠시 동안 영국이 동인도회사를 관리할 것을 부탁, 영국이 이 지역 관리를 도맡게 된다. 1811년에서 1816년까지 영국이 자바, 수마트라, 말라야반도 등을 관리하다가 네덜란드가 다시 돌아오자 평화적으로 이들에게 돌려준다. 이때 총독으로 재임하고 있던 래플스(Raffles)가 1819년 싱가포르를 개척하며, 이때 말레이반도

북부 지역에 위치한 끄다(Kedah) 주의 술탄이 태국으로부터 위협을 느끼고 영국에게 도와줄 것을 요청하여 그 대가로 삐낭을 건네주었다. 이리하여 영국은 해협식민지를 형성하고 거점무역을 주도하게 되었다.

16세기부터 18세기에 이르는 시기 동안 말레이반도는 태국과 버마 사이의 정치력에 따라 지배력의 차이, 패권의 변화를 보인다. 즉, 태국의 왕조가 번성할 때 말레이반도의 패권을 행사하다가 태국왕조가 쇠퇴하면 버마의 왕조가 번성하는 모습을 띤다. 도서부 동남아시아에서 미낭까바우(Minangkabau)인들은 무슬림의 특징을 지니고 있었으나 주로 힌두교와 불교적 성향의 사람들로 부기스(Bugis)인들을 피해 15세기 이후 계속적으로 말레이 반도 지역으로 이주를 한다. 17세기 후반부터 수마뜨라 지역의 미낭까바우인들과 술라웨시(Sulawesi) 지역의 부기스인들은 말라카 해협(the Straits of Melaka)의 해안지대로 이주하기 시작한다. 이는 말레이 반도 남부지역에서 태국의 세력이 약화되고 당시 수마뜨라와 술라웨시 지역의 식민 지배자였던 네덜란드의 그 지역 술탄들에 대한 통치가 강력한 통제통치가 아니었기 때문에 그들의 말레이반도로의 진출이 이전에 비해 상대적으로 용이하게 되었기 때문이다.

19세기 초에 이르면 동남아시아에서 영국의 영향력, 그리고 이익이 증가하게 된다. 이는 산업혁명의 성공으로 영국은 값싼 원료 공급지와 넓은 시장이 필요해지는데 동남아시아 지역이 그 역할을 해주기 때문이다. 그리고 점차 제국주의적 성향의 식민지배 형태를 띠게 되었다. 영국은 버마 점령과 함께 태국과 말레이 반도에서도 점차 식민지배를 위한 영향력을 증대시켰다. 19세기 말 동남아시아 지역에서는 영국과 프랑스, 그리고 태국이 이 지역의 영향력 있는 통제권을 갖게 된다.

유럽에서의 산업혁명으로 유럽 국가들은 원료의 공급지와 시장을 식민지 경영을 통해 해결하려고 식민주의정책으로 동남아시아 지역에 본격적으로 진출한다. 영국은 해협식민지였던 싱가포르, 말라카, 삐낭을 중심으로 식민지 경영을 하게 된다. 말레이 반도 지역의 통치에서 영국은 각 지역 술탄들의 기득권을 존중하고, 다만 영국인 고문관을 채용하여 활동하게 하고 후에 말라야 연방으로 통합을 하게 되었다.

말레이반도 지역에서는 영어를 공용어로 사용하게 되는데, 영어는 제국주의의 상징이었다. 영어는 도시 엘리트 계층의 교육에 막대한 영향을 미쳤다. 이와 같이 식민 지배국가로서 영국의 교육제도와 영어가 말레이시아로 유입되었다. 반면 이 지역에서 토착 교육은 아주 기본적인 수준에서만 이루어지고 있다.

19세기 중반 이후 경제적 변화는 매우 빠르게 변모하게 된다. 특히 수에즈운하의 개통, 철도 및 교통수단의 발달이 아시아-유럽의 교역활동을 촉진시키는 요인으로 작용한다. 서구 유럽이 동남아시아 지역의 경제발전에 기여한 바를 무시할 수 없지만 이 지역의 경제발전의 주요 부분이 토착민들과 아시아의 이주민들(특히 중국 남부 출신의 화인들이나 인도계 이주민들)의 역할이 컸음을 인정해야 할 것이다. 태국의 벼농사는 말레이 지역의 주요한 쌀 공급지 역할을 하고, 말레이 지역의 주석광산산업은 유럽시장의 수요에 잘 부합되게 되어 영국인 자본가들에게 많은 이익을 주게 된다. 이러한 광산 활동에서 말레이인뿐 아니라 수입된 중국인 노동자들의 활발한 활동을 볼 수 있다. 그리고 중국인들은 노동자로서뿐만 아니라 중국인 기업들의 활동도 상당히 활발하게 이루어진다. 말레이 지역에서는 고무뿐만 아니라 후추, 커피 등의 각종 상품작물의 재배를 통해 영국인 자본주의자들이 많은 이익을 얻었다.

일본의 점령기에 일본은 영국만큼이나 말레이의 전통을 존중해 주었을 뿐 아니라, 말레이인들을 고위직에 기용하고 사업에도 이용하였다. 중국인에 대해서는 가혹한 정책을 펼쳤는데, 그것은 그들이 중일전쟁 시 중국을 지원했기 때문이었다. 반일 게릴라 활동이 일본 진입 시기부터 이루어졌는데, 중국인들이 주도하고 약간의 인도인, 극소수의 말레이인이 참가하였다. 처음의 조직인 화인운동위원회(CMC : Chinese Mobilization Committee)는 반일말라야인민당(MPAJA : Malayan Peoples' Anti-Japanese Party)으로 통합되었고, 일본에 대한 테러를 감행하였다.

일본의 지배 후 영국은 복귀하자마자 술탄들에게 영국의 지배를 인정하는 조약을 강요하였고, 민족주의 세력들과 충돌을 일으켰다. 이런 성격의 대중운동들이 정치 정당화해서 통일말레이국민조직(UMNO : United Malays National Organization, 이하 암노)으로 발전하였는데, 이들은 조약의 무효화와 말레이인에 대한 특권을 요구하였다. 결국 영국 대표와 술탄들, 암노의 대표들이 말레이 연합의 헌장을 바꿔서 식민정부의 권한을 줄이고, 말레이인의 특권을 강화하였다. 시민권의 자격에 대한 제한이 주어졌는데, 이것은 중국인들이 시민권을 갖는 것을 방지하기 위해서였다. 그러나 전에 반일말라야인민당(MPAJA)에서 활동하던 사람들은 더 많은 것을 요구하였고, 받아들여지지 않자 테러 활동을 벌였는데, 양측의 전쟁은 12년간 지속되었다. 그러나 1953

년의 헬리콥터 작전, 게릴라를 돕는 사람들에 대한 처벌, 그리고 독립에 대한 논의 등이 게릴라에 대한 지원을 점차 약화시켰다.

한편 영국은 말레이인과 중국인들의 단합을 중재하였고, 1949년 이 제안이 받아들여지면서, 말라야화인연합(MCA : Malayan Chinese Association)과 암노가 연합하여 선거에서 승리하였다. 한편 인도인과 중국인에 의해 지지를 받는 야당 세력이 존재했는데, 이들은 말레이인의 지지를 얻지 못해서 선거에서 좋은 결과를 얻을 수 없었다. 대부분 말레이 정당들은 너무 국수적이어서, 독립을 얻는 것보다 말레이인의 이익을 확보하는 것을 더 중요하게 생각하였다.

3) 정책의 전개 : 종족 정치와 부미뿌뜨라(Bumiputra) 정책

말레이시아는 13개 주와 3개의 연방으로 구성된 연방제의 나라로 40년 이상 국민전선(BN : Barisan Nasional, National Front, 이하 국민전선)이 장기 집권하는 가운데 말레이시아 내의 여러 종족집단(ethnic group)의 이해를 대변하는 정당들이 선거를 기반으로 의원내각제를 이끌어 가고 있는 국가다. 1957년 독립 이후 말레이시아는 사실상 하나의 당만이 존재했던 나라로, 철저히 국민전선에 의해서 지배되어 왔다고 볼 수 있다. 그리고 국민전선에 의한 독점 정치는 종족성(ethnicity)에 기반을 둔 독자적인 정치문화를 탄생시켰다.

독립 이후 줄곧 종족성에 기반을 둔 정치가 말레이시아 정치의 핵심을 차지해 왔다. 흔히 '종족집단 간 거래(ethnic bargain)'로 표현되는 말레이시아의 '종족 정치(ethnic politics)'는 말레이계(Malaysian Malays), 화인(Malaysian Chinese), 인도계(Malaysian Indian) 정치인들의 정치활동뿐만 아니라 각 종족집단에 속한 유권자들의 투표 행태에도 지대한 영향을 미쳐 왔다.

그러나 2008년 3월 8일 치러진 제12대 총선은 이러한 말레이시아 정치의 판도와 지형을 크게 변화시켰다. 12대 총선 결과에 대해 말레이시아의 정치권과 언론에서는 '정치적 쓰나미(political tsunami)'라는 표현을 사용할 정도로, 그 파장이 사회 전반에 큰 영향을 미쳤다. 국민전선과 암노에 대한 국민들의 불신과 불만은 마치 거대한 해일을 동반한 파도처럼 말레이시아 반도에 밀려들었고, 그 여파는 여당의 사상 최대의 패배로 나타났다. 여당으로서는 1957년 독립 이후 실시된 총선에서 가장 큰 패배를 겪었다.

2008년 총선에서 발견할 수 있는 가장 중요한 특징은 말레이시아 정치에서 '종족 정치'의 신화가 탈신화화의 과정을 경험하게 되었다는 점일 것이다. 제12대 총선 이후 말레이시아의 '종족 정치'는 심대한 변화를 겪게 되었다. 총선에서 야당은 5개 주의 정권을 장악하는 대승을 거두었다. 이러한 총선 결과에 여당은 경악했고, 야당은 정권 교체의 꿈을 실현시킬 수 있는 가능성 고조로 인해 한껏 고무되었다.

말레이시아 종족 정치 내에서 화인과 인도계와 같은 소수종족들의 인권과 시민권, 즉 '부미뿌뜨라(bumiputra)' 정책[2]에 대한 불만은 계속 이어졌다. 이는 결국 정부 여당에 대한 불만으로 표출되었으며, 그 배후에는 그간 정부에서 지속적으로 시행해 온 '부미뿌뜨라' 정책에 대한 화인들과 인도계의 반발이 있었다. '부미뿌뜨라' 정책에 대한 불만은 말레이계, 특히 가난한 말레이계에게도 널리 퍼져 있다. 장기간의 '부미뿌뜨라' 정책으로 인한 사회적 양극화 심화에 대한 화인들과 인도계의 불만과 '부미뿌뜨라' 정책에 대한 소수종족의 반발은 결국 부미뿌뜨라 정책의 전면적 재고로 이어졌다.

참고로 말레이시아의 종족별 인구분포는 1957년 독립 이후 지속적으로 변화하였다. 1957년에 부미뿌뜨라는 50%가 되지 않았지만, 지속적으로 증가를 거듭하여 2000년 조사에서는 60%를 넘었고 2008년에는 64.4%를 기록했다. 부미뿌뜨라의 대부분은 말레이(Malays)가 차지하며 2008년 조사에서 Non-Malays 부미뿌뜨라(Indigenous)는 11.1%로 대부분이 동부지역(Sabah/ Sarawak)에 거주하는 것으로 나타났다.

반면에 비부미뿌뜨라는 화인과 인도계가 주를 이룬다. 화인은 1957년에 36.6%로 최고를 기록한 이후 계속 감소하여 2018년에 22.0%로 전체 인구의 약 1/5이 조금

2 말레이시아에서 종족 간의 구분을 뜻하는 단어는 '부미뿌뜨라(Bumiputra)'와 '비부미뿌뜨라(Non-bumiputra)'가 있다. 이 두 단어는 종족적, 종교적, 그리고 문화적으로 다른 배경을 가진 그룹을 구분하는 말이다. 우선, 종족을 구분하는 의미로서 두 단어는 말레이 토착민과 이주민을 나누는 용어로 사용된다. 부미뿌뜨라는 말레이 토착민을 뜻하며 말레이(Malays)와 '토착민(Indigenous)'을 아우르는 말이다. 화인과 인도계와는 다르게 영국의 식민지 이전부터 말레이시아 지역에 거주한 원주민이라고 할 수 있다. 이에 반해 비부미뿌뜨라는 영국의 식민 정책의 일환으로 노동력을 얻기 위해 중국과 인도에서 도래해 온 이주민을 말하며, 비토착민이라 불리기도 한다. 또한 부미뿌뜨라와 비부미뿌뜨라는 말레이시아에서 종교 그룹을 구분 짓는 단어로 사용되기도 한다. 부미뿌뜨라가 이슬람을 신봉하는 무슬림 말레이시아인을 뜻하는 경우도 있다. 대부분의 말레이인들은 이슬람교를 믿고 있기 때문이다. 비부미뿌뜨라는 이슬람교를 믿지 않는 집단을 칭하기도 한다. 대부분의 화인과 인도계 이주민들이 여기에 속한다. 말레이시아의 국교는 이슬람교이지만, 화인들과 인도계 이주민들은 이슬람교가 아닌 다른 종교를 신봉하고 있고, 따라서 이슬람의 율법에 지배를 받지 않는다. 한편 부미뿌뜨라와 비부미뿌뜨라는 문화적으로 다른 배경을 가진 두 그룹을 구분하는 데 사용되기도 한다.

넘는 수준을 기록하였다. 인도계 역시 중국계와 마찬가지로 1957년 전체 인구의 11.5%였지만 1990년 10% 이하로 떨어진 이후에도 계속 감소하고 있다. 그 외에 기타(Others)가 있는데 이들은 대부분이 외국투자자 또는 식민지 시절의 영국인들이다. 말레이시아 연방 수립 초기에는 2.9%를 차지했던 기타(Others)의 대부분은 식민 지배를 했던 영국인들이었지만, 1990년 이후에는 대부분이 외국투자자들이나 인근의 인도네시아 또는 필리핀의 이주노동자들로 바뀌었다.

말레이시아는 여러 종족집단 간 화합과 조화라는 목표하에 종족적 다양성과 문화적 복합성을 특징으로 하는 다문화, 다종족, 다종교 사회로서 여러 방면에서 고유하면서도 독특한 문화적 특징을 지니고 있다. 말레이시아의 국교는 이슬람이다. 그러나 총 약 3천만 명의 인구 중 이슬람신자인 무슬림은 약 53% 정도를 차지하고 있고, 나머지는 불교 17%, 힌두교 7%, 기독교 3% 등 다양한 종교를 신봉하고 있는 나라이기도 하다. 화인들은 대체로 불교와 도교, 인도계는 힌두교와 이슬람을 신봉하는 사람들이 많은 편이다. 원주민이라 불리는 오랑아슬리(orang asli)는 기독교를 신봉하거나 전통적인 애니미즘의 관습과 의례를 유지하고 있다.

이러한 말레이시아 문화의 특징은 정치문화에서 더욱 두드러진다. 1950년대와 1960년대를 거치면서 말레이시아는 민주적인 것만도 아니고 권위주의적인 것만도 아닌 나름대로의 고유하면서도 독자적인 정치 모델을 바탕으로 국민국가 건설에 박차를 가했다. 종족집단 간 조화를 최우선의 목적으로 경제성장과 정치안정을 동시에 추구하는 독특한 정치경제 모델을 통해 사회 안정을 도모하고, 문화 통합을 추구하였다.

제2대 총리인 뚠 라작(Tun Razak) 시대에 처음 제기되어 마하티르 정권에서 그 목표와 필요성이 더욱 강화되어 실시된 '부미뿌뜨라' 정책은 1969년 5월 13일, 소위 '인종폭동'으로 알려진 유혈 폭동 사태를 겪은 이후 1970년 이래 현재까지 수십 년간 종족집단 간의 갈등을 조절하기 위한 말레이시아 정부의 정책적 장치 중 하나로 손꼽힌다.[3] 말레이계와 화인 사이에 유혈 폭동이 발생한 이후 정부는 이러한 종족집단 간 갈등과 대립을 해소하기 위해 말레이계를 우대하는, 이른바 부미뿌뜨라 정

3 '부미뿌뜨라'라는 용어는 '땅의 자손들'이라는 뜻을 지닌 것으로, 경제, 교육 등 전 분야에서 말레이계를 우대하여 말레이계와 화인들 사이의 빈부격차를 줄여나가는 동시에, 화인들과 인도계와 같은 종족집단에게는 소수종족으로서의 안전을 보장한다는 목적하에 정부 주도하에 추진된 정책이다.

책을 시행하기로 결정했다.[4]

'부미뿌뜨라' 정책의 시행으로 종족집단 간 경제적 격차는 많이 해소되었으나, 빈익빈 부익부를 낳았다는 비판이 제기되기도 했다. 이슬람을 믿는 '부미뿌뜨라'와 불교, 도교, 힌두교, 기독교, 애니미즘 등을 신봉하는 '비부미뿌뜨라' 사이의 통합을 통해 말레이시아 사회를 구조 조정하려는 정책적 시도는 일장일단을 지닌 정책으로 자리매김하고 있는 것이 현실이다. 중요한 것은 현재의 말레이시아 현실에 부합하는 방향으로 이 정책의 내용과 실행 방식을 조정하는 일이 아닐까 싶다.

말레이시아의 상징이라고 할 수 있는 "'Wawasan 2020(Vision 2020, 비전 2020)'을 위한 '말레이시아인을 위한 말레이시아(Malaysia for Malaysians)'"를 골자로 한 표어 또는 슬로건에 담긴 정치적 비전과 전략에는 다문화, 다종족, 다종교로 이루어진 말레이시아인들에게 문화와 종교의 차이나 종족집단의 다름을 떠나 말레이시아 국민을 하나의 말레이시아인으로 간주해야 한다는 국가통합의 원리와 그에 관한 문화적 의미가 포함되어 있다. '부미뿌뜨라'와 '비부미뿌뜨라'의 여부와 상관없이, 종족집단의 차이와 관계없이, 말레이시아 사회 전반에 걸쳐 정치적, 사회적 평등권, 소수종족의 인권 보장을 위한 투쟁이 전개되고 있다는 사실은 말레이시아 정치 상황의 변화를 가늠하는 바로미터가 될 것임에 틀림없다. 그리고 이는 종족성을 넘어 실용주의로의 투표 행태를 보여준 2008년 총선과 2013년 총선의 의미를 연장하는 길이 될 것이며, 말레이시아 정치가 '종족 정치'라는 신화에서 벗어나 탈신화화하는 과정에서 기존의 '부미뿌뜨라' 정책에 대한 재고를 포함하는 새로운 정책적 전환을 모색하는 중요한 계기를 제공했다는 것을 부인하기는 힘들 것이다.

4) 갈등과 통합 : 말레이시아 민족주의 운동과 종족 관계

말레이시아의 유럽 식민 지배의 경험과 결과는 두 가지 특징을 만들어냈는데, 영

4 당시 정부의 목표는 자본, 경영인, 기업종업원의 종족집단 구성비를 주로 화인 40%, 말레이계 30%, 외국인 30%의 비율로 재편하는 것을 통해 말레이계의 빈곤을 혁파하고 사회를 재구조화하기 위한 것이었다. 여기에 입헌군주제와 이슬람의 규범과 원리의 철저하고 엄격한 적용을 포함시켜 이슬람적 가치와 규범을 강화하였다. 이는 종족집단 간 대립과 갈등을 최소화하면서, 국가경제의 발전을 도모하는 데 기여한 것으로 평가된다. 특히 마하티르 전 총리는 야당이나 이슬람근본주의 세력들이 내세우는 이슬람 규범과 원리와는 다른 내용과 방식으로 나름대로의 독자적인 이슬람식 가치와 규범을 강조하는 이슬람화(Islamisasi, Islamization) 정책을 시행하였으며, 다른 한편으로는 강력한 리더십으로 종족집단 간 분쟁의 소지를 사전에 막는 다양한 정책적 조치를 수행하였기 때문에 '부미뿌뜨라(Bumiputra)'와 '비부미뿌뜨라(non-Bumiputra)' 사이의 분쟁이 발생하는 것을 막을 수 있었던 것으로 보인다.

토의 분할과 인구, 특히 이주민의 유입이 그것이었다. 이 두 가지 요소가 결합되어 말레이 민족주의의 성격을 형성했다.

우선 식민지 지배가 시작되면서 영국인들이 들어와서 점차 행정 관료가 되기 시작했다. 그리고 인도인, 중국인들이 들어와 상업 활동과 노동력 공급의 역할을 하였다. 이들 이주민들은 말라야에 체류하기보다 본국에 돌아갈 계획을 가지고 있었다. 그들은 본국 정치에 더 관심이 많았고, 본국 민족주의 운동을 경제적으로 후원하였다. 말레이 중국인들이 손문의 혁명을 후원한 것은 그 좋은 예이다. 한편 인도네시아에서도 많은 사람들이 이주했는데, 이들은 대체로 말레이 질서에 잘 적응하였고, 말레이인들은 외부 아시아인들에 대한 수적 열세를 만회할 수 있기 때문에 이들을 환영하였다.

말레이시아 민족주의 운동은, 똑 장굿(Tok Janggut) 운동처럼 영국에 대항하는 것도 있었지만, 대개 중국인에 대한 적대감을 가지고 있었다. 한편 영국은 말레이 술탄의 정치적 권위를 줄이고 그들을 종교적 문화적 상징으로서의 역할만을 수행하게 하고 장려했는데, 이것은 말레이 엘리트들 사이에서 정치적 보수주의를 강화시켰다.

말레이인들은 이슬람에 의해 정의되기 때문에, 이슬람의 민족주의 운동에서의 역할은 중요한 것이었다. 성지순례를 갔던 무슬림들이 그곳에서 이슬람 개혁운동의 물결을 접하고 돌아와서 반식민과 반전통, 평등사상 등을 퍼뜨렸는데, 성공을 거두지는 못했지만, 범 말레이 감정을 고취시키는 효과를 가져오고, 말레이어 출판이 증가하게 하였다. 한편 그 당시 말레이 작가들은 자위(jawi)어로 출판을 하는 경우가 있었는데, 이것은 말레이어에서 모음을 뺀 형식으로, 해석을 위해서는 말레이어에 대한 상당한 지식을 요구한다. 따라서 이것은 민족주의 전파의 좋은 수단이 되었다.

한편 다양한 종족과 문화가 복잡하게 얽혀 하나의 국가를 이루고 있는 말레이시아 사회를 이해하는 것은 말레이인의 종족성 또는 종족 정체성을 어떻게 바라보아야 할 것인가의 문제와 직접적인 관련성을 지닌다.

말레이반도는 동남아시아와 유럽을 포함하여 수많은 비말레이인들이 이주와 정착을 한 곳이다. 식민치하에서도 많은 인도와 중국인들이 말레이반도로 이주하게 되지만 20세기 초까지 큰 영향력을 가지고 있지는 않았다. 이에 앞서서 이미 말레이 반도 내에는 소수의 중국, 인도인들이 다른 동남아시아 이주자들과 섞여 있었고 말레이인과 국제결혼도 행해지고 있었다.

근대성은 기존의 전통을 대치하거나 교정하지 않고 전통에 첨가됨으로써 전통을 변화시킨다. 전근대성과의 단절이 아니라 전통성의 혁신 혹은 재발명으로 인식되어야 한다. 도서부 동남아시아에서 전통은 단순히 전근대적인 종족집단의 고립적 성격과 근대적인 민족개념의 연속선상에 존재하지 않는다(홍석준, 1997).

동남아시아 지역, 특히 도서부 동남아시아라 불리는 지역의 사회에는 엄밀한 의미에서 객관적으로 규정될 수 있는 말레이시아문화, 인도네시아문화, 필리핀문화, 중국문화, 인도문화, 그리고 오랑 아슬리 문화가 존재하지 않는다. 각 종족집단의 문화는 특정의 권력집단, 혹은 권력관계를 사회적 · 상징적 이미지로 전환시킨 종족담론의 일부라 할 수 있다(Kahn, 1995). 각 종족집단을 명백하게 구분할 수 있는 문화적 경계는 존재하지 않는다. 하나의 특정 문화라는 관념은 이데올로기적 구성물에 불과하다. 그것은 엘리트 집단이 만들어낸 허위의식일 뿐이다.

따라서 말레이시아 사회가 분절적인 상이한 종족집단으로 이루어져 있다는 주장은, 그것이 종족, 혹은 문화라는 용어와 관계없이 모든 인간 집단은 근본적인 특징을 공유한다는 명제로부터 예외일 수 없다. 현재의 말레이 사회는 계급만으로는 설명할 수 없는 종족화된 현상들(ethnicized phenomena)이 복합적이고 다양한 방식으로 얽혀 있다. 문화, 혹은 종족 정체성의 확인은 문화적 상징성에 대한 믿음을 가진 사람들이 은폐하고 있는 진정한 의도와 상징의 역할을 이해할 수 있는 방법에 의해서만 제대로 이루어질 수 있다.

사실 종족성을 다루는 문제는 단순하지 않다. 기존의 논의들은 대체로 종족의 개념에 지나치게 관심을 집중시켜 왔다. 그러나 종족성에 대한 이해와 관심이 특정 사회집단의 자기의식, 특히 정체성을 인식하는 데 크게 기여했음을 부인할 수 없다. 여기서 종족성에 대한 논의를 집단 간 상호작용, 혹은 접촉으로 간주한 것은 근대성으로 인해 많은 종족집단이 더 이상 고립된 공동체로 존재하지 않고 다양한 상호작용 속에서 끊임없는 변화를 경험한다는 것을 전제로 했기 때문이다. 이런 의미에서 도서부 동남아시아의 독특한 역사적 경험과 사회경제적 환경은 말레이시아의 종족성을 이해하는 데 매우 중요한 요소이다. 종족적으로 분화된 사회에서 중심이 되는 정치적인 논쟁은 종족의 분파를 따라 어떻게 정치를 다층화하는가의 문제이다.

말레이시아 사회는 중요한 종족 논쟁에 따라 그 사회 내부를 분화시켜 왔다고 할 수 있다. 동남아시아 지역의 경제활동에서 화인들의 역할이 상당히 크게 작용한다. 화인들의 경제활동은 기업을 통해 상업활동을 통한 활동으로 이익을 얻는 것이나 노동자로 유입되어 활동하는 경우도 많이 있다.

5) 소결 : 말레이시아의 다양한 종교와 종족정체성

말레이시아의 공식적인 국가종교는 이슬람교이다. 헌법에는 개인의 종교적 자유를 보장하고 있으나, 이슬람교 신자들을 다른 종교로 개종시키려는 노력을 할 수 없도록 법이 규정하고 있다. 말레이시아에 이슬람교가 전파된 것은 13세기경으로, 그 이전에 존재하던 토속신앙 및 힌두교와 결합하여 매우 독특한 모습을 가지고 있었다. 당시 종교지도자(술탄)들은 매우 높은 자율성과 세속적 권위를 동시에 행사했는데, 그 후 민간정부가 수립되면서 술탄이 행사하던 지배력은 약화되었고, 종교적 권위의 중앙집권화가 이루어졌다. 20세기 초반에 영국의 식민지 정책에 따라 술탄제가 제도화되었다. 말레이시아에서 이슬람교는 정치에 큰 영향을 미치며 1930년대에는 이슬람 개혁사상가들이 민주주의 운동을 주도하였고, 1970년에는 이슬람 부흥운동이 성행하여 엄격한 이슬람 전통에 따른 사회개혁을 주장하기도 했다(홍석준, 2001; Zainah, 1987).

말레이시아의 소수민족인 인도계들의 주된 종교는 힌두교이다. 힌두교는 여러 가지 신을 동시에 가지고 있고 교리나 의식도 매우 다양하다. 말레이시아와 싱가포르에 이주한 인도인들은 주로 인도 남부의 타밀어 사용지역에서 이주해 온 농민들로 힌두교를 신봉한다. 종교체계로서 힌두교는 카스트제도의 이데올로기적 기반을 제공한다. 카스트와 종교적 신념은 불가분의 일체를 형성한다. 정통 힌두교의 중심적인 종교적 교리는 인간은 평등하지 않다는 것이다. 인간의 불평등은 전생의 선행과 악행에 의해 결정된다. 그러므로 각 카스트는 정해진 생활방식에 따라 살 것이 요구된다. 말레이시아와 싱가포르의 인도인 공동체에서 카스트 사상과 신념은 그것을 지지하는 구조적 장치가 없음에도 불구하고 사회생활의 중심적 요소이다.

현재 말레이시아는 다종족사회의 인구구성을 갖추고 있다. 말레이시아 사회가 각기 고유한 문화적 배경을 갖는 이질적인 인종 혹은 종족으로 구성되어 있다는 사실은 다양한 문화 간의 조화와 충돌 혹은 융합과 갈등이라는 격변의 역사적 과정을 짐작할 수 있게 한다. 다시 말하면, 역사적으로 다양한 종족들이 어울려 살게 된 배경에는 사회경제적 변화는 물론 문화변동의 중요한 요인들이 깔려 있다는 것이다. 중국인과 인도인의 본국으로부터의 대량 이주는 말레이시아 사회의 식민지 과정과 밀접하게 관련되어 있다. 이러한 다양한 종족구성은 현재의 말레이시아의 사회와 문화 그리고 역사뿐 아니라 전통종교와 의례의 특성, 특히 통과의례의 문화적 의미를 이해하는 데 필수적이다.

CHAPTER 06

이민사회의 경험을 지닌 사회의 다문화정책과 제도

1. 미 국

1) 현황 : 미국 다문화정책의 사회적 배경

미국은 수많은 다양한 이민자들을 받아들이면서 이루어진 국가이다. 미국의 초기 이민의 역사는 1620년, 영국의 종교적 박해를 피해 청교도 이민자들이 메이플라워(Mayflower)호를 타고 신대륙에 도착하면서 시작되었다. 미국에 정착한 초기 이민자들은 주로 북, 서부 유럽 출신의 영국계 백인들이었다. 초기 미국사회의 사회통합은 주류 백인문화에 대한 소수인종들의 문화적 적응을 강조하는 동화주의로 자연스럽게 형성되었다.

구체적으로 말하자면 미국 땅의 주인이었던 인디언들, 유럽 각 지역의 이주자뿐만 아니라 아프리카의 흑인들도 노예로서 강제적인 이주가 이루어졌다. 미국과 국경을 접하고 있는 남아메리카 지역에서의 라틴계 이주민들과 그 후 미국 동서를 가로지르는 철도 건설을 위한 중국인들의 이주 등 미국은 거의 모든 전 세계 국가에서 이주민을 받아들여 미국이라는 사회의 구성원을 이루고 있는 셈이다.

현재도 미국은 이민자들에게 문호를 개방한 채, 수많은 이민자를 받아들이고 있다. 그래서 미국을 전 세계의 수많은 민족과 문화로 이루어진 '문화의 용광로(melting pot)'라고 부르는 것이다. 새로운 삶의 터전과 아메리칸 드림을 찾아 미국으로 이주한 이민자들과 미국 영토 내에서 태어나는 아이들에게 부모의 인종과 국적을 묻지 않고 미국 시민권을 제공하는 속지주의는 다른 나라에서는 찾아보기 힘든 제도이다. 이렇게 다민족, 다문화 국가인 미국의 건국기념일의 슬로건은 '다양함으로부터 하나로'이다. 다양한 민족과 문화로 이루어진 이민국가이기 때문에 그러한 다양성을 가진 사람들이 하나로 뭉쳐야 함을 강조한 것이다.

그렇다면 그렇게 수많은 민족과 문화로 이루어진 용광로 속으로 들어간 다양한 민족과 문화들이 모두 공평하게 용광로 속에서 녹아 현재 미국이라는 문화를 만들어냈을까? 그러나 그 실상을 살펴보면 미국이라는 사회의 기득권층인 유럽계 백인들 기준으로 만들어진 용광로 속에서 다른 문화가 녹아들었기 때문에 이러한 용광로 정책은 결코 다양성을 인정하거나 기회를 균등하게 제공하는 정책의 산물은 아니라고 말할 수 있다. 사회의 주류 구성원인 백인들에 의해 이끌어 온 미국사회는 백인이 아닌 인종과 백인문화가 아닌 다른 문화에 대해 분리차별을 한 것은 사실이며, 멀지 않은 근대에 이르러서야 법적인 기회균등이 이루어졌지만, 지금도 여전히 미국사회는 인종차별 논란에서 자유롭지 못하다.

미국 내에서 다문화사회를 위한 역사적 배경과 관련 제도적 장치에 대해 언급할 때, 흑인들의 민권운동은 매우 중요한 지위와 위상을 점하고 있다. 미국의 독립전쟁 후에 노예제도가 공식적으로는 사라졌다 할지라도 흑인들은 오랜 시간 동안 기존사회의 다수 집단으로부터 차별을 받았고, 여러 다양한 차별과 사회의 부조리를 겪어왔다. 그 불평등함과 부조리를 해소하기 위한 미국 내 흑인들의 민권운동이 개인이나 소수집단의 특수성이나 다양성을 존중하는 미국의 다인종 다문화를 위한 시발점이 된 것이다. 결국 백인 기득권층에 의해 주도되어 온 미국사회는 흑인들의 권리신장과 민권운동을 통해 현재와 같은 제도적 · 문화적 · 정치적 변화를 겪게 된 것이다. 흑인, 히스패닉, 유럽계, 아시아계를 포함한 다양한 종족집단과 언어 및 문화를 지닌 미국사회는 다문화정책에 대한 이론과 실천을 우선적으로 고려하지 않으면 안 되는 정치적, 경제적, 사회문화적 배경을 지니고 있다고 할 수 있다.

2) 역사 : 미국 다문화정책 변화과정

실제로 미국이 다인종사회가 된 것은 1965년 법안 실시 이후라고 할 수 있다. 이충훈(2007)은 1925년과 1965년의 이민법의 통과과정을 정치경제학적 분석틀에 따라 설명하고 있는데, 그 내용을 보면 미국의 다인종화 전개과정과 그 이슈에 대한 미국의 대응이 어떤 이념의 틀 안에서 이루어졌는지를 짐작할 수 있게 된다. 1925년에 발표된 존슨리드 이민법안(the Johnson-Reed Immigration Act)은 국제이주 노동문제에 대한 계급투쟁에서 노동이 승리했다는 것을 보여주는 것이다. 이주노동을 받아들이려는 자본 및 토지의 이해에 대해 반대하는 노동의 이해를 지지한 것은 보수주의와 결합된 토착론자들이었다.

이 법안의 핵심은 1910년을 기준으로 그 당시의 미국에서의 이주인구를 바탕으로 각 인종들에게 미국으로 이주할 수 있는 이주자의 연간 수를 할당하는 것이었다. 이러한 원리의 따라 앵글로색슨이 전체 쿼터 수의 거의 과반수 정도를 차지하게 되었고, 독일이 두 번째, 그리고 아일랜드가 세 번째의 쿼터를 할당받았다. 이러한 인종할당제의 목표는 미국 내에서 전통적인 이주세력들의 인종 구성 비율을 강화하고 다른 인종들의 이주를 제한하는 것이었다.

이러한 내용은 노동보다는 토착주의자들의 의도가 강하게 반영된 것이었다. 이후, 이러한 동맹 및 정치경제적 균열이 변화한다. 뉴딜정책 이후, 이주노동자 집단을 공동체적 삶의 이웃으로 인정해야 한다는 자유주의적 주장이 힘을 받게 되면서 노동-이주노동-자유주의 간의 동맹을 가져왔다. 이 동맹은 인종에 대한 할당을 폐지함으로써 전 세계의 모든 이주노동자에게 문호를 개방한 1965년 이민법안을 도입하는 데 크게 이바지하였다.

전반적인 자유주의적 분위기의 확대는 1940년대 후반부터 시작되고 1960년대보다 조직화된 흑인의 시민권 권리 운동에 힘입은 바 컸다. 흥미로운 것은 자유 이주의 시기 이후, 자유주의자들과 대결하는 토착론자들의 변화이다. 이들은 인종주의와 반가톨릭의 담론을 포기하고 소위 친기독교와 영어에 대한 강조, 동화주의에 입각한 미국식 민족개념의 보수화를 촉진하면서 변모를 꾀하였다. 이러한 담론의 전개는 언어가 하나의 민족을 구성하는 원칙인가의 여부, 미국을 하나의 민족으로 볼 것인가, 동화냐, 병합이냐의 논쟁과도 연결되어 있다. 계급적 관점에서 볼 때, 1965년 이후의 상황은 노동의 이해보다는 자본의 이해가 반영되어 있다. 실제로 이후 노동의 힘은 지속적으로 약화되었다.

이상과 같은 미국의 이민 담론은 자유주의자와 토착론자, 혹은 보수주의자들 간의 논쟁과 긴밀하게 연결되어 있음을 알 수 있다. 이민자에 대한 대응 역시 주로 1960년대 중반 자유주의 승리 이후, 제도적으로 정착된 민권운동과 그 산물인 적극적 조치의 일환으로 진행되었다. 그러나 이 법안 실시 이후 실제로 다문화사회가 진행되면서, 전통적인 융합모델이라 할 수 있는 '용광로(melting pot)' 모델 및 이와 관련된 다문화사회를 위한 보다 적극적 조치의 한계가 드러나기 시작했고 그 대안으로 '샐러드볼(salad bowl)' 모델 등이 잠시 언급되기도 했다.

그러나 1980년대 이후 경제적으로는 신자유주의가 정치적으로는 공동체적 통합이 강조되고, 국내적으로 주도권을 잡게 되면서, 개인의 권리보다는 공동체적 통합이 강조되고, 미국식 민족개념과 애국심에 대한 강조가 이루어지게 된다. 이에 따라 이민 자체에 대한 경계도 심해지고, 적극적인 의미에서의 다문화주의도 힘을 잃어가고 있다.

미국은 유럽에서 건너온 백인들이 드넓은 대륙을 개발해 가는 과정에서 아프리카 흑인을 노예로 삼아 노동력을 보충했고 그 후 아시아계와 히스패닉계 등 다양한 민족집단을 이민자로 받아들였다. 다양한 민족의 다양한 문화가 오늘날 초강대국 미국을 발전시킨 원동력이 되고 있다. 그러나 미국의 다문화정책은 연방정부 차원에서 명확하게 확립되지 않았고 주정부 차원에서 특색 있게 운영한다. 미국의 다문화정책은 주류사회로 이민자를 포함시켜 녹이는 동화주의에서 주류사회와 소수 민족사회를 동등한 자격으로 인정하는 문화다원주의(cultural pluralism)로 변화하였다.

미국의 이민정책을 주관하는 부서는 국토안전보장부(DHS : U.S. Department of Homeland Security)이다. 2002년까지 이민국은 법무부 관할이었으나, 9 · 11 이후 국토안전보장부를 신설하였고 그 산하에 시민권 · 이민청(USCIS : U.S. Citizenship and Immigration Services), 이민 · 관세집행청(ICE : Immigration and Customs Enforcement), 관세 · 국경보호청(CBP : Customs and Border Protection)에서 이민 · 귀화 · 통합 업무를 담당하고 있다. 시민권 · 이민청은 시민권 부여와 외국인의 체류를 관리하며, 외국인에게 유용한 정보를 제공하고, 이민과 시민권 취득에서 오는 혜택을 부여하고 있다. 이민 · 관세집행정은 연방정부 내 두 번째로 큰 수사기관으로 국경관리, 세관, 무역, 이민을 관장하는 민사 · 형사 등의 연방 법률을 집행한다. 관세 · 국경보호청은 출입국심사와 세관, 검역을 담당한다. 국제 테러범과 무기유입 방지 등이 최우선 업무이다.

미국의 다문화정책은 이민자의 합법성 여부에 따라 다르게 시행되고 있다. 합법적 이민자는 공적 사회복지 서비스 혜택을 모두 받을 수 있도록 한다. 반대로 불법체류 노동자 가족은 정부가 제공하는 공식적 서비스를 받는 것이 불가능하다. 이민신청자는 비자를 신청할 때 미국에 도착한 뒤 '공공부조(public assistance)'를 받지 않겠다고 진술했음에도 불구하고 예상하지 못한 일로 공공부조를 받게 된 경우에는 비자신청 시에 재정보증을 선 사람이 공공부조에 해당되는 금액만큼 국가에 변상해야 한다.

특기할 만한 것은 '이민자를 위한 현금보조 프로그램'이다. 이것은 생활보조금 혜택을 받지 못하는 65세 이상 합법 이민자와 영주권자 그리고 장애인 등에게 제공하는 프로그램이다.

언어교육의 경우, 이민자는 학교에서 운영되는 긴급 프로그램을 통해 처음에는 영어와 자국어의 비율을 10대 90으로 배우게 된다. 영어 능력이 좀 더 향상되면 20대 80, 30대 70으로 영어 비율을 높여간다. 학교에서 긴급 프로그램이 운영되지 않을 경우, 방과 후 교실에서 별도로 위와 같은 방식으로 교육을 받을 수 있다. 여기에 투입되는 교사는 교사자격이 있는 현지 이민자를 활용하거나, 이민자의 모국어가 가능한 미국인을 활용한다. 교육 시 영어의 진도를 재촉하지 않으며 이민자 모국어의 소중함을 강조하는 교육을 실시한다.

또한 영어를 외국어로 하는 이른바 EST 프로그램(English as a Second Language)을 운영하고 있다. 영어가 제2의 언어인 이민 학생들을 대상으로 학교가 제공하는 영어 기본 프로그램이다. 맨 처음에는 영어능력시험을 통해서 어느 정도 수준인지를 결정하고 거기에 맞는 ESL반으로 가게 된다. 일정 기간 수업을 마치면 성적을 측정한 후, 다음 수준으로 넘어간다. 영어에 자신이 생기게 되고 ESL 담당 선생님의 동의를 얻으면 일반 영어교실로 가게 된다. 이민 온 학생이 많은 경우에는 영어를 자유롭게 구사하지 못하는 학생들을 위해 역사, 사회 등 몇 가지 과목은 ESL 과정으로 진행한다.

학생의 교육 성과를 높이기 위해 제안한 법이 NCLB법(The No Child Left Behind Act of 2001)이다. '학력취약아동발생방지법' 정도로 번역될 수 있는 이 법은 교육성취도가 낮거나, 소외계층, 소수민족, 이민자 학생 등이 각 주가 정한 학업성취 기준을 달성하도록 하기 위한 목적이 있다. 특히 이민자 교육 프로그램은 이민 온 부모와 자녀에게 함께 읽고, 쓰기를 교육시켜 기초 영어교육을 지원하는 프로그램이다. 그러나 2009년 5월 오바마 대통령이 이 프로그램에 너무 많이 예산이 들어간다는 이유로 프로그램의 폐지를 주장하였으나 아직 그대로 예산지원이 이루어지고 있다. 성인의 경우에는 이민자지원센터 등 자원봉사기관에서 활동하는 먼저 온 자국 이민자가 언어와 미국 시민의 이해, 생활에 필요한 다양한 정보를 지원한다.

한편 미국의 국제결혼중개업자는 18세 이하 미성년은 소개할 수 없다. 중개업자는 고객의 동의하에 범죄 경력, 결혼 경력, 18세 이하의 자녀 여부, 18세 이후에 거주했던 나라, 지역에 대한 정보, 성범죄 등에 대한 사전 조사를 실시하여 그 결과를 고객에게 알려주어야 한다.

미국 교육체계의 특징은 주정부에 따라 다른 교육체계와 법령을 가지고 있고, 이민자의 특성에 따라 다문화 교육과정이 다르다는 점이다. 이처럼 미국은 사적 영역에서 다양한 소수집단의 적응과 문화존중을 강조한다.

3) 정책의 전개 : 미국 차별 · 동화주의에서 문화다원주의로의 전환

1960년대 미국의 차별 · 동화주의 정책은 그것의 근본적인 한계로 인해 '문화 다원주의(cultural pluralism) 정책'으로 바뀐다. 문화 다원주의란 주류사회의 문화가 존재함을 인정하면서 동시에 다양한 소수집단의 문화와 정체성을 존중하는 입장이다. 미연방정부는 '문화적 다양성'에 기초한 문화 다원주의를 채택하였다. 이러한 연방정부의 노력은 1964년 시민권운동에 의해 개시된 반차별주의 운동으로 이어지고, 1965년에는 기회균등고용위원회가 제정한 규직에 따라 미국 각 주의 고용주들은 직원들의 인종과 성에 대한 연차보고서를 작성해야만 했다. 이러한 시행들은 이민자들은 포함한 다양한 인종들의 고용권을 보장하는 긍정적인 결과를 낳았다.

1964년 시민권법(The Civil Rights Act of 1964, Title9) 제정은 연방정부의 지원을 받는 교육 프로그램에서 인종 차별적인 내용을 금지하도록 하였다. 이는 이후 모든 교육에서의 차별을 금지하는 초중고교육법(Elementary and Secondary Education Act of 1965) 제정으로 발전하였고, 더 나아가서 1972년에는 문화, 인종, 민족적 배경이 다양한 학생들에 대해 문화적 배경과 언어를 학교에서도 유지할 수 있도록 고려해야 한다는 민족유산연구법(The 1972 Ethnic Heritage Studies Act) 제정으로 발전되었다.

1970년대에 들어서면 젠더, 종교, 비유럽 이주 집단 등을 망라한 다문화교육에 대한 논의가 활성화되었다. 미국 교육대학협회가 제시한 "하나의 미국 모델은 없다"는 모토는 학교가 차이를 없애는 동화의 교육기관이 아니라 문화적 다원주의를 교육하는 기관이어야 한다는 점을 강조하고 있다. 여기에는 동화가 불가피하거나 최선이 아니라는 인식이 내포되어 있다. 1974년의 '이중언어교육법'은 필요한 경우 이중언어를 사용하도록 하는 정책을 선포하였다. 이는 미국이 공식적으로 다문화교육을 이주민의 정당한 권리로 인정했다는 점에서 의미가 매우 크다.

2002년 부시 대통령이 공표한 "낙오자 없는 교육(NCLB : No Child Left Behind)"은 모든 학생은 영어로 된 표준 시험을 치러야 한다고 결정하였다. 그런데 이 결정 이면에는 자기 민족 언어를 보유하는 것은 개인적인 차원이지 공교육에서 국가가 지원할 문제는 아니라는 의도가 숨겨 있다. 불행하게도 다문화주의자들 입장에서 보면 부시 정부 시절에는 다문화교육이 퇴조하였다.

미국 내에 거주하는 수많은 민족집단은 다른 집단과 혼인 또는 상호작용을 통해 서로 융화되거나 구조적 변화를 겪으면서도 자신들의 근본적 속성이나 문화는 그대로 유지했다. 그래서 백인의 중심의 '용광로'라는 개념 대신에, '아메리칸 모자이크(American mosaic)'라는 대체개념이 등장했다. 이 아메리칸 모자이크라는 보다 광의적 텍스트하에서 '다문화주의'는 각 민족집단의 고유한 문화유산을 존중하였으며, 어떤 민족집단들은 자기 고유 언어와 생활방식을 고수하기까지 했다. 이러한 의미에서 이주민들 미국인이면서도 고유한 문화적 유산이나 젠더(gender), 성적 기호에 근거한 자기들의 민족적 정체성을 주장할 수 있게 되었다.

미국에서 '아프리카계 미국인(African American)' 혹은 '아시아계 미국인(Asian American)'이나 '라틴계 미국인(Latino American)' 등의 집단 구분은 다양한 민족적 배경을 가진 하나의 '미국인' 정체성을 나타내려는 것이지만, 이것이 민족적 편견을 제거하지는 못한다. 간혹 미국 내의 각 민족집단은 자기 정체성 고수를 위해 매우 배타적인 성향을 보이는 경우가 있다. 이런 점에서 미국은 앞으로 어떻게 민족집단 간의 유대감을 높이고 비유럽계 민족집단이 미국이라는 정체성을 갖게 할 수 있는가가 매우 중요한 교육적 과제이다.

4) 갈등과 통합 : 다문화교육정책을 중심으로

미국의 다문화교육정책 추진 주체는 크게 연방정부와 주정부로 나누어 살펴볼 수 있다. 연방정부는 큰 틀에서 다문화교육정책 관련 입법과 재정적 지원을 하고, 주정부는 주의 실정에 맞는 다문화교육과정의 운영과 프로그램을 실행하고 있다. 특히 주정부는 현행 미국 법제상 교육에 관한 주요한 권한과 책임을 지닌다. 주 교육청의 가장 중요한 기능은 연방정부의 교육정책에 따르면서 다문화교육 프로그램 개발과 관리, 이를 위한 예산 집행이다. 미국은 각 주의 지역적 특성에 따라 교육정책 내용 역시 다르다. 이 점을 염두에 두고 캘리포니아주와 위스콘신주의 다문화교육 정책의 특징과 의미에 대해 살펴보고자 한다.

(1) 캘리포니아 다문화교육정책

캘리포니아 1990년 백인 인구가 전체의 69%였는데 2000년에는 59.5%로, 흑인은 7.4%에서 6.7%로 줄어든 반면, 라틴계는 25.8%에서 32.3%로, 아시아계는 9%에서 11%로 증가하였다. 2002년에서 2004년 사이 세대별 수익 면을 따져보면, 고수익 세대의 비율이 백인 71%, 아시아계 15%, 라틴계 10%이며, 흑인이 3%이다. 이는 이 지역 경제의 가장 주된 인력은 백인이 아닌 라틴계, 흑인, 아시아계 등 소수집단들이 큰 비중을 차지하고 있음에도 불구하고 부는 주로 백인 집단에 집중되어 있음을 보여준다. 이런 사실은 캘리포니아 지역이 매우 백인중심의 왜곡된 다문화사회의 성격임을 말해준다. 그럼에도 불구하고 이 주의 교육정책은 반인종적 다문화주의에 기초하고 있다.

다문화사회라는 측면에서 캘리포니아주는 단연 다문화교육정책의 중심에 있다. 이 주의 공교육정책에 나타난 다문화교육의 목표는 백인 주류사회가 문화 다양성에 대해 아량을 베푸는 차원이 아닌, 문화적 다원주의, 문화 간 상호 이해와 작용, 인종 그룹 간의 관계가 인간관계로 이해되어야 함을 명시하고 있다. 다문화교육 목표는 학생들의 자기 존중, 자부심, 문화적 자부심에 대한 존중, 모든 문화적 배경을 가진 사람들의 가치 인정이 목표이며, 다양성을 알고 이해하고 관용하는 것으로 설정되어 있다.

캘리포니아 다문화교육 지침(GME)에 따른 교육은 다음과 같은 내용으로 구성되어 있다. 첫째, 공교육은 인종적 및 문화적 다원주의를 실천한다. 둘째, 동화는 더 이상 다문화교육의 목표가 아니다. 셋째, 학교는 다양성의 사회를 교육하는 공적 행위자이며 이 책임과 도전은 계속되어야 한다. 넷째, 다문화교육의 핵심인 학교는 커뮤니티의 파트너이다.

이상과 같은 점들을 구현하기 위해서는 다음과 같은 환경을 마련해야 한다고 강조한다. 첫째, 문화적 다원주의는 통합적인 환경을 필요로 한다. 즉, 교과과정, 사용자료, 도서관 자료, 강의자나 강연자, 과외 활동 등을 포함한다. 둘째, 각 민족 집단의 휴일이나 축제를 포함하여 각 민족 집단에 대한 이해와 느낌의 공유를 포함한다. 셋째, 학교 행정, 교사, 상담 및 다른 직원들은 다양한 민족과 다문화, 그리고 다양한 언어 사용자들로 구성되어야 한다. 넷째, 체계적이고, 포괄적이며 지속적인 교직원 능력 향상 프로그램을 운영해야 한다. 다섯째, 체계적인 프로그램은 모든 민족 집단이 다문화, 다언어 교육과 학습에 참여해야 한다.

(2) 위스콘신주의 다문화교육정책과 법령

위스콘신주 교육청은 다문화교육에 대한 정의를 명시하고 비차별주의, 동등한 교육기회와 다문화교육과 관련된 여러 행정적 규정 마련을 통해 다문화교육이 이루어질 수 있는 환경 조성에 기여하고 있다.

위스콘신주의 대표적인 다문화교육정책은 인디언 학습법 관련 법률인 "Act 31"을 들 수 있다. 이 법은 인디언과 비 인디언 간의 긴장 고조를 완화하기 위하여 공립학교에서 위스콘신 인디언의 역사, 문화, 부족의 통치권 등 인디언에 대한 전반적인 내용을 교수 학습하여야 한다는 내용으로 되어 있다. 현재 'Act 31'과 관련하여 위스콘신주의 '호몽(Hmong)'족이 미국 역사와 문화에 기여한 점과 베트남 전쟁에서 호몽족이 미국에 조력한 내용을 교육과정에 포함하도록 하는 것을 골자로 하는 '법령 AB314'로 발전되었다.

또한 위스콘신주 교육청은 학생들의 모국어가 영어가 아닌 '제한된 영어사용자(LEP)' 학생에 대한 조사를 매년 실시하여, 이들의 영어 능력을 향상시키기 위한 프로그램을 지원해 주고 이들의 영어 능력이 어느 정도 향상되고 있는가를 매년 보고

하도록 하였다. 이를 통해 LEP 학생들에게 그렇지 않은 학생들과 동등한 교육적 기회를 주고, 모국어와 영어를 병행하여 수업하는 방송통신교육(BEA : Broadcast Education Association) 프로그램을 실시하고 있다.

BEA는 첫째, 영어와 자신이 목표한 언어를 유창하게 말하고, 읽고 쓸 수 있어야 하고, 둘째, 고등학교 졸업장과 그와 버금가는 교육을 받은 증명서를 가지고 있어야 한다. 셋째, NCLB(No Child Left Behind, 낙오방지법) 자격증을 소지해야 하고, 넷째, ELL(English Language Learning, ESL이라고도 함, 외국인을 위한 영어 학습) 학생과 부모의 문화에 대한 지식을 가지고 있어야 한다. 마지막으로 교과 담당교사와 행정직원들이 협력적으로 일을 수행할 수 있어야 한다는 요건을 갖추고 있다.

5) 소결 : 미국의 다문화정책

미국은 건국 초기부터 다양한 유럽인들의 유입을 통해 형성된 백인중심의 다문화 국가이다. 이런 역사적 상황 때문에 초기 미국정책은 소수 이민족을 백인 주류 문화에로 흡수, 통합시키는, 이른바 '동화주의'적 성격이 강했던 것이 사실이다. 특히 아프리카와 아시아에서 이민 온 사람들은 백인사회의 주류적 가치관과 정체성을 받아들이도록 법과 제도로 강제하였다. 비유럽 지역에서 이주해 온 이민자들은 자신의 문화적 정체성을 포기하고 백인이 다수를 차지하는 커다란 '용광로'에 섞여 자신의 고유성과 독자성을 상실하게 되는 처지에 내몰렸다. 이런 이유로 미국사회는 인종차별에 대한 갈등과 불만이 멈추지 않았고, 이는 현재까지 진행 중이다.

2. 캐나다

1) 현 황

여기에서는 캐나다의 다문화주의가 생긴 배경에 대해 살펴본다. 캐나다는 왜 모자이크와 같은 나라라 불리는지, 캐나다 문화의 특징과 의미는 무엇인지 고찰한다.

캐나다는 원래 원주민(first nation)이 있었고, 프랑스인과 영국인이 이주해 왔다. 두

나라는 캐나다에서 마찰이 있었으며, 1763년 파리조약으로 몬트리올 지역마저 영국으로 넘어갔다. 그러나 1775년 영국은 각 식민 단위가 미국의 독립전쟁에 가담하는 것을 차단하기 위해 자치권을 인정하며 회유하였다. 이로써 퀘벡지역의 자치정부는 프랑스계의 언어를 통한 문화적 정체성을 유지할 수 있었다.

캐나다 이주가 시작될 무렵에 원주민은 정착 시 추위를 이겨내는 데 도움을 주고, 메티스라고 불리는 프랑스계 초기 이주민과 원주민 사이의 자손이 매니토바주를 건설하였다. 서구의 다른 나라와 마찬가지로, 캐나다에도 유색인종에 대한 차별법이 있었으며, 중국인에 대한 차별정책인 중국인 이민법도 있었다.

이러한 배경하에 형성된 브리티시컬럼비아(BC : British Columbia)주의 빅토리아에 있는 차이나타운은 미로로 유명하다. 중국인이 캐나다로 이주해 와서 동서 철도 공사 시 소득세 외에 중국인에게만 높은 인두세를 부과하였다고 한다. 후에 중국 이주민에게 사과하고 이후 중국 초기 이주민에 대해 노점상 운영을 할 수 있는 등 특별 정책을 내놓기도 하였다.

캐나다는 원주민, 프랑스 이주민과의 갈등을 처리하면서, 이들의 독립을 막고 캐나다 국가에 유지하고자 미국과는 다른 다문화정책을 수립, 추진한 것이다. 한 예로, 캐나다에서는 시리아 난민에게 정착금과 주거지를 제공하는 것이 법제화되어 있다. 정착금으로 월 250만 원을 2~3년간 지급하도록 되어 있다고 한다.[1]

2) 역사 : 다문화주의 생성과 발전

다문화주의란 일반적으로 모든 종족집단이 그들이 가진 문화적 차이에도 불구하고 사회 전체에 평등하게 참가할 것을 적극적으로 인정하고 이를 위해 노력하는 다문화·다민족 공존을 위한 운동이나 정책을 말한다. 종래까지는 사회 전체를 통합하는 데 있어 장애가 되는 것으로 무시되어 온 다양성을 적극적으로 수용한 다문화주의는 문화적 차이의 유지와 전체 사회의 통합이라는 두 가지 목적을 함께 지향하는 데 그 특색이 있다. 다문화주의가 하나의 이념으로 성립하기 위해서는 먼저 다문화적 사실이 존재해야 할 뿐 아니라, 존재하고 있는 다문화적 환경을 현실적인

1 캐나다 다문화주의 이해하기. http://blog.naver.com/kevin8878/120011497391.

것으로 인정하는 것이 전제되어야 함은 두말할 필요가 없다.

캐나다의 경우, 다문화적 환경은 역사적으로 오래전부터 존재해 왔다. 그러나 그러한 사실을 있는 그대로 수용하기 시작한 것은 제2차 세계대전이 훨씬 지나서였다. 캐나다는 일찍 영국 식민지가 되었다는 역사적 사실과 함께 미국 독립혁명 이후 왕당파의 대량 유입 등을 계기로 오래전부터 영국계의 정치 경제적 우위가 확립되어 왔다. 따라서 새로 유입된 이민에게는 주류문화인 영국문화에의 동화, 즉 '앵글로 일체성'이 기대되었다.

1962년 이전의 캐나다 이민정책이 일관하여 영국계 혹은 이것과 언어 문화적 차이가 적은 서 · 북 유럽계를 '바람직한 이민'으로 우대해 온 것도 이 때문이다. 그러나 이러한 영국계 중심의 동화정책에도 불구하고 캐나다에는 한때 영국계 집단을 능가하고 있던 프랑스계가 존재했던 것이 사실이고, 또 그들이 유지하고 있는 '프랑스적 요소'의 존재를 부정할 수 없었던 것 역시 부인하기 힘든 사실이었다.

결국 역사적이고 현실적인 '프랑스의 존재'를 일방적으로 무시해 온 종래 캐나다의 민족정책은 세계적으로 확산되는 새로운 환경 속에서 변화를 요구받게 되었으며, 이러한 움직임은 그동안 캐나다에서 "흰 흑인"으로 멸시되어 오던 퀘벡의 프랑스계가 영국계 우위의 기존 체제에 강력한 이의를 제기하면서 본격화되기 시작했다.

사회경제적 · 언어문화적 열등 상황에 대한 불만과 불안이 당시의 퀘벡사회를 엄습, 분리주의의 싹을 키워나갔던 것이다. 이 같은 새로운 국내외적인 상황을 맞아 갖가지 민주적 개혁을 단행하던 자유당 정권은 퀘벡의 이러한 움직임을 연방 분열의 위기로 심각하게 받아들여, 1963년 불만의 근거를 제거할 목적으로 '2언어2문화주의왕립위원회(The Royal Commission on Bilingualism and Biculturalism)'를 발족시켰다.

당시 퀴르도 수상은 프랑스어를 영어와 같이 연방의 공식어로 하고, 프랑스계 언어문화의 존속을 법적으로 보장함으로써 퀘벡을 연방 안에 묶어두려 했다. 1969년 「공용어법」이 제정되어, 연방정부에 프랑스계의 등용 및 연방정부 직원의 이중언어화가 개시되었다. 이렇듯 프랑스계를 영국계와 대등한 파트너로서 인정하는 것을 전제로 하는 2언어위원회와 공용어법의 제정 등은 종래의 앵글로 일체성을 급속도로 해체시키면서 다문화주의의 토대를 형성하는 데 일조하였다.

2언어2문화주의는 퀘벡의 프랑스인은 물론 그 밖의 서부 여러 지역에 거주하던 다양한 화이트 에스닉(영국/ 프랑스계 이외의 유럽계)에게 자극을 주기에 족한 것이었고, 이들이 오랜 침묵을 깨고 자기들의 존재를 주장하기 시작하면서 보다 광범위한 영역으로 다양성 수용의 돌파구를 열어갔다.

이들 화이트 에스닉은 그들 역시 과거 캐나다 연방 결성에 공헌했다는 자부심과, 2언어2문화주의의 도입이 다시 그들에게 '2급 시민'의 낙인을 찍는 게 아닌가 하는 불안으로부터 이에 이의를 제기하기 시작했던 것이다. 그들로서는 소수민족 언어에 불과한 프랑스어에만 영어와 동등한 지위가 부여되는 것이 불만이었다. 즉, 영어와 프랑스어만이 연방의 공용어로 정식으로 제정됨으로써, 영국계도 프랑스계도 아닌 그들이 2급시민의 지위에 떨어지는 것이 아닌가 하는 불안이 생겼다.

이렇듯 연방적 차원에서 광범위한 소수민족에 의한 민족적 정체성의 확립을 위한 요구가 분출되자 정부는 결국 「기타 민족 집단의 문화적 공헌」을 2문화2언어위원회의 보고서로 채택한다. 그리고 이를 계기로 자유당 정권은 그들의 정치적 기반이 역사적으로 취약한 서부 지역에서의 압력을 무시할 수 없다고 판단하여 동 보고서 결과를 존중, 2언어주의를 확대 조정한 다문화주의를 선언하게 된다.

1971년 다문화주의 선언에서 튀르도는 "캐나다에 공식 언어는 두 가지가 존재하지만 공식 문화는 존재하지 않는다"고 언명, 에스닉 그룹 간의 문화적 평등을 강조했다. 그는 또 ① 문화에의 공적 원조, ② 전체사회 참여 시 문화적 장애 타파, ③ 국민통합을 목적으로 하는 에스닉 그룹 간의 상호교류 촉진, ④ 전체 사회 참여를 위한 공용어 습득 장려 등 네 가지를 다문화주의를 위한 구체적인 실천목표로 제창한다.

그는 다문화주의자들은 문화적 차이를 공식적으로 인정함으로써 국민 개개인의 정체성의 안정감(원초적 안정감)이 타자에 대한 차별이나 질투를 타파하여 국가적 통일을 가져올 수 있을 것으로 기대했다. 뿐만 아니라 자기의 정체성에 대해 긍정적인 평가를 할 수 있는 사람은, 타자의 정체성에 대해서도 긍정적이 되고, 이질적인 사람에 대한 편견이나 차별 경향이 적을 수 있다고 생각했던 것이다.

이런 과정을 통해 '선언'된 다문화주의 이념은 그후 1982년 캐나다 헌법에서 확인된 후, 1988년에는 "다양성을 캐나다 사회의 기본적인 성격으로 인정, 캐나다인의 다양한 문화적 유산을 유지하고 강화하는 것과 병행하여, 경제적 · 문화적 · 정치적 생활에서의 모든 캐나다인의 평등 달성을 목적으로 다문화주의 정책을 취할 것을 선언"하는 세계 최초의 다문화주의법 제정으로 발전시켰다. 이로써 처음 단순한 하나의 '선언'으로부터 시작된 '다양성 유지'와 '평등 달성'이라는 두 가지 목표는 그 후 캐나다의 중심적인 국가경영의 대 원칙으로 법제화되었다.

3) 정책의 전개 : 정책으로서 다문화주의

추상적인 목표로서가 아니라 시급한 현실적 요청으로 도입된 캐나다에서의 다문화주의는 구체적인 실천력을 구비하기 위한 정책 마련과 제도적 정비를 꾸준히 추진하면서 발전되어 왔다. 1972년 11월에 다문화주의 담당 장관이 임명되었고, 1973년에는 국무부 내에 다문화주의국이 설치됨과 동시에, 이곳을 통해 에스니시티 관련 연구나 출판·방송·전시 등에 대한 자금 원조가 적극적으로 개시되었다. 다문화주의의 도입을 보다 열렬히 지지한 서부 여러 주의 화이트 에스닉은 그들 요구의 초점을 언어에 두고, 공립학교 교육제도의 울타리에서 비공용어와 공용어 모두를 사용하는 이중언어 교육제도를 확보해 낸다.

그러나 1980년대에 들어서면, 다문화주의는 새로운 국면을 맞이하게 된다. 그동안 신이민법 제정(1962), 점수제 도입(1967), 비지니스 이민 허용(1978) 등 일련의 이민 유인 정책의 영향으로 유색인이 대거 유입됨에 따라 새롭게 전개되고 있는 사태를 우려한 연방정부는 급거 다문화주의국 내에 인종 관계 기구를 신설하는 한편, 1983년에는 유색 이민을 위한 하원특별위원회를 설치한다. 1986년 동 위원회는 「즉시 평등을」이라는 조사보고서를 발표하고 그것에 근거하여 원주민과 심신장애자 등 사회에서 차별을 받고 있는 소수자 집단에 유색인을 추가시켜, 4집단을 대상으로 한 고용균등법의 제정도 같은 해 실현시킨다.

또 1991년에는 국무성의 일부분이었던 다문화주의국이 다문화주의 및 시민권부로 확대 독립시켜 그 기능을 강화했다. 이렇게 하여 1980년대 이후의 다문화주의는 유능한 자질을 갖춘 유색이민의 대량 유입에 의해 한층 복잡화하고 다양화한 캐나다 사회의 변화에 대응, 그 이념과 정책 양면에서 새로운 발전을 만들어 갔다. 그것은 화이트 에스닉이 당초 지향한 '다양성의 유지'로부터, 유색 소수민족이 지향하는

'평등달성'으로 중점을 이동시키면서 모든 소수민족을 대상으로 하는 정치 · 사회 · 경제적 평등의 실현이 더욱 보편주의적 내용으로 확대 발전하게 되었다.

4) 갈등과 통합 : 다문화주의의 실험

캐나다 연방정부의 다민족 공존정책인 다문화주의에 대한 각 주나 지방에서의 반응은 다양하다. 이 정책에 대한 가장 적극적인 지지는 서스캐처원과 온타리오 주 등이 대표적이다. 서스캐처원주에서는 1974년 「서스캐처원다문화법」이 주 의회에서 가결되어 "개인이나 집단이 그들의 문화적 유산의 본질을 배우고, 또 다른 인간 집단의 문화적 공헌에 대해서 배울 기회를 확대하기 위한 원조를" 선언했다.

그리고 또 학교법을 개정, 영어 이외의 언어도 교육 수단으로 하며, 제2언어 교육을 장려, 원조하는 것을 가능하게 하였다. 온타리오주에서도 유사한 정책이 시행되었는데, 그 대표적인 것으로 1977년에 발표한 「민족언어학습 프로그램」을 들 수 있다. 이 프로그램에 의해 1980~1981년 사이에는 공립학교에서 44개의 비공용어를 7만 6천 명의 어린이에게 가르쳤다.

수업은 주 2시간 반씩 이루어졌으며, 지역 교육위원회가 교사들에게 수당을 지불했다. 특히 이와 병행하여, 온타리오주 교육부는 1977년 「캐나다의 다문화 유산」이라는 명칭의 역사 교육을 중등학교에 도입, 이 과목을 가르치는 교사에 특별 면허를 부여하는가 하면, 또 초등교육에서의 다문화에 기초한 교육도 촉진시켰다. 그러나 캐나다 정부의 다문화주의에 대한 중대한 도전은 퀘벡주의 프랑스계 집단에서 나타났다.

이들에게는 오랫동안 그들의 경제권이 앵글로계에 장악되어 온 데 더해, 출산율마저 현저히 떨어진 상황에서 북미 전체를 휩쓸고 있는 앵글로화의 파도 속에서 프랑스의 가톨릭적 전통을 고수하려는 생존을 건 집념이 존재하고 있었기 때문에, 연방정부의 일방적인 다문화주의 확산에 대한 거부감은 대단했다. 따라서 이들에게 있어 다문화주의 정책이라는 것은 프랑스계 캐나다인의 희생과 이에 대신한 영어(혹은 다른 언어) 집단의 세력 증대로 파악하였다.

1969년 연방정부의 공용어법이 발표되고 국민연합당 정부에 의한 교육에 관한 법안 제63호가 주 의회에서 승인, 소수민족 '자녀들을 영어계 학교에 다니게 할 권리', '부모에 의한(자식의) 학교 선택권'이 인정되게 되면서 퀘백에서의 프랑스어 교육은 더욱 침체 국면을 맞게 된다.

그러나 당시 퀘벡주에 존재한 '위기의식'은 그러한 친 영국계 중심적인 정책을 허용할 상황은 아니었다. 당시 퀘벡당 대표는 신이민의 자녀들은 모두 프랑스어계의 학교에 다녀야 한다며, 국민연합당의 정책은 퀘벡주 내에서의 '프랑스어의 생존'마저 위협한다고 강력히 반발하고 나섰다. 이러한 상황에서 1970년 주선거에서 자유당이 국민연합당을 누르고 승리하고, 1974년에는 프랑스어를 퀘벡주의 유일한 공용어로 하는 「퀘벡 프랑스어 헌장」이 채택되기에 이른다.

이때부터 프랑스어의 능력이 없으면 주 정부의 관료가 될 수 없게 되었으며, 주 정부와의 계약문서는 프랑스어로만 쓰는 것은 물론, 프랑스어의 사용 여부에 따라 계약에서의 우선권이 주어졌고, 또 경제계가 프랑스어의 사용을 촉진하려 할 때는 주 정부가 재정적 원조를 하고, 또 아이들이 학교를 선택할 때는 교육위원회가 그 아이의 언어능력을 테스트할 것 등을 실시하려 했다. 따라서 이 법은 대단히 애매한 입장을 취했기 때문에 앵글로계나 프랑스계는 물론 여타 종족집단에게도 지지를 받지 못한 채 혼란만 가중시켰다.

이런 과정을 거쳐 1976년 11월 15일에는 분리주의를 표방하는 퀘벡당이 자유당을 제치고 주 정권을 장악, 퀘벡에서의 프랑스어 교육에 확실한 우선권을 부여한 법안 제101호를 제정하면서 캐나다에서의 다문화주의의 실현은 퀘벡에서 중대한 시련을 맞이하게 된다.

5) 소결 : 다문화주의의 양면성

캐나다의 다민족 공존정책인 다문화주의는 아직도 그것에 대한 명확한 대차대조표가 마련된 것은 아니다. 여전히 다문화주의는 그것의 적용과정에서 많은 시행착오를 거치면서 전개되고 있는 현재진행형적인 정책대안의 하나이기 때문이다. 그러나 지금의 시점에서 이에 대한 긍정적인 면과 부정적인 면을 몇 가지로 단순화할 수는 있을 것이다. 긍정적인 측면에서 보면 먼저 다문화주의는 당초의 중요한 대상자였던 에스닉의 요구에 부응, 그들의 긍지 회복은 물론 동화에 대신하는 타(他)문화의 유지와 발전이라는 정체성을 확보했다는 측면이 있다고 평가할 수 있다.

또 다문화주의는 다양성을 긍정적으로 수용한다고 하는 가치 전환을 통해 캐나다의 상징적 질서를 재구축, 소수민족 집단 전반의 사회적 지위를 상승시켜, 다수 대 소수, 소수 대 정부(연방, 주)의 관계도 확실히 변화시켰다.

결국 다문화주의는 다수결 원리에 근거한 민주주의에 대신하여, 소수민족 중심의 민주주의를 캐나다 사회에 정착시키는 데 크게 기여했다. 예컨대 영어와 비공용어를 교육 언어로 병용하는 이중언어 교육을 공교육에 도입하는 것에 성공함으로써 영국계 다수가 지배하고 있던 공교육 분야에서의 실질적인 자원의 재배분을 실현시켰다.

또한 여성이나 원주민 그리고 장애자에 더해, 유색 소수민족을 대상 그룹으로 하는 고용균등법은 소수민족 중시의 민주주의의 한 모델을 제시했을 뿐 아니라, 종래의 동화정책에 대신한, 새로운 통합이념으로서의 다문화주의로 캐나다의 대외적 이미지를 높여 결과적으로는 고도 산업화에 필요한 우수한 이주자들을 확보하는 데도 크게 기여했다고 볼 수 있다.

이와 같이 다문화주의는 긍정적인 성과가 있었던 반면, 많은 문제점도 야기했던 것이 사실이다. 이러한 문제들은 주로 다문화주의 도입과 전후하여 본격적으로 유입하기 시작한 이주민들이 예상을 뛰어넘는 다양성을 캐나다 사회에 가져왔기 때문이다. 캐나다 사회의 영국/ 프랑스계 주류 집단에게는 신이주자들의 문화적인 차이뿐만 아니라 피부색의 차이에서 오는 이질성 등으로 심리적 불안을 느끼게 했다. 특히 신이주자들 대부분은 유능하고 업적주의적 지향성을 몸에 익히고 있으며, 종래 이민과 달리 캐나다 주류사회에 참여하여, 제한된 자원을 놓고 그들 주류 집단과 직접적으로 경쟁을 할 수 있는 라이벌로 인식되기도 했다.

주류 집단의 이러한 불안이나 불만이 유색 이민에 대한 편견이나 차별의 토양을 확대시켰고 이러한 감정이 경제불황에 대한 불안과 중첩되면서 다문화주의 그 자체에 대한 반발을 야기했다. 이 밖에도 1980년대 후반에 들면서 다문화주의는 사회 세분화 현상을 결과시켜 캐나다 사회의 통합에 방해가 된다는 의견이 자주 거론되었다. 특히 유색 이민에 대한 불안이나 편견을 이민 전체에 전가, 전반적인 이민정책의 개정을 요구하는 소리로 나타나기도 했다.

그러나 이러한 입장에 대해, 유색인이나 그들을 옹호하는 입장에서부터 그와 같은 주류 집단의 불만은 그들 집단이 스스로 우대하는 현상 유지를 고집, 소수집단에의 공정한 자원 배분을 거부하려고 하는 동화주의의 발상이라고 일축하고 있음 또한 사실이다.

다문화주의에는 그것에 불만을 가진 세력뿐 아니라, 보다 구체적으로 그것에 대항하는 세력도 뿌리 깊게 존재한다. 분리에의 요구를 최우선시하고, 연방 내에서의 특권적 지위의 확보를 주장하는 퀘벡의 프랑스계와 원주민이 그들이다. 다문화주의를 수용하는 것은 그들에게 있어서는 스스로 다른 소수집단과 동등한 지위로 끌어내리는 것으로 해석되기 때문이다. 따라서 사회통합에 반대하고, 영토적 분리 혹은 독립을 지향하는 한 양자 모두 필연적으로 다문화주의에 대항할 것은 틀림없다.

이처럼 다문화주의에 대한 평가는 다양하며, 또 그것이 갖는 순기능 못지않게 그것의 역기능도 끊임없이 나타나고 있는 것은 부인하기 힘든 사실이다. 그러나 이러한 다문화주의가 가지는 양면성에도 불구하고 다민족국가 캐나다에서 다문화주의가 가지는 생명력은 여전하다. 이렇게 여러 가지 어려운 문제나 갈등에 직면하면서도, 캐나다 정부가 다문화주의를 단념하지 않는 것은 무엇 때문인가.

무엇보다도 캐나다와 같은 다문화사회를 통합하는 이념으로서, 다문화주의를 대신할 적절한 대안이 별도로 존재하지 않기 때문이다. 과거 앵글로계 중심주의나 2언어2문화주의 등의 동화주의는 이미 인구구성의 측면에서나 정치적 측면에서도 경시하기 어려운 존재인 비(非)영국/ 프랑스계 소수민족 전체로부터 비난과 저항을 만들어내 지금 이상의 사회적 혼란을 야기할 것이 너무나 분명하다. 실제로 퀘벡을 '특이한 사회'로 만드는 연방 재편안이 좌절된 것은 캐나다 국민 다수가 2언어2문화주의마저 이미 지지하지 않고 있음을 여실히 드러낸 사건이라고 할 수 있다. 복합민족화가 진전되는 퀘벡주에서도 연방에 속하고 있는 한에서는 다문화주의의 수용을 회피할 수 없는 상황이라는 것이다.

캐나다에 있어 다문화주의의 존속을 불가피하게 하는 또 하나의 중대한 이유는 인구문제다. 광대한 국토에 비해 인구가 희박하고 출생률마저 저하될 뿐 아니라 인구의 노령화라는 선진 산업국 공통의 고민에 빠져 있는 캐나다에 있어, 이민 수입의 감소는 지나친 인구 감소를 결과시켜, 경제발전은 물론 국가로서의 존속 자체를 위태롭게 할 것이다.

캐나다는 그들이 필요로 하는 충분한 노동인구를 유지하기 위해서도 연간 총인구의 10%에 상당하는 이민을 받아들일 필요가 있으며, 연방정부는 현재도 이것을 계속할 의사를 분명히 하고 있다. 앞으로도 질 높은 이민을 계속하여 확보하지 않으면 안 되는 캐나다로서는 이민에 대해 관용하고 차별이나 편견 없는 공정한 사회라고 하는 인식을 대외적으로 확산시키는 것은 불가피하며 이를 위한 효과적인 대안으로서 다문화주의 의미는 적지 않다.

다문화주의는 또 다른 관점에서도 그 합리성이 인정되고 있다. 다문화주의를 경제적 자원으로서 평가, 캐나다가 포용하고 있는 언어 문화적 다양성을 무역 외교 면에서도 적극적으로 활용하려고 하는 움직임이 그것이다.

결론적으로 출신국의 언어문화를 유지하면서 조국과의 연결을 중요하게 여기는 캐나다의 이민은 자본주의 시장이 글로벌 차원에서 확장, 심화하고 있는 오늘날의 세계에서는 무역 외교 면에서 캐나다에 막대한 이익을 가져다줄 수 있는 유용한 매개체이기 때문이다(웹사이트 : 캐나다의 다문화주의1).

3. 호 주

1) 현황 : 호주의 다문화주의

호주는 정말 다양한 인종의 국가다. 흔히들 이민자의 나라라고 한다면 미국을 떠올리지만 호주 또한 거기에 못지 않은 국가라고 할 수 있다. 하지만 동시에 한국인들의 머릿속에 호주는 과거 백호주의 국가의 악명을 여전히 가지고 있다. 아직까지도 호주라고 하면 인종 차별과 무시에 대한 단어부터 담는 한국인들의 언어는 그것을 너무나도 생생하게 전달해 주고 있다.

흔히들 호주 이민자들 사이에는 직업을 인종에 따라서 구분하는 공공연한 룰이 있다. 이를 테면 한국은 청소와 타일 분야에 특화되어 있고 레바니들은 벽돌공과 카펜터 그리고 중국인은 특정 직업이나 직종과 무관한 사람들이라는 식의 인식과 평가가 그것이다. 또 이를테면 한국인은 고위 임원에 올라가는 데 불이익을 받는다든지 하는 등등이다. 물론 이것이 직업이나 인종에 대한 차별적이거나 모욕적인 언사로 표출되지는 않는다. 앵글로 색슨의 법적 권위를 그대로 적용하면 인종을 초월해 평등하다. 하지만 정치력과는 분명 관계가 있다.

이처럼 다문화정책은 불과 4년 만에 엎치락 뒤치락하는 변화무쌍한 시대를 표류하고 있다. 그러나 정치권에서 소위 '표심'에 의해서도 간과되어서는 안 될 것이 다문화정책이다. 왜냐하면 호주는 이민자들의 나라로 다문화사회 속으로 이미 들어가 있기 때문이다. 이런 면에서 길러드 정부의 '호주의 사람들'은 그나마 꺼져가던 다문화정책의 불씨를 다시 살릴 수 있어 천만다행이라 할 수 있다(정지홍, 2011).

호주의 다문화정책을 한마디로 요약하자면 선택적(또는 선별적) 다문화주의에 입각한 다문화정책이라고 할 수 있다. 호주의 다문화주의 정책은 다분하게 선별적이다. 인종에 따른 직업 구분의 규칙이 존재하기도 한다. 이런 의미에서, 호주의 다문화정책은 선택적 다문화주의에 입각해 있다고 규정될 수 있다. 그 이유는 호주의 태평양 해결책이나 여러 가지 선언들과 같이 호주정부는 호주에 필요한 이민자만을 받으려 하는 경향이 매우 강하기 때문이다.

사실 호주사람들이 미국사람들을 무시하기는 해도 상당수의 고급 기술을 가진 인력들이 미국과 호주를 오가며 일을 하고 있으며 이는 호주 인력의 미국 유출을 가속화시키고 있다. 이 때문에 호주는 적극적으로 해외 인력에 대한 기술 이민과 취업이민에 적극적인 자세를 일관하고 있다. 이런 이유로 이것이 호주의 공직 혹은 정치 사회 안에서의 영향력과 주류사회 동화는 미미할 수밖에 없고 그 수에 비해서 사회 대표성이 떨어진다. 사회 대표성이 떨어지고 주류사회에 동화되지 못하는 이민자 사회는 폐쇄적인 구조를 가지고 전체사회는 파편화될 위험성을 내포하고 있다. 이것은 정치적 불안정의 씨앗이라고 할 수 있다. 과연 호주사회는 이런 문제를 어떻게 해결할 것인가? 이는 호주의 다문화정책의 향방을 가늠하는 중요한 준거가 될 수 있기에 주시할 필요가 있다.[2]

2 〈도서리뷰〉 호주의 다문화주의. 2011.

2) 역 사

호주는 다양한 민족으로 구성된 이민자의 국가다. 과거에 호주는 백호주의의 나라로도 유명했다. 사실 호주는 태생이 이민자 국가였다. 호주 원주민(aborigin)의 정착 이후에 영국인들은 물론 1851년부터 본격적으로 금광 개발을 위해 중국인들이 유입되었다. 1870년대에는 사탕수수 농업을 위해서 태평양 연안 국가 사람들이 대량으로 유입되었다.

하지만 아이러니하게도 이런 대량 유입은 유명한 호주 백호주의를 발현시키는 단초가 되었다. 특히나 호주라는 영국 자치령이 세워지는 1901년부터 호주는 이민자의 나라와 백호주의 국가라는 탈을 동시에 쓰게 되었다.

사실 우리가 오해하고 있는 것은 백호주의가 단지 피부색이 하얀 사람들만을 우대하는 정책이라고 이해한다는 점이다. 미국도 아일랜드인이나 이탈리아인이 피부 하얀 흑인 취급을 받는 것처럼 사실 백호주의는 앵글로색슨 문화권에 대한 복종을 의미했다. 이는 황인종은 물론이고 비영국계 백인 이민자들까지도 배척하게 되었다. 더욱 아이러니한 것은 이러한 평등주의적(앵글로색슨 문화에 대한 평등주의적) 동화정책은 이민자들의 자녀에 대한 교육 혜택마저도 모호하게 하였고, 1960년대까지 호주 공교육은 이민자들의 자녀에 대해 제대로 된 영어교육을 제공하지 못하고 있었다. 호주의 피부 갈등은 크게는 백인과 황인, 지엽적으로는 비영국계와 영국계의 갈등을 조장하는 것이었다. 이런 이유로, 이후 호주 정부는 다문화주의로 이행할 수밖에 없게 되었다.

여기에 더해서 민권법과 호주 이민자들에 대한 법적 권리 신장, 아시아계 이민자들에 대한 권리 신장 등은 굉장히 흥미로운 대목이고 한국사회가 직면하는 현실에 대한 해법을 찾는 데 좋은 지침이 된다고 본다. 현재 벌어지고 있는 반 인종 혐오가 그 사실 기반이 어디에 있든 간에 사람들의 머릿속에서 일자리 경쟁에 대한 압박이 뿌리 깊게 자리 잡고 있다는 점은 초기 호주사회의 관념과 동일하다는 점은 특기할 만하다.

하지만 호주사회는 다문화가 공존하는 다문화사회인가? 호주사회는 다문화사회라고 규정될 수 있을 것인가? 이러한 질문은 호주 다문화주의의 역사와 함께 다문화정책의 전개 과정에 대한 관심을 불러일으킨다.

호주가 다문화사회를 위한 정부 정책이 공식적으로 모습을 보인 것은 1972년이다. 그리고 이후 15년 동안 이 주제에 대한 공적인 논의와 다양한 해석을 거쳐 1980년대 후반에 '다문화국가를 위한 국가 아젠다(National Agenda for a Multicultural Australia)'로 공식화되었다.

'다문화국가를 위한 국가 아젠다'는 '다문화(multicultural)'를 정의하기를 "현대를 사는 동시대의 문화적-민족적 다양성을 표현하는 용어"라고 정의했다. 또 정부의 다문화주의 정책(policy of multiculturalism)은 "이민자들을 선택하는(selection) 것이 아니라 전체로서 개별적이고 사회적인 관심 속에 있는 일련의 문화적 다양성을 관리하는(managing) 것"이라고 했다.

3) 정책의 전개

호주정부는 다문화주의에 대한 일부 부문 제한을 두고 있는데 이를 요약하면 다음과 같다.

① 다문화정책은 모든 호주인이 호주와 호주의 번영과 미래를 위한 책임을 무엇보다 최우선에 두어야 한다는 것을 전제로 해야 한다.

② 다문화정책은 모든 호주인이 호주사회의 기본 구조와 원칙들-예를 들면, 헌법과 법규, 관용과 평등, 의회 민주주의, 언론과 종교의 자유, 국가 공용어로서의 영어, 성적인 평등 등-을 요구한다.

③ 다문화정책은 권리를 부여함과 동시에 책임도 부과한다. 개별적인 문화와 신념을 표현할 수 있는 권리는 타인의 관점과 가치를 표현할 수 있는 권리를 수용하는 상호 간의 책임을 포함한다.

다문화사회의 권리와 책임을 위해 호주정부가 이민자들 정착프로그램(Settle Grants Program)에 배정한 예산이 2011~2012년 기준 3,800만 달러다. 이는 10년 만에 1천만 달러가 증가한 예산이다. 호주정부는 이민자들을 위한 번역 및 통역 서비스를 위해 1,800여 명의 전문직 통역자를 두고 100여 개의 언어를 서비스하고 있다. 그러나 무엇보다 강조하고 있는 것은 이민자들에 대한 영어교육이다. '성인 이민자 영어 프로그램(AMEB : Adult Migrant English Program)'을 250곳에 개설해 2009~2010년에만 57,000명 이상에게 1천만 시간의 영어 교육을 제공했다.

정부의 모든 정책이 그렇듯이 다문화정책도 국가의 이익이 최우선이다. 호주정부가 이민자들을 위한 정착 프로그램을 시행하고 무료 영어교육을 제공하는 것도 국가 이익에 기여하기 때문이다. 영어권의 나라인 호주에 살기 위해서 영어를 배우는 것은 필요하다. 그러나 국가의 이익을 위해 영어를 배우는 것과는 차원이 다르다.

물론 국가의 이익을 위해 개인의 권익과 자유가 일정 부분 제한될 수 있다. 그것이 국민으로서 의무라면 당연하다. 그러나 정치적 득실에 의해 국민의 권익이 무시된다면 이것도 국가의 이익이라고 말할 수 있겠는가? 다문화사회를 지향하며 다문화정책을 시행해 오던 호주는 최근에 정치적 이해관계로 다문화정책 자체가 위기에 처하게 되었다.

4) 갈등과 통합

2007년 1월 23일 당시 호주의 존 하워드 총리는 개각을 단행하면서 전격적으로 이민부의 공식명칭을 '이민다문화부(Department of Immigration and Multicultural Affairs)'에서 '이민시민권부(Department of Immigration and Citizenship)'로 바꾸었다. 지난 30여 년 동안 이민정책의 골격이 되어온 다문화주의를 공식 폐기한 것이다.

단순히 부처 이름이 바뀌는 데 큰 의미를 둘 필요가 있느냐는 시각도 있지만, 호주의 주요 언론들은 하워드 정부가 '다문화(multiculture)' 대신 '시민권(citizenship)'이라는 말을 택한 것은 이민자들을 바라보는 호주정부의 시각을 가장 확실하게 보여주는 것이라고 평가했다. 물론 하워드 총리는 다문화주의라는 말을 이민부의 명칭에서 빼버린 게 다문화주의 폐기 처분이 아니라 '시민권'이라는 말이 새로 오는 이민자들에 대한 호주인들의 여망을 더 잘 표현하고 있는 것뿐이라고 설명했다.

그러나 "모든 호주인은 이민자들이 호주 땅에 왔으면 호주인들이 돼야 하는 것으로 믿고 있다"고 강조함으로써 사실상 다문화주의와 정반대의 입장을 천명했다. 이 같은 이민부 명칭 변경과 관련, 호주의 한 언론은 다문화주의가 이날 호주 연방정부 정책에서 공식적으로 떨어져 나갔다면서 "다문화주의가 지금 당장 죽지는 않겠지만 결국 하워드 정부에 의해 서서히 질식사하고 말 것"이라고 논평했다.

하워드 정부의 다문화주의의 폐기 시도는 이민자들에 대한 시민권 심사 때 영어 등 호주의 가치에 대해 시험을 보도록 할 것이라고 밝힌 정책과도 맥락을 같이하는 것이다. 호주 시민이 되려면 자신들의 고유문화를 주창하기에 앞서 호주사회에 통합될 수 있는 자질과 능력을 먼저 보여주어야 한다는 논리를 펴고 있는 셈이다. 이로써 호주사회에서 다문화주의의 의미와 중요성이 급격히 퇴색하기 시작, 비영어권 소수민족 그룹들로부터 심한 반발을 초래했지만, 이 또한 무시되었다.

그러다 4년이 흐른 2011년 2월 17일, 줄리아 길러드 노동당 정부의 크리스 보원 이민시민권부장관이 호주의 다문화정책 기조를 새롭게 정의한 '호주의 사람들(The People of Australia)'이라는 다문화주의 중시 정책을 발표하면서 새로운 전환점을 맞이했다.

'호주의 사람들'의 정책은 '다양성 존중', '사회융합 유지', '호주 사회의 다양성 장점 활용', '관용과 차별 배제를 위한 법적 조치 강화' 등의 4개 원칙을 근간으로 하고 있다. 또 기존의 호주다문화자문위원회(AMAC : Australian Multicultural Advisory Council)를 대체하는 호주다문화위원회(AMC : Australian Multicultural Council)가 발족할 예정이며 아울러 호주정부는 국립반차별파트너십(National Anti-Racism Partnership)을 신설해 모든 종류의 인종차별 근절에 관여하도록 할 방침을 정했다. 그리고 기존의 '이민 시민권 담당 정무차관(Parliamentary Secretary for Immigration and Citizenship)'의 명칭도 '이민 다문화 담당 정무차관(Parliamentary Secretary for Immigration and Multicultural Affairs)'으로 변경된다.

5) 소 결

2010년 총선에서 '다문화주의'라는 아젠다가 누락되는 등 2000년대 이후 한동안 호주의 정치권과 사회 전반에 걸쳐 다문화주의가 홀대를 받아왔다. 그러나 그 후 길러드 노동당 정부의 급선회로 다문화주의와 관련된 아젠다와 쟁점들이 부상하면서 다문화주의가 다시 중요한 개념으로 제기되기 시작했다. 노동당 정부의 '호주의 사람들'이라는 슬로건의 다문화주의와 관련된 정책은 정치적 의도를 배제할 수는 없지만, 이민자들과 소수민족들의 환영 속에 다문화주의가 새로운 기점을 맞이했던 것은 부인할 수 없는 분명한 사실이었다.

결론적으로 말하자면, 이와 같이 호주의 다문화주의와 관련된 정책, 즉 다문화정책은 변화무쌍하게 변화를 거듭해 왔다고 할 수 있다. 그러나 특히 호주 정치권에서는 결코 간과되어서는 안 되는 것이 다문화정책이다. 왜냐하면 호주는 이민자들의 나라로 다문화사회 속으로 이미 들어가 있기 때문이다. 이런 면에서 '호주의 사람들' 정책은 호주 다문화정책의 약화된 불씨를 되살려낸 정책이라고 평가된다.

03 PART 한국 이주민집단의 이해

CHAPTER 07

한국 이주민 사회의 역사와 정책의 변화[1]

1. 현 황

'다문화' 혹은 '다문화사회'의 정의는 매우 다양해서 한 가지만을 가지고 논하기 어렵다. 최근 법무부의 정의에 따르면 다문화사회란 "언어, 종교, 관습, 가치관, 국적, 인종, 민족 등 다양한 문화적 배경을 지닌 이민자 등이 사회구성원으로 참여하여 이루어진 사회"를 뜻한다(법무부 2008). 현재 국내 거주 외국인 주민 수가 186만 명을 넘어 국내 인구의 3.4%에 이르고 있고[2] 다양한 문화적 배경을 지닌 이주민의 분포를 생각해 볼 때 한국사회 역시 본격적인 다문화사회의 문턱에 진입했다고 할 수 있다.

그러나 이러한 다문화적 현상이 역사적으로 전혀 새로운 것만은 아니다. 한국사회에는 비록 소수이기는 하지만 19세기 말부터 중국에서 이주한 화교(華僑)가 있었으며 주둔군이라는 임시이주의 형태로 파생된 '혼혈인'들이 존재해 왔다. 이것은 한국사회가 그동안 단일 문화적 형태로만 존재하고 있지는 않았다는 증거가 되기에 충분하다. 따라서 이른바 '다문화사회' 및 '다문화정책'의 과정이 이주민이 급속히 증가하기 시작한 1980년대 후반 이후의 비교적 최근의 현상으로 파악될 수도 있지만, 기존에 존재했던 화교와 같은 외국인 및 '혼혈인' 등에 대한 시각과 정책의 연결 선상에 놓여 있을 수도 있다.

1 본 단락은 저자가 공동연구원으로 참여한 한국여성정책연구원(2008). 『다문화사회로의 이행을 위한 문화정책 현황과 발전방안』의 내용을 대폭 수정하여 작성하였다.

2 행정안전부 『지방자치단체 외국인주민 현황』(2018) 자료에 따르면 2017년 11월 1일 기준 국내 외국인 주민 수는 186만 1,084명으로, 이는 우리나라 총인구(51,422,507명) 대비 3.6%에 해당한다.

일부 학자들은 화교가 이주하기 시작한 19세기 말을 훨씬 거슬러 올라가 한국사회가 오래전부터 다민족국가였다는 논의를 사용하기도 한다. 그러나 한국사회에서 나타나는 이민논의는 초역사적인 인류의 이주현상이라기보다는 '근대적 이민'에 국한되어 있으며, 일상에서 다른 민족을 접할 기회가 극히 적었던 한국사회의 특수성에도 기반하고 있다(엄한진, 2006 : 17-18). 비록 민족은 민족성원들이 그들 자신을 오래된 단일민족으로 상상한다 해도 실은 근대적인 것이라고 볼 수 있다(Eriksen, 1993 : 101).

이민을 근대 이후로 국한할 때 문제가 되는 것은 '민족주의'나 '순혈주의' 담론이다. 많은 학자들은 한국의 인종주의적 민족주의나 순혈주의에 대한 집착이 여전히 온전한 다문화사회를 가로막는 조건이 되고 있다(김희정, 2007 : 58)고 믿고 있다.[3] 그러나 근대의 민족주의는 자연적인 것이라기보다는 일종의 구성된 것이라고 볼 수 있다(Eriksen, 1993 : 100). 즉, 민족주의는 각각의 시대적 상황과 조건에 의해 그 의미가 다르게 반영되었으며 순혈주의 역시 당대의 시대적 정서와 맥락에 따라 전혀 다른 의미로 해석되었을 수 있다. 이는 근대에서 오늘날까지의 이주정책 및 이주민에 대한 시각에 대한 통시적 분석을 통해서만 가능하다.

한국 다문화사회의 역사는 크게 두 시기로 나누어진다.

첫 번째 시기는 19세기 말~1980년대 중반까지이다. 이 시기의 대표적인 이주자는 오늘날의 이주 패턴과는 다르지만 19세기 말 열강의 각축과 일제강점기를 거치면서 유입이 증가했던 화교와 미군의 한국주둔으로 인해 생겨난 '주둔지 혼혈인'을 들 수 있다.[4] 이들은 1948년 정부수립 이후 한국사회의 강력한 민족주의 정책으로 인해 차별과 배제 및 추방의 대상으로 전락하기도 했다.

두 번째 시기는, 1980년대 말부터 오늘날까지의 시기이다. 산업의 고도화와 세계화로 인해 증가하기 시작한 취업이주자와 결혼이주여성들이 그 대표적인 경우이다. 현재 기틀이 어느 정도 마련되기 시작한 다문화 정책사업은 이주노동자의 법적, 제

3 이로 인해 현재 '다문화사회'라는 개념은 아직 한국사회의 실체를 반영하는 분석개념이라기보다는 미래의 전망을 나타내는 수사적 개념이며(한경구 · 한건수, 2007 : 71) 각각의 상황에서 서술적 개념이나 규범적 개념으로 쓰이고 있다(김남국, 2007 : 296)고 지적하기도 한다.

4 물론 일제강점기에 한국으로 이주한 일본인의 수도 고려해야 하지만 이들은 식민지라는 특성에 따른 이주 패턴으로 볼 수 있기 때문에 생략하기로 한다.

도적 기반이 취약했던 1980년대 말의 '불법체류자' 문제에서 시작되었으며, 정주(定住)를 전제로 한 결혼이주여성의 급격한 증가로 인해 다문화가정 문제를 포함한 사회통합 정책의 변모를 모두 포함하고 있다.

이 장에서는 첫 번째 시기에 주목한다. 19세기 말 이후부터 오늘날에 이르는 역사적 과정에서 형성된 한국사회의 외국인 및 혼혈인 차별의 실제적 내용은 무엇이었는지 검토해 봄으로써 두 번째 시기와 어떻게 연결되는지 분석하고자 한다. 이러한 분석은 서구의 다문화주의 모델과 아시아, 특히 한국 모델과의 비교연구를 가능하게 하며, 오늘날 한국사회의 다문화정책이 과거 외국인 및 혼혈인 정책과 연결선상에 놓여 있는지 아니면 단절되어 새롭게 고안된 것인지를 밝혀줌으로써 한국사회 다문화정책을 이해하고 새롭게 정립해 나가는 데 도움을 주고자 한다.

2. 역사 : 근대 민족국가 형성과정 속의 이주민들

1) 한국 화교(華僑)

적어도 1980년대 후반 이전까지의 외국인 정책의 근간은 19세기 말부터 한국으로 이주하기 시작해 정착과정을 거쳤던 화교를 주요 대상으로 한 것이었다. 그러나 이들에 대한 정책은 오늘날의 다문화적 정책과는 거리가 먼 배제와 차별을 근간으로 하고 있었다. 이들은 당시 조선에 대한 열강들의 세력 다툼 속에서 파생된 조계(租界) 혹은 거류지(居留地)를 근간으로 본격적인 이주를 시작했고,[5] 일제강점기에는 일본과 한국인의 이중적인 차별과 배제에 놓이기도 한다. 또한 한국사회가 일제강점기와 해방, 그리고 근대 국민국가 수립과 이후의 과정을 거치는 동안 시급했던 근대적 의미의 민족주의의 형성과정과 공고화 속에서 화교는 늘 제외될 수밖에 없었다.

19세기 말 한국사회에 이주해 온 중국인들은 오늘날까지 '화교(華僑)'로 불리며 한

5 조계 혹은 거류지(일본의 경우는 거류지라고 불렀다)는 오늘날의 자발적인 정착유형과 달리 강대국들의 영향력을 증대시키기 위해 강제로 협정을 맺어 자국민들을 정착시킨 형태이다. 따라서 조계는 철저히 원주민과 외국인의 분거(分居)가 이루어졌고 조계 내에는 소속국인(원주민)의 거주 및 토지·가옥의 매매·대차 등이 허용되지 않는 것이 원칙이었다. 단일전관조계의 경우는 소속국인은 물론이고 타 외국인의 혼거도 금지하는 것이 원칙이었다(손정목, 1982 : 441-444). 인천의 경우 1883년부터 한일합방 이후인 1913년 조계가 폐지되던 시기까지 중국과 일본 그리고 유럽 각국의 조계지가 형성된 바 있다.

국사회에 정착해 오고 있다. 한국과 중국은 오랜 역사를 통해서 조공을 통한 관(官)무역과 사(私)무역으로 서로 왕래했고 250년 동안 일 년에 두 차례씩 국경지역에서 물품 교역을 했다. 이같은 일시적인 접촉이 아니라 중국인이 한국사회에 머물며 살게 된 것은 19세기 말에 이르러서이다. 임오군란(1882년) 이후 대원군과 민비 사이의 정치적 갈등이 심화되면서 원병 요청으로 한국에 온 청나라 군사 4천여 명과 40여 명의 교역 상인이 한국 화교사회의 시작인 셈이다(박은경, 2002 : 275). 화교의 대한이민은 1883년 개항 후 본격화되어 일제강점기하에서도 계속해서 증가해 나갔다.

그러나 1948년에 남한 정부가 수립되어 외국인 출입이 규제되면서 중국인의 한국 이주가 중단되었고, 1949년 공산화된 중국대륙과의 단교 이후 중국배가 더 이상 항구로 들어오지 못하게 되면서 그동안 무역에 의존해 왔던 회사들이 한국을 떠나기 시작했다. 이때부터 화교사회는 순전히 인구의 자연 증가에 의존하여 커 갈 수밖에 없었다(장수현, 2002 : 247). 화교들은 대부분 적관(籍貫)이 중국대륙이었으나 한국전쟁 이후 한국사회에서의 생존을 위해 당시 수교국인 대만 국적을 택하기 시작했다.

한국전쟁 이후에는 한국 경제의 발전과정에서 화교들을 배척하는 정책들이 생겨나기 시작했다. 특히 1950년대 초 한국정부가 외래상품 불법수입을 금지한다는 명목으로 취한 '창고봉쇄조치'로 인해 당시 무역상들이 큰 타격을 받았다(박현옥 · 박정동, 2003 : 73). 차츰 화교들이 무역상의 난점을 타개하기 어려워지자 많은 수가 요식업으로 전환했고 중국음식점이 한때 호황을 맞기도 했다. 그러나 1961년 외국인의 토지소유를 제한한 '외국인토지법' 및 음식점에 대한 중과세 부과 등으로 화교들의 경제가 다시 침체되기 시작했다(이효재 · 박은경, 1981 : 228-229). 이러한 압박으로 상당수의 화교들이 대만이나 미국으로 재이주를 하기도 했다. 그러나 1992년 한중수교가 이루어지고 1997년 외환위기가 발생하면서 경제적 자원으로서의 화교의 가치에 대한 인식이 높아졌고 세계화시대를 맞이하여 한국의 외국인 정책을 재검토하려는 시도와 맞물리면서 억압적이었던 각종 법률과 제도들이 완화되기 시작했다(장수현, 2001 : 1-2). 화교들은 한국에서 이른바 '재도약기'를 맞이하게 된 것이다(양필승 · 이정희, 2004 : 95). 2019년 기준 한국(남한)의 화교 수는 전국적으로 약 2만 명이 채 되지 않는다.

〈표 7-1〉 외국인토지법의 제정과 개정 과정(1961~1998)

연 도	법률명	주요 내용
1961. 9. 18.	법률 제718호로 '외국인토지법' 제정	외국인 또는 외국법인에 대하여 상호주의를 취하여 대한민국에 있어서의 토지에 관한 권리의 향유에 관하여 각령으로써 동일 또는 유사한 금지를 하거나 조건 또는 제한을 가할 수 있게 함
1968. 7. 3.	법률 제3019호로 '외국인토지법'을 개정	1. 외국인 또는 외국법인이 토지에 관한 권리(저당권을 제외)를 취득하고자 할 경우에는 대통령령이 정하는 바에 의하여 내무부장관의 허가를 받아야 한다. 2. 단, 대통령령이 정하는 지역 안에서는 1세대 1주택에 한하여 주거용으로 660제곱미터(약 200평) 이하의 토지에 관한 권리취득은 사전신고만으로 할 수 있다. 3. 토지취득 후 토지에 대한 허가의 조건 또는 제한을 변경받고자 할 경우도 대통령령이 정하는 바에 의하여 변경허가를 받아야 한다(내무부장관의 허가를 받아야 함).
1998. 5. 25.	법률 제5544호로 전문개정 '외국인토지법' 제정('외국인의 토지취득 및 관리에 관한 법률'은 폐지)	종전 개인의 경우 660㎡ 이하의 주거용지와 165㎡ 이하의 상업용지 취득에 대한 제한과, 법인의 경우 사무용 토지에 한하여 취득할 수 있도록 하던 제한을 폐지. 국내거주 여부, 사무용 여부, 용도 및 면적 등에 관계없이 토지를 취득할 수 있도록 함

출처 : 법제처 종합법령정보센터(http://www.law.go.kr); 법제처(1999).

특히 외국인의 토지소유 금지법과 다름없는 1961년의 '외국인토지법'은 1968년 일정 부분 완화되기도 했지만[6] 한국 땅에서 화교가 한국법률이 정해놓은 일정 부분 이상 토지를 소유한다는 것, 즉 토지를 200평 이상 취득한다는 것은 적어도 1998년 외국인토지법이 완화되기 전까지는 '불법'이었으며 적발 시 화교 본인은 물론 등기의 명의를 빌려준 한국인까지 취득재산의 몰수는 물론이고 재산권의 가액에 따라 심지어 사형이나 무기징역에까지 처해질 수 있는 엄청난 처벌을 받았다.

외국인토지법으로 대표되는 경제부분에서의 배제와 차별, 그리고 문화 부문에서의 철저한 비동화정책으로 인해 화교들은 1970년대부터 구직이나 학업을 계속할 목적으로 속속 한국을 떠나기 시작했다. 그나마 남아 있는 화교들은 점차 '영토에 근거한 공

6 1968년의 개정은 1965년 한·일 국교정상화 이래 일본인을 비롯한 주한 외국인들이 법의 맹점을 이용해서 부정한 방법으로 토지를 매수하는 일이 늘어나자 '외국인토지법' 및 '부동산 등기법'을 개정한 것이다(중앙일보, 1966. 9. 19. 참조). 그러나 실제로는 한·일 국교정상화에서 다루어진 일본 내 재일동포에 대한 법적 지위를 고려해야 했던 정부가 외국인토지소유법을 계속 완화해 왔던 추세가 반영된 것이다. 화교들은 이 법률의 개정이 어쨌든 화교들의 숨통을 터주었지만 자신들을 위해서가 아니고 당시 일본과 교류를 지속하기 위한 한국정부의 입장 때문이었다고 말하곤 한다.

동체'에서 '공간적 공동체'로 변모하게 된다. 즉, 화교들은 농업을 버리고 도시의 각 지역에 흩어져 요식업 등으로 생계를 이어나가면서 중국식 계(契)인 후이(會)나 결혼식, 장례식, 연례행사와 같이 철저하게 가족과 친족 및 종족 중심의 폐쇄적 모임을 통해 자신들의 공동체성과 종족성(ethnicity)을 확인해 나갈 수밖에 없었다(이창호, 2007; 2008b).

화교사회에 대한 이러한 무관심과 배제는 1992년 극적인 한·중 수교로 인해 극적으로 전환된다. 비록 여러 제약이 따르기는 했지만 화교들의 거주 자격 및 학교 교육의 제도적 보완이 이루어지기 시작했다. 먼저 1995년에 화교들의 체류자격을 일반 외국인과 다르게 완화시켰으며, 그동안 화교사회를 멍들게 했던 외국인의 토지소유 관련법들을 1998년에 전면적으로 자유화했다. 화교교육과 관련해서는 그간 '외국인단체'로 등록되어 있던 화교학교들을 1999년부터 '각종 학교로서의 외국인 학교'로 인가받도록 법령을 개정하였다. 마침내 화교학교들은 '국내의 제도권으로 편입'되어 조세감면 혜택을 누릴 수 있게 되었다(우심화, 1999).

〈표 7-2〉 화교와 관련된 개정 법률 및 시행령, 규칙

연 도	법률 및 시행령	내 용
1995. 12. 1.	출입국관리법 시행규칙 일부개정(법무부령 417호)	거주(F-2)에 해당하는 자격을 가진 외국인은 최장 체류기간이 기존의 3년에서 5년으로 연장됨
1999. 3. 8.	각종학교에 관한 규칙 (일부개정, 교육부령 741호)	제12조(외국인학교) 외국인이 자국민의 교육을 위하여 학교를 설치·경영하고자 할 때에는 이 규칙의 규정에 불구하고 감독청은 이를 각종학교로 보아 설립인가 할 수 있다(종전의 '조약·협약·협정이나 외교관례에 의하여 학교를 설치·경영하고자 할 때'가 '학교를 설치·경영하고자 할 때'로 변경됨. 이에 따라 종전 외국인단체로 되어있던 화교학교가 각종학교로 분류됨).
2002. 4. 18.	출입국관리법 시행령 일부개정(대통령령 17579호)	1. F-2(거주) 장기거류자격을 가진 외국인이 한국에 만 5년 이상 거주한 자 및 해당자의 20세 미만의 자녀, 그리고 합법적으로 신청하여 허가를 받은 자는 F5 영주권을 부여한다. 2. F5 영주권소유자에 13단위의 숫자를 외국인 등록증번호로서 부여하고, 전의 등록증 및 번호는 실효된다.
2005. 8. 4.	공직선거법(일부개정 법률 7681호)	지방자치단체의 의회의원 및 장의 선거에 있어서는 선거권이 있는 외국인의 수를 포함한다. 선거권이 있는 외국인은 '출입국관리법' 체류자격의 규정에 따른 영주의 체류자격 취득일 후 3년이 경과한 19세 이상의 외국인으로서 선거인명부작성기준일 현재 당해 지방자치단체의 외국인등록대장에 등재된 자이다.

출처 : 법제처 종합법령정보센터(http://www.law.go.kr).

적관(籍貫)은 중국대륙이었으나 냉전체제인 한국사회에서 생존하기 위해 한국전쟁 이후 대부분 대만국적을 택했던 화교들은 적어도 1992년 한중수교 이전까지는 제국주의에의 저항과 식민지체제의 경험 그리고 냉전시대의 민족주의 원리가 작동하는 한국사회 속에서 항상 차별과 배제의 대상이 될 수밖에 없었다. 한국사회는 화교에 대해 철저하게 비동화정책을 고수했으며, 이러한 요소들은 1980년대 후반부터 증가하기 시작한 각국 이주노동자들에 대한 담론 속에 연속성을 가지고 존재하기도 했다. 그러나 한편으로는 1980년대 후반부터 한국사회는 탈냉전과 민주화, 세계화를 경험하기 시작했다. 한국사회가 식민지와 냉전기, 군부독재정권체제를 거치면서 그동안 고수해 왔던 민족주의도 이제 새로운 형태로 바뀔 수밖에 없었다.

2) 주둔지 혼혈인

한국사회의 차별담론 중 대표적인 것으로 '순혈주의'를 들 수 있다. 사실 한국을 비롯한 세계 어떤 사회를 보더라도 단일한 혈통으로 이루어진 사회는 존재하지 않는다. 이렇게 '순혈' 자체가 허구이기 때문에 특정한 집단을 '혼혈'이라는 특징으로 구분하는 것 또한 가공의 논리에 기초한 것이며, '순혈주의' 역시 근대 국민국가 수립 과정에서 나타나는 근대적인 담론의 하나로 볼 수 있다(남영호, 2008 : 95-97).

한국사회에서 '혼혈인'의 범주는 보는 시각과 방법에 따라 다양하게 구분된다. 일부에서는 가야국에서 고구려, 조선시대에 걸쳐 국제결혼이나 귀화를 통한 '혼혈인'이 존재해 왔다고 주장하기도 하지만(박옥걸, 2002; 김정호, 2003; 정수일, 2005; 박기현, 2007; 김병모, 2008) 특정한 범주의 사회집단을 혈통을 기초로 하여 '혼혈인'으로 구분짓고, 사회생활 전반에 걸쳐 체계적으로 배제하는 것은 분명 근대적인 현상이다(남영호, 2008 : 96). 따라서 여기에서는 대체로 2차 세계대전 이후부터를 혼혈인의 본격적인 증가 시기로 삼는다.

국가인권위원회(2003)에서는 혼혈인을 기지촌에 한정해 크게 3세대로 구분한다. 1세대는 기지촌 성매매가 완전히 산업화되기 이전에, 데이트, 외국인에 의한 데이트 강간, 강간, 성매매 등의 다양한 과정에 의해서 출생한 사람들이다. 2세대는 기지촌 성매매가 국가의 개입에 의해서 오늘날과 같은 형태로, 산업화 및 체계화되는 시기인 1960년대 이후 태어난 '혼혈인'들을 의미하며, 3세대는 기지촌이 눈에 띄게 쇠퇴하게 된 1980년대 이후에 출생한 사람들을 가리킨다(국가인권위원회, 2003 : 8).[7]

그러나 1980년대 말부터 증가하기 시작한 외국인 이주노동자와 한국여성과의 결혼 및 결혼이주여성의 유입으로 인한 '혼혈 자녀'의 존재로 인해 '혼혈인'은 기지촌 출생 여부와 관계없이 다양한 유형으로 나누어지게 되었다. 2006년 4월 26일 정부 각 부처의 "혼혈인 및 이주자의 사회통합 지원방안"에 따르면 국적취득 가능 여부 및 거주지에 따라 혼혈인을 다음과 같은 세 가지로 유형화하였다.

〈표 7-3〉 '혼혈인'의 유형

국적취득	국 내	국 외
가능	〈Ⅰ유형 : 국내 혼혈인〉 ◦주한미군과 한국인 2세 ◦기지촌 외국여성과 한국인 2세 ◦외국인노동자와 한국인 2세 ◦결혼이민자의 2세	〈Ⅱ유형 : 국외 혼혈인〉 ◦외국체류 한국인과 현지인의 2세 ◦베트남전쟁 관련 한국인 2세 ◦해외동포 2세 혼혈인 ◦해외이주 국제결혼자 2세 혼혈인
불가능	〈Ⅲ유형 : 국내 외국인〉 ◦기지촌 외국여성과 외국인노동자 2세 ◦외국인노동자 간 2세 ◦외국인노동자의 국내입국 본국자녀	–

출처 : 교육인적자원부 외(2006. 4. 26). 혼혈인 및 이주자의 사회통합 지원방안.

그런데 위의 〈표 7-3〉에서와 같이 흔히 하나의 범주로 구분되는 '국내 혼혈인'인 사이에서도 1980년대 후반부터 증가하기 시작한 '혼혈인'의 범주와 기지촌 혼혈인의 범주는 엄밀하게 보자면 큰 차이가 있다.

비국민이자 비민족으로 분류된 '기지촌 혼혈인'에 대한 한국사회의 최초의 정책은 해외입양이었다. '혼혈인'들의 출생지가 미국 기지촌이라는 또 다른 부정적 이미지와 겹치면서, '혼혈인'이라는 단어는 한국사회에서 부끄럽고 감춰야 할 것, 또는 없는 듯 무시해야 할 것으로 여겨졌기 때문에(설동훈, 2007 : 131) 해외입양은 현실적

7 특히 2세대와 3세대를 구분함에 있어서 결정적인 계기로는 1982년 미국의 이민법의 개정을 들고 있다. 1982년 8월 22일 미국의회는 아시아 지역 혼혈아들에게 미국이민의 특혜를 부여하는 법을 가결시켰다. 한국을 비롯한 베트남, 태국, 라오스, 캄보디아 등 미군이 주둔했던 지역 내 혼혈인들에게 이민허용을 골자로 하는 이민법이 통과되었다. 이민법은 1950년 이후 출생자부터 법안이 개정된 1982년 출생자까지 아버지가 미국시민이라는 근거가 있고 일정 기간 동안(5년간) 미국인으로부터 재정보증을 받으면 아시아 지역의 혼혈인들의 미국이민을 허용하겠다는 것이었다(국가인권위원회, 2003 : 8).

으로 '혼혈인'들이 한국사회에서 겪어야 할 차별과 편견을 회피할 수 있는 방법이었다. 이후 해외입양 정책은 성인 '혼혈인'들에게는 이민정책으로 전환되었다(국가인권위원회, 2003 : 35).

한국사회의 '혼혈인 정책'은 미국정부의 정책 변화과정과 밀접히 연관된다. 정부는 미국당국과의 협조하에 1954년을 기점으로 해외입양 희망아 조사를 본격적으로 실시했으며, 1954년부터 해외입양을 본격화했다. 그러나 1962년 9월부터 미국의 특별이민법이 개정되면서 해외입양이 곤란해지자 혼혈아동의 국내 적응문제를 고민하기 시작했다. 최초로 고안된 정부정책은 혼혈아동에 대한 교육지원이었다. 그 결과 1962년 혼혈인 학교인 시립 영화국민학교가 개교되기에 이른다. 그러나 개교된 지 2년 여 만인 1964년 8월 5일 당시 기지촌의 본격적인 증가에도 불구하고 입학할 혼혈인 아동의 감소되었다는 이유로 영화국민학교는 비혼혈 아동 대상 국민학교로 전환되고 말았다(국가인권위원회, 2003 : 25-31). 이로서 일반학교에의 놀림과 따돌림으로 취학을 거부하고 회피했던 혼혈아동들은 국민의 4대 의무 중 하나이자 기본적인 사회화의 과정이기도 한 의무교육에서 자발적 배제(국가인권위원회, 2003 : 116-118)를 경험하게 된다.

이후 '혼혈인'들이 성장하면서 극단적인 자살에서부터 폭력적인 행위 등의 사회문제가 발생하자, 정부는 이제 입양이 아닌 이민을 통해 '혼혈인'들에게 해외취업을 알선하고자 하였다. '혼혈인'들의 해외 이주 또는 해외취업을 알선하기 위해서 병역문제가 해결되어야 했는데, 1972년부터 '혼혈인'들의 병역은 면제되었고 1974년부터는 예비군훈련에까지 면제되었다(국가인권위원회, 2003 : 31). 그러나 엄격하게 말해서 이것은 군대를 가지 않아도 되는 면제가 아니라 가고 싶어도 갈 수 없는 배제이다. 현재 한국사회처럼 '군필'이 가장 중요한 남성시민의 조건이 되는 상황에서, 군입대의 배제는 한국사회 내 남성혼혈인들을 남성 간 위계질서 내에서 미성숙한 존재이자 어린 사람의 위치에 고착시킨다. 또한 '혼혈인'을 군입대 조건에서 배제하는 것은 입양 위주의 '혼혈인 정책'과 무관하지 않을 것이다. 말하자면, '혼혈인'들이 성인이 되기 전에, 입양 혹은 이민을 보내겠다는 국가의 의지와 연결된다(국가인권위원회, 2003 : 18-115). 이와 같은 병역법은 차별의 소지를 안고 있어 여러 사회단체로부터 비판을 받았으나 30년간 지속되다가 2005년 6월 30일에서야 병역법 시행령(제

136조)을 통해 외관상 식별이 명백한 '혼혈인'일지라도 현역 또는 공익근무요원의 복무를 원하는 경우에는 병역처분을 변경할 수 있도록 변경했다[법제처 종합법령정보센터(http://www.law.go.kr)]. 이처럼 '주둔지 혼혈인'은 그동안 교육, 병역과 같은 시민의 권리와 의무 모두에서 배제의 대상이 되거나 자발적 배제(self exclusion)를 경험했다.

'주둔지 혼혈인'은 전쟁과 외국군대 주둔이라는 한국사회의 특수한 역사에서 비롯되었기 때문에 1990년대부터 가시화되기 시작한 다문화가정 문제와 직접적으로 연결되지 않을 수 있다. 그러나 아버지가 한국인인 경우 차별에 덜 노출되는 반면 미군 병사를 아버지로 한국인을 어머니로 둔 혼혈인의 경우 차별은 더욱 심각한 양상으로 대두된다. 즉, 젠더화된(genderised) 차별과 가부장적 사고방식이 문제시되었다는 점(남영호, 2008 : 96)은 1990년대 이후 다문화가정 및 그 자녀에 대한 인식과 담론에 많은 영향을 미치게 된다.

한국사회는 근대에 있어 '주둔지 혼혈인'의 문제를 겪어온 바 있지만 그에 대한 심도 있는 대응책 대신 문제해결의 원칙을 해외입양, 이민과 같이 사회에서 아예 보이지 않도록 '추방'하는 소극적 정책으로 일관했다. 이에 따라 한국사회는 차별과 편견에 대한 예방이라든가 정책적 대응책을 고심해 볼 수 있는 기회를 잃고 말았다고 볼 수 있다.

3. 정책의 전개

다문화사회의 논의에 있어서 1980년대 후반을 기점으로 삼는 것은 이 시기가 이주노동자의 유입이 본격적으로 시작되는 시기이기 때문이기도 하지만, 세계적인 탈냉전 기류와 함께 1945년 해방 이후 지속된 한국사회의 냉전구조 해체가 본격화되기 시작했으며 한국사회가 세계화의 구조와 가치에 편입해 나가는 시점이라는 데 있어서 그 의미가 크다.

세계적인 탈냉전 기류에 편승하는 정치적인 목적 이외에 경제적으로도 산업화가 진행되면서 새로운 시장이 필요했던 한국정부는 여러 방식으로 고립적인 상황을 탈출하려고 시도하였는데 '북방정책'을 통한 소련 및 동유럽 국가와의 관계정상화 추진과 1992년의 한중수교는 그 대표적인 예이다(김이선 외, 2007a : 11-12). 그 결과 외국인이주민의 수는 급증하였는데 중국 등에서 건너온 이주노동자들과 함께 1990년대부터 추진된 농촌의 미혼 남성 장가 보내기 차원에서 추진된 중국 국적 '조선족'과의 혼인으로 등장한 결혼 이민자들의 등장이 그 대표적인 예이다.

CHAPTER 08

다문화가족과 사회복지 : 형성과정부터 지원정책까지

외국 출신 배우자와 한국인 배우자의 결혼을 통해 형성되는 다문화가족은 역사적으로 오랜 기원을 가지고 있으나 결혼이주, 다문화가족 등의 명칭으로 불리게 된 것은 불과 15여 년 전이다. 2000년대 들어 국제결혼 수가 급증하면서 국제결혼 가족과 외국인 배우자, 그리고 그 자녀들에 대한 사회적 관심이 증가하였고 그 결과 다문화가족을 위한 다양한 정책과 서비스가 마련되었다. 2019년 기준으로 국제결혼 총 건수는 23,643건으로, 이 중 75% 정도가 한국 출신 남성과 외국 출신 여성 간의 국제결혼으로 보고되고 있다(통계청, 2020). 시간이 흐름에 따라 다문화가족 외국인 배우자의 출신국가와 다문화가족 구성원의 욕구 역시 지속적으로 변화하고 있으며 가족과 그 구성원이 직면하는 어려움의 유형과 범위 역시 변화하고 있다. 이 장에서는 한국사회 내 다문화가족의 형성 과정과 변화, 그리고 다문화가족의 욕구와 실태에 대해 살펴보고자 한다. 이를 통해 한국사회의 다문화가족이 경험하는 삶과 현실에 대한 이해를 증진시키고자 한다.

1. 다문화가족의 개념

다문화가족의 개념을 이해하기 위해서는 먼저 다문화가족에 대한 법률에서 다루어지는 정의에 대해 살펴볼 필요가 있다. 현재 국내 다문화가족과 관련된 법률로는 다문화가족지원법, 재한외국인처우기본법, 국적법 등이 있다. 먼저 다문화가족에 대한 기본 법령인 다문화가족지원법에 의하면 다문화가족이란 결혼이민자 혹은 귀화나 인지로 인한 국적취득자와 출생 시부터 한국 국적을 가진 내국인 간의 결혼, 혹은 결혼이민자와 귀화나 인지로 인해 국적을 취득한 개인 간의 결혼을 통해 이루어진 가족을 가리킨다. 즉, 출생 시부터 한국 국적을 가진 한국인과 외국 출신 이민자가 결혼을 했거나 혹은 외국 태생이지만 귀화 절차를 통해 한국 국적을 취득한 사람이 외국 출신 이민자와 결혼하여 가족을 구성한 경우 이를 모두 포함하여 다문화가족이라 일컫는다. 하지만 일부 학자들은 다문화가족지원법에 명시된 다문화가족의 정의는 제한적인 정의라 설명하며, 실제 한국에 거주하는 다수의 외국 출신 가족은 다문화가족 정의에 포함되지 않는다고 설명한다(김정인, 2018). 실제 다문화가족에 대한 넓은 의미의 정의는 다양한 문화적 배경을 가진 사람들로 구성된 가족이라 볼 수 있으며(조영달, 2006), 국제결혼 가정뿐 아니라 외국인 근로자 가족, 난민가족, 북한이탈주민 가족 등을 포괄적으로 포함한다.

〈표 8-1〉 다문화가족지원법에 명시된 다문화가족의 정의

제2조(정의) 〈개정 2011. 4. 4., 2015. 12. 1〉 1. 다문화가족이란 다음 각 목의 어느 하나에 해당되는 가족을 말한다. 가. 「재한외국인 처우 기본법」 제2조 제3호의 결혼이민자와 「국적법」 제2조부터 제4조까지의 규정에 따라 대한민국 국적을 취득한 자로 이루어진 가족 나. 「국적법」 제3조 및 제4조에 따라 대한민국 국적을 취득한 자와 같은 법 제2조부터 제4조까지의 규정에 따라 대한민국 규정을 취득한 자로 이루어진 가족 2. "결혼이민자" 등이란 다문화가족의 구성원으로서 다음 각 목의 어느 하나에 해당하는 자를 말한다. 가. 「재한외국인 처우 기본법」 제2조 제3호의 결혼이민자 나. 「국적법」 제4조에 따라 귀화허가를 받은 자 3. "아동 · 청소년"이란 24세 이하의 사람을 말한다.

2. 다문화가족과 결혼이민자, 그리고 국제결혼

통상적으로 다문화가족에 대한 한국사회의 관점은 포괄적인 정의보다는 다문화가족지원법에서 명시한 협의적 개념에 가깝다. 즉, 국제결혼을 통해 이루어진 가족을 다문화가족으로 보는 경향이 있으며, 특히 결혼이민자와 한국인 간의 결혼만을 국제결혼으로 이해하는 경우가 많다. 이는 매우 특수한 상황으로 한국과 몇몇 나라

를 제외하고는 이민자 중 결혼이민자를 별도로 분류하는 경우는 찾아보기 어렵다(최명민 외, 2015). 결혼이민자는 국제결혼을 목적으로 이주해 온 외국인을 지칭하는 용어이며 아직까지 많은 경우 다문화가족과 결혼이민자를 동일시하여 사용하는 경우가 많다. 하지만 모든 다문화가족 내 외국 출신 배우자가 결혼이민자가 아니며, 모든 다문화가족이 국제결혼을 통해 형성된 가족이 아님을 고려하여 용어 사용에 신중해야 할 필요가 있다.[1]

3. 다문화가족 형성 배경

다문화가족 형성 배경은 학자들마다 약간 다르게 설명된다. 먼저, 일부 학자들은 국제결혼을 통한 다문화가족 형성이 크게 세 가지 단계로 구분된다고 설명하는데(설동훈 · 한건수, 2005; 윤혜미, 2009), 먼저 1990년대 중국과의 수교를 통한 중국동포여성과의 결혼, 그리고 중국 한족과 일본 등의 아시아권 여성과의 결혼, 마지막으로 2000년대 들어 필리핀, 캄보디아, 베트남 등을 중심으로 결혼중개업체를 통해 성사된 국제결혼의 급증으로 단계를 설명하였다. 하지만 일부 학자들은 국제결혼 역사의 시작을 한국전쟁 직후로 보며 전쟁 이후 주한 미군 남성과 한국인 여성 간 결혼의 증가를 언급하였다. 그리고 두 번째 단계를 1980~1990년대로 구분하여 통일교를 통한 국제결혼과 외국 근로자 유입으로 인한 국제결혼으로 구분하였으며 마지막 세 번째 단계는 1980년대 후기부터 2000년대까지 '농촌 총각 장가 보내기' 운동과 중국과의 수교 수립을 통한 중국 동포 여성과의 국제결혼 급증 등으로 설명하였다(김현미 · 김민정 · 김정선, 2008). 하지만 국제결혼과 이를 통한 다문화가족의 증가는 어떤 특정 요인으로 인해 나타난 것이 아니라 다양한 역사적, 사회적, 문화적 요인의 결합으로 나타난 현상으로 이해할 필요가 있으며(김희정, 2012) 세계화(globalization)의 산물이자 구성 요소로도 볼 수 있다.

1 예로 외국인근로자와 한국인이 결혼하여 가족을 이룰 때 외국인근로자는 결혼이민자의 정의에 포함되지 않으며, 이미 귀화한 외국 출신 구성원이 출생 시부터 한국 국적을 가진 사람과 가족을 이룰 때 이 역시 국제결혼에 해당되지 않을 수 있다.

4. 다문화가족 현황과 실태

1) 다문화가족 변화추이

한국사회의 다문화가족은 주로 국제결혼을 통해 형성되어 왔다. 앞서 언급한 것과 같이 1980~1990년대의 다양한 외국인 유입 정책으로 인해 많은 외국인들이 새로운 삶의 기회를 찾아 한국에 입국하였고 이와 동시에 국제결혼 건수 역시 증가하였다. 국제결혼 건수는 다음 〈표 8-2〉에 나타난 것과 같이 1990년대부터 2000년대 후반까지 꾸준히 증가하는 추세를 보인다. 1990년대 초반에 전체 결혼 건수 중 국제결혼은 1.2%를 차지했던 것에 비해 2005년에는 그 비중이 10배 이상인 13.5%를 기록했다. 급증하는 국제결혼 건수와 더불어 다문화가족 해체 문제, 외국인 배우자 적응 문제, 가정폭력 문제 등 다양한 사회문제가 지속적으로 대두되자 정부는 이에 대응하고자 국제결혼 관련 규제를 강화하였고 그 결과 2009년을 기준으로 국제결혼 비율이 현저히 감소하였다. 2019년을 기준으로 국제결혼은 총 결혼 건수의 9.9%를 차지하고 있다.

〈표 8-2〉 국제결혼 건수와 비율(1990~2019)

단위 : 건, %

연 도	총 결혼 건수	국제결혼		외국인 아내		외국인 남편	
		건수	비율	건수	비율	건수	비율
1990	399,312	4,710	1.2	619	0.2	4,091	1.0
:	:	:	:	:	:	:	:
2004	310,944	35,447	11.4	25,594	8.2	9,853	3.2
2005	314,304	42,356	13.5	30,719	9.8	11.637	3.7
2006	330,634	38,759	11.7	29,665	9.0	9,094	2.8
2007	343,559	37,560	10.9	28,580	8.3	8,980	2.6
2008	327,715	36,204	11.0	28,163	8.6	8,041	2.5
2009	309,759	33,300	10.8	25,142	8.1	8,158	2.6
2010	326,104	34,235	10.5	26,274	8.1	7,961	2.4
2011	329,087	29,762	9.0	22,265	6.8	7,497	2.3

2012	327,073	28,325	8.7	20,637	6.3	7,688	2.3
2013	322,807	25,963	8.0	18,307	5.7	7,656	2.4
2014	305,507	23,316	7.6	16,152	5.3	7,164	2.3
2015	302,828	21,274	7.0	14,677	4.8	6,597	2.2
2016	281,635	20,591	7.3	14,822	5.3	5,769	2.0
2017	264,455	20,835	7.9	14,869	5.6	5,966	2.3
2018	257,600	22,698	8.8	16,608	6.4	6,090	2.4
2019	239,159	23,643	9.9	17,687	7.4	5,956	2.5

출처 : 통계청 인구동태통계연보(http://kosis.nso.go.kr) 재정리.

국제결혼이 다소 감소하는 추세를 보이지만 실제 다문화가족의 규모의 변화는 지속적으로 증가하는 추세이다. 최근 행정안전부 자료에 따르면, 한국사회에 거주하는 다문화가족은 약 33만 가구로 추정되고 있으며 이는 전체 일반가구의 약 1.7%에 해당하는 수치이다. 다문화가족 구성원은 101만 명으로 집계되며 이는 한국 전체 인구의 2.0%를 차지한다(행정안전부, 2019). 다문화가족 구성원은 크게 한국인 배우자, 결혼이민자, 한국 국적을 취득한 외국 출신 배우자(귀화자), 자녀, 기타 동거인으로 구분된다. 2018년 행정안전부 자료를 기준으로 살펴볼 때, 다문화가족 구성원 약 101만 명 중 30.9%는 한국인 배우자이며 결혼이민자는 16.5%를 차지하고 귀화자는 16.5%, 자녀는 23.3%, 그리고 마지막으로 기타 동거인은 12.7%를 차지한다.

다문화가족 내 구성원 비율은 지난 10년간 변화해 왔다. 전체 외국 출신 배우자 중 결혼이민자의 비율은 점차 감소 추세를 보이는데, 2007년 그 비율이 전체의 약 60%에 달했던 것에 비해 2016년에는 50%로 감소하였다. 반면 혼인귀화자와 일반귀화자의 비율은 점차 증가하여 같은 해 약 27%였던 비율이 10년 후 50%에 다다르는 상승 추세를 보이고 있다. 이는 국제결혼 건수가 줄고 결혼이민자가 혼인 후 한국 국적을 취득함으로써 나타나는 결과로 이해할 수 있다.

또한 주목할 것은 다문화가정[2] 내 자녀 비율이 큰 폭으로 증가했다는 것이다. 2007년 44,258명이었던 자녀의 수는 2018년을 기준으로 237,506명으로 집계되어 약

2 여기서 제시한 통계는 엄격하게 국내 거주 외국인주민 자녀 현황을 가리킴. 외국인주민 자녀는 크게 귀화 및 외국국적을 가진 자녀와 국내 출생한 자녀로 구성되어 있다.

10년 사이에 그 수가 크게 증가한 것을 볼 수 있다. 이런 다문화가족 구성원의 변화는 다문화가족 지원 서비스의 대상 및 유형의 변화 필요성을 알려준다.

〈표 8-3〉 다문화가족 자녀 연령별 현황(2007~2018)

단위 : 명

연 도	연령별 현황				
	계	만 6세 이하	만 7~12세	만 13~15세	만 16~18세
2018	237,506	114,125	92,368	19,164	11,849
2017	222,455	115,085	81,826	15,753	9,791
2016	201,333	113,506	56,768	17,453	13,606
2015	197,550	116,068	61,625	12,567	7,290
2014	204,204	121,310	49,929	19,499	13,466
2013	191,328	116,696	45,156	18,395	11,081
2012	168,583	104,694	40,235	15,038	8,616
2011	151,154	93,537	37,590	12,392	7,635
2010	121,935	75,776	30,587	8,688	6,884
2009	107,689	64,040	28,922	8,082	6,645
2008	58,007	33,140	18,691	3,672	2,504
2007	44,258	26,445	14,392	2,080	1,341

출처 : 행정안전부(2019). 2018년 외국인주민현황조사.

2) 다문화가족 구성

다문화가족 구성을 살펴보면 가장 큰 비중을 차지하는 가족 형태는 부부와 자녀로 구성된 가족으로, 이는 전체 가구의 34.0%를 차지한다. 2018년 전국다문화가족 실태조사 결과에 따르면 부부로만 구성된 가족 비율은 17.0%로 부부가구 비율은 지속적으로 감소하는 추세를 보이고 있다(최윤정 외, 2019). 그 외 배우자의 혹은 본인 부모형제와 함께 거주하는 가구 비율 역시 지속적으로 감소 추세를 보이는 것으로 확인된다. 여기서 주목할 것은 본인만 있는 외국 출신 배우자 1인 가구와 본인과 자녀로만 구성된 한부모가족 비율이 증가 추세를 보이고 있다는 점이다. 이는 가족관계 어려움으로 인한 이혼 혹은 배우자 사별로 인해 혼자 거주하거나 자녀를 양육하는 가구의 비율이 점차 증가하고 있음을 보여주며, 이들이 가지는 어려움 및 욕구는 일반적인 부부와 자녀로 구성된 다문화가족과 다를 수 있음을 암시한다. 즉, 다문화가족 내에서도 다양한 가족 유형이 생겨나고 있으며 이에 따른 복지 서비스 마련 및 제공이 필요함을 알려준다.

〈표 8-4〉 다문화가족 구성 비교(2009/ 2012/ 2015/ 2018)

단위 : %

구분	부부	부부+ 자녀	부부+ 자녀+ 배우자 부모형제	부부+ 본인부모 형제	부부+ 배우자 부모형제	부부+ 자녀+ 본인부모 형제	본인	본인+ 자녀
2009	26.3	36.7	16.1	1.4	9.7	3.7	3.3	2.7
2012	26.3	48.3	6.4	3.1	2.6	2.2	5.4	3.4
2015	21.8	46.0	9.6	0.4	2.3	3.0	6.6	4.0
2018	17.0	34.0	7.7	0.3	1.4	7.7	14.4	6.8

주 : 본인은 외국 출신 배우자를 가리킴

출처 : 여성가족부. 2019, 2012, 2015, 2018 전국다문화가족실태조사 결과 재정리.

3) 다문화가족의 특성과 욕구

(1) 외국 출신 배우자의 성별

다문화가족의 욕구를 이해하기 위해서는 외국 출신 배우자의 특성을 살펴볼 필요가 있다. 먼저 성별 변화 추이를 살펴보면 |그림 8-1|에 나타난 것과 같이 국제결혼의 대다수는 여전히 외국인 여성과 한국인 남성 간의 결혼인 것으로 보인다. 2019년 기준으로 이들의 결혼이 전체 국제결혼 건수의 약 75%를 차지하는 것으로 나타났다. 하지만 이는 동시에 전체 국제결혼 건수의 약 25%가 외국인 남성-한국인 여성 간의 결혼으로 구성되어 있음을 알려준다. 즉, 적은 비율이 아님에도 불구하고 아직까지 한국사회 내 다문화가족에 대한 관심은 외국인 여성과 한국인 남성으로 이루어진 다문화가족에 치중되어 있다. 이는 다문화가족 지원 정책과 서비스에도 반영

되어 현재 다문화가족 대상 서비스의 대부분은 여성 결혼이민자와 그 가족들을 중심으로 제공되고 있다(곽윤경, 2018). 이는 외국 출신 남성 배우자들의 낮은 서비스 이용률로 나타나는데(정해숙 외, 2016), 향후 다문화가족지원센터가 다양한 유형의 다문화가족을 위한 서비스 제공기관으로 자리매김하기 위해서는 이들의 욕구와 이들 가정에 대한 기본적 이해가 필요할 것이다.

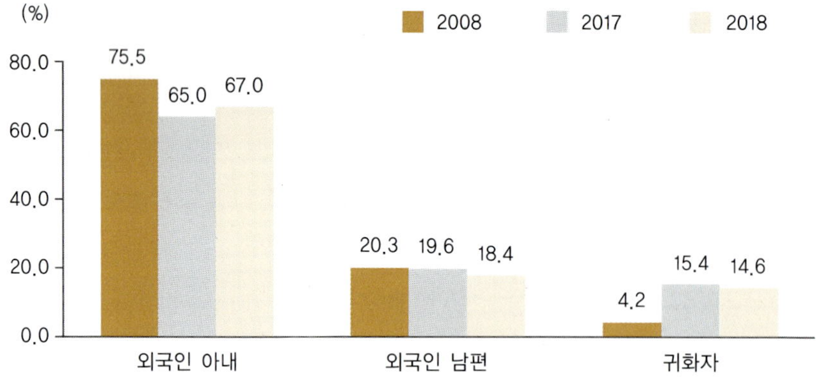

|그림 8-1| 다문화가구 혼인 유형별 비율

출처 : 통계청(2019). 2018년 다문화 인구동태 통계, p. 5.

(2) 외국 출신 배우자의 출신국가

다문화가족 배우자들의 출신국 분포를 살펴보면 먼저 남편의 경우 2018년 기준으로 한국인이 약 71%를 차지했으며 중국, 미국, 베트남 순으로 분포를 이루는 것을 볼 수 있다. 즉, 대다수의 다문화가족 남편은 한국인으로 외국 출신 아내와 결혼한 것으로 나타난다. 같은 해 아내의 출신국 분포를 살펴보면 한국인은 18.8%이며 약 81% 이상이 외국 출신으로 나타난다. 그중 베트남과 중국 출신 여성들이 각각 약 30%, 21.6% 정도를 차지하는 것을 알 수 있다. 외국 출신 남편의 경우 지난 10여 년간 출신 국가 분포가 크게 변하지 않았으나 여성의 경우 2015년까지 중국 출신 배우자가 가장 많았던 것에 비해 2016년에는 베트남 여성 비율이 중국 여성 비율을 앞질렀다. 또한 태국 출신 여성 비율이 2016년 3.3%에서 2018년 6.6%로 증가한 것을 볼 수 있다. 그 외 기타 국가 출신 여성 비율 역시 증가함을 알 수 있는데, 기타 출신 국가에는 미국, 캄보디아, 대만 등의 국가가 포함된다. 그중 캄보디아 여성의 경우 2000년대 중반에 비해 약 3배 이상의 여성이 국제결혼을 통해 한국에 입국, 거주하고 있는 것으로 보고되고 있다(통계청, 2018).

출신국가의 상이함과 분포의 변화는 이런 흐름에 대응할 수 있는 다문화가족을 위한 서비스 종류, 제공 과정 및 서비스 제공자의 문화적 역량의 필요성을 요구한다. 아직까지 국내 거주하는 많은 외국인의 출신국가 및 문화권에 대한 이해가 부족한 가운데 이들의 출신국가 및 문화적 배경에 대한 고려 없이 제공되는 서비스와 서비스 전달과정은 서비스 접근성을 감소시키고 전달과정에서의 오해를 야기할 수 있다. 따라서 다문화가족을 위한 효과적 서비스 제공을 위해서는 이들의 출신국가에 대한 이해가 선행되어야 할 것이다.

〈표 8-5〉 다문화가족 출신 국적별 혼인 추이

단위 : %

구 분		2010	2011	2012	2013	2014	2015	2016	2017	2018
남편	다문화	100.0	100.0	100.0	100.0	100.0	100.0	100.0	100.0	100.0
	한국	74.6	72.9	71.0	68.5	67.3	66.9	69.9	69.1	70.7
	외국	25.4	27.1	29.0	31.5	32.7	33.1	30.1	30.9	29.3
	중국	9.1	8.5	9.2	9.2	9.5	9.7	9.9	10.2	9.4
	미국	4.3	5.4	5.5	6.6	7.2	7.3	6.4	6.4	6.2
	베트남	0.2	0.3	0.6	1.0	1.2	1.9	2.6	2.7	2.5
	캐나다	1.1	1.5	1.7	1.8	2.0	2.1	1.8	2.0	1.7
	일본	6.0	5.6	5.4	5.1	4.8	3.6	1.8	1.4	1.3
	기타	4.7	5.9	6.4	7.8	8.0	8.5	7.6	7.0	8.1
아내	다문화	100.0	100.0	100.0	100.0	100.0	100.0	100.0	100.0	100.0
	한국	19.0	20.9	22.2	23.5	24.4	23.3	19.8	20.0	18.8
	외국	81.0	79.1	77.8	76.5	75.6	76.7	80.2	80.0	81.2
	베트남	27.6	25.2	23.2	22.6	20.9	23.1	27.9	27.7	30.0
	중국	33.1	30.3	29.9	29.0	29.5	27.9	26.9	25.0	21.6
	필리핀	5.6	6.9	7.8	6.5	4.9	4.7	4.3	4.3	4.0
	일본	3.4	3.7	4.5	4.5	5.5	4.6	3.9	3.9	4.2
	태국	1.3	1.2	1.1	1.1	1.8	2.5	3.3	4.7	6.6
	기타	10.1	11.8	11.2	12.7	12.9	14.0	13.9	14.4	14.8

출처 : 통계청(2019). 2018년 다문화 인구동태 통계 보도자료.

(3) 외국 출신 배우자의 거주기간

이민자의 욕구 및 이들이 정착 사회에서 경험하는 어려움이 거주기간에 따라 변할 수 있음을 고려할 때 이들의 거주기간에 대해 살펴볼 필요가 있다. 먼저 다음 |그림 8-2|에 나타난 것과 같이 2015년과 2018년 전국 다문화가족실태조사에 보고된 체류 기간을 살펴보면 장기적으로 거주하는 구성원의 수가 많아진 것을 알 수 있다. 전체적으로 볼 때, 10년 이상 거주자 비율이 지속적으로 증가하는 추세를 보이고 있으며, 또한 최근에 한국으로 이주한 5년 미만 구성원 비율은 상대적으로 작아 전반적인 체류기간이 장기화되고 있음을 볼 수 있다. 이는 2012년 다문화가족지원법 개정으로 인해 기타귀화자가 다문화가족 구성원으로 포함됨에 따른 결과로도 이해할 수 있으나 동시에 다문화가족 내 외국 출신 배우자가 더 이상 최근에 이주하여 언어적, 문화적 어려움을 직면하고 있는 외국인이 아닌 다른 욕구를 가지고 다른 유형의 지원이 요구되는 대상임을 알려주는 결과로도 볼 수 있다.

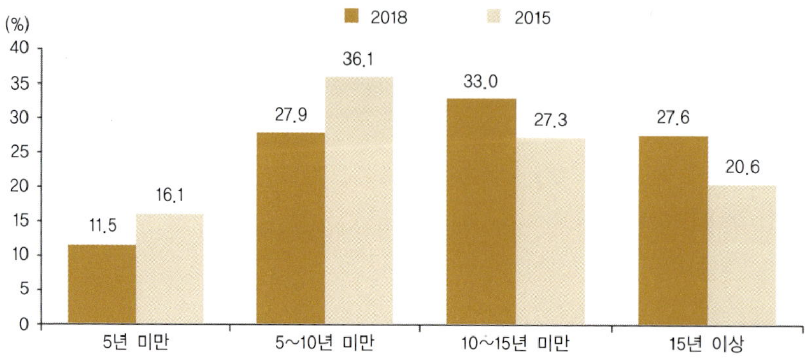

|그림 8-2| 다문화가족 외국 출신 배우자의 거주기간(2015년 vs. 2018년)

출처 : 최윤정 외(2019). 전국다문화가족실태조사, p. 115.

여성가족부(2018)에서 발표한 「제3차 다문화가족정책 기본계획 수립을 위한 연구」 결과를 토대로 살펴보면, 실제 외국출신 배우자들이 경험하는 어려움은 거주기간에 따라 상이함을 알 수 있다. 다음 |그림 8-3|에 나타났듯이 이민 초기에 속한 배우자의 경우 언어문제, 문화차이, 외로움, 기관 이용 등이 가장 큰 어려움으로 보고된 것에 반해, 10년 이상 거주한 배우자의 경우 경제적 어려움, 외로움, 자녀 양육 및 교육에 대한

어려움이 큰 것으로 나타났다. 정리하면, 증가하는 어려움은 경제적 어려움, 자녀양육 및 교육 관련 어려움, 편견과 차별, 가족 내 갈등 등이며 감소하는 어려움은 언어문제, 생활방식의 문화 차이, 공공기관 이용 등으로 요약할 수 있다(여성가족부, 2018).

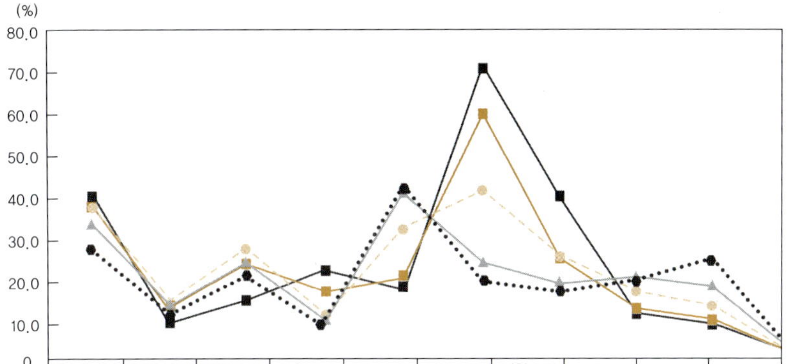

	외로움	가족 간의 갈등	자녀양육 및 교육	은행, 시군구청 등 기관 이용	경제적 어려움	언어 문제	생활방식 관습, 음식 등 문화차이	편견과 차별	어려움 없음	기타
2년 미만	39.4	7.3	13.4	21.0	16.0	71.9	39.2	9.9	7.4	0.0
2~5년 미만	36.8	10.8	21.8	15.1	18.8	59.2	23.7	11.0	7.9	0.4
5~10년 미만	36.5	12.6	26.1	9.5	30.5	40.3	24.1	15.3	11.9	0.5
10~15년 미만	32.7	11.0	23.3	7.4	40.0	21.9	17.5	18.6	17.2	0.8
15년 이상	27.0	9.7	19.8	6.9	41.1	18.0	16.3	18.1	23.5	0.9

|그림 8-3| 거주기간별 한국생활 어려움

출처 : 제3차 다문화가족 지원계획, p. 6.[3]

(4) 다문화가족 외국출신 배우자의 교육 및 경제수준

최근에 발표된 「제3차 다문화가족정책 기본계획 수립을 위한 연구」 결과를 살펴보면 중요한 정책 의제로서 다문화가족 내 외국 출신 배우자의 사회·경제적 활동 확대가 포함되어 있다. 이들의 사회 경제적 활동 확대 지원을 위해서는 먼저 이들의 교육 및 경제적 수준에 대해 파악할 필요가 있다. 먼저 2018년 전국다문화가족실태조사 결과를 토대로 이들의 교육수준을 살펴보면, 대학 졸업 이상의 학력을 가진 외국 출신 배우자의 비중은 15.6%, 고등학교 졸업인 배우자는 43.6%로 나타났으며, 무학을 포함한 초등학교 졸업 이하의 학력을 가진 배우자 역시 전체의 13.2%로 나타났다.

3 위 그림은 2015 전국다문화가족실태조사 결과를 제3차 다문화가족 지원계획에서 재정리한 결과임.

〈표 8-6〉 다문화가족 배우자의 성별, 교육 수준과 고용률(2018)

단위 : %

구 분		경제활동참가율	고용률	실업률	비경제활동인구 비율
성별	남 성	88.8	85.3	3.9	11.2
	여 성	65.5	62.5	4.6	34.5
교육 수준	초등학교 졸업 이하	70.4	67.6	4.0	29.6
	중학교 졸업	70.1	66.8	4.8	29.9
	고등학교 졸업	69.5	66.4	4.5	30.5
	대학 졸업 이상	68.0	65.1	4.3	32.0

출처 : 2018 전국다문화가족실태조사. 실태조사 내 결혼이민자, 귀화자 고용 관련 내용(pp. 218-219) 재정리.

2018년을 기준으로 조사된 다문화가족 외국 출신 배우자의 고용률은 66.4%로 이는 2015년에 비해 2.5%p 증가한 수치이다. 같은 해 우리나라 경제활동인구조사 고용률이 63.1%로 조사된 것을 비교했을 때, 다문화가족 내 외국 출신 배우자의 취업자 비율은 상대적으로 높은 것을 알 수 있다(최윤정 외, 2019). 또한 남성 배우자의 취업자 비율이 여성 배우자보다 높은 것을 알 수 있는데 이는 많은 여성 배우자들이 양육 등의 이유로 취업활동을 하고 있지 않거나 취업에 어려움을 겪고 있는 것으로 이해할 수 있다. 이들의 취업률이 지속적으로 상승세를 보이고 있고, 한국인의 취업률보다 높게 조사되고 있지만, 이를 좀 더 자세히 살펴보면 이들이 종사하는 직종이 한국인과 일부 다르며 이들의 소득수준 역시 일부 상이함을 볼 수 있다. |그림 8-4|에 보여지듯이, 일반 한국 태생 국민에 비해 많은 결혼이민자 및 귀화자들은 단순노무 직종에 종사하고 있는 것으로 나타났으며(27.9% vs. 13.0%), 그에 반해 전문가 및 관련 종사자, 관리자 등의 직종에 종사하는 외국 출신 배우자의 비율은 한국인에 비해 상대적으로 매우 저조한 것으로 보고되고 있다.

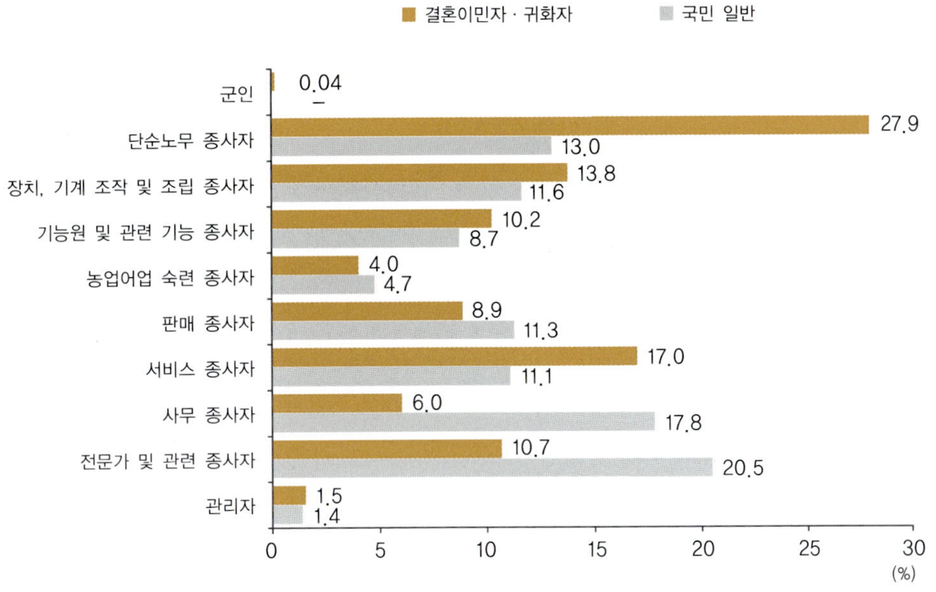

|그림 8-4| 다문화가족 외국 출신 배우자의 직종별 분포

출처 : 2018 전국다문화가족실태조사, p. 273.

비교적 높은 고용률에도 불구하고 이들이 경험하는 경제적 어려움은 지속되는 것으로 보이며 앞서 언급한 것과 같이 다문화가족이 지각하는 경제적 어려움은 지속적으로 유지되는 것으로 보고되고 있다. |그림 8-5|에서 나타나듯이 실제 다문화가족의 월평균가구소득이 200만~300만 원 구간에 속한 가족의 비율이 전체의 26.1%를 차지하고 있으며, 그 다음으로 100만~200만 원 구간에 속한 가구 비율이 22.4%로 나타나고 있다. 2018년 3분기 기준, 우리나라 전체 가구의 월평균가구소득이 389만 원임을 고려할 때(최윤정 외, 2019), 여전히 다문화가족의 경제적인 어려움은 지속되고 있는 것으로 볼 수 있다.

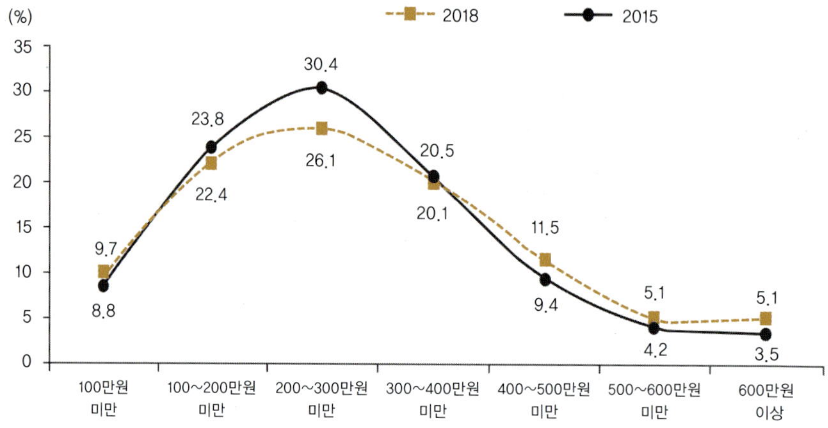

|그림 8-5| 다문화가족 월평균 가구소득

출처 : 2018 전국다문화가족실태조사, p. 55.

다문화가족의 지속적인 경제적 어려움은 여러 가지로 설명될 수 있다. 먼저, 여성 배우자의 경우 취업률이 남성에 비해 상대적으로 낮은 것은 자녀양육의 부담으로 설명될 수 있다(우수명 · 주경희 · 김희주, 2015). 많은 여성 배우자의 경우 자녀양육에 어려움을 겪고 있으며, 외부 자원 및 사회적 네트워크의 취약함으로 인해 아이를 맡기고 취업역량강화를 위한 준비 및 취업활동에 몰입하기 어려운 상황이다. 동시에 실제 배우자들의 취업 기회 역시 제한되어 있어, 이들의 한국어 능력 및 구직능력과 무관하게 취업할 수 있는 양질의 일자리가 부족한 현실이다. 이런 어려움은 거주 지역별로도 차이가 있으며 농어촌 지역보다 도시 지역에 거주하는 배우자일수록 취업 지원을 위한 네트워크가 부족하며 구직 및 취업활동 중 경험하는 사회적 차별 수준이 더 높은 것으로 나타난다(정해숙 외, 2016).

또한 여성의 경우 한국인 배우자와의 연령 차이로 인해, 한국인 배우자의 고령화가 시작되고 있는 가구가 많아 배우자의 은퇴시기와 맞물려 이들의 경제적 고충이 심화될 가능성이 있다. 다음 |그림 8-6|에서 보이듯이, 다문화가족 배우자 간의 연령 차이는 비 다문화가족 배우자 간 연령 차이보다 비교적 큰 것으로 나타난다. 다문화가족 부부에서는 남편 연상 부부가 78.2%로 가장 많았으며, 남편이 10세 이상 연상인 부부는 전체 부부 중 40.9%로 나타나 3.6%에 해당되는 비 다문화가족 부부의 비중보다 월

등히 높은 것으로 나타났다. 반대로 여성이 연상인 부부의 경우 비 다문화가족 부부의 비율이 더 높은 것으로 나타난다. 이는 다문화가족 배우자 간 연령차이로 인해 남편의 근로활동 종결시점이 상대적으로 빠를 수 있고, 이런 경우 가구의 소득을 책임져야 할 가구원이 온전히 아내로, 혹은 맞벌이 부부에서 전적으로 아내로 전가될 수 있음을 암시한다. 즉, 향후 이들의 경제적 어려움이 가중될 수 있는 가능성을 시사한다.

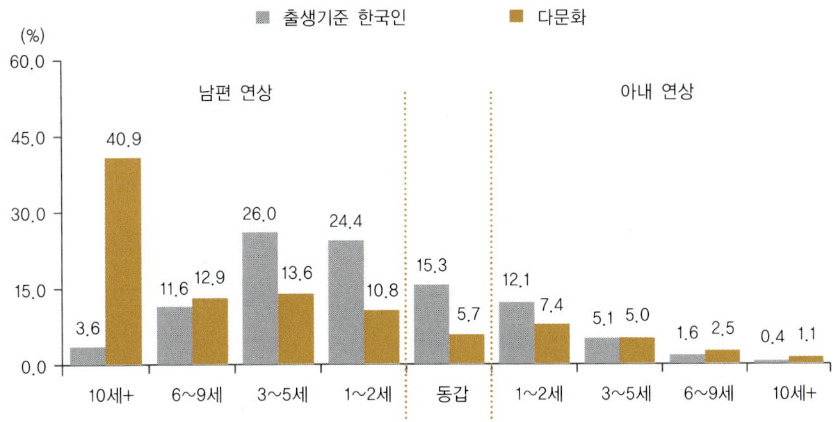

|그림 8-6| 다문화가족 부부 연령차별 비중

출처 : 2018 다문화 인구동태 통계 보도자료, p. 1.

다문화가족의 전반적인 경제적 어려움을 완화시키기 위한 방안으로는 크게 첫째, 외국 출신 배우자의 취업역량 강화, 둘째, 일 · 가정 양립지원 지원과, 셋째, 노동시장 차별 해소 정책에 대한 논의가 필요하다(여성가족부, 2018). 첫째, 이들의 취업 기회를 저해하는 장애요인으로 한국어 능력 부족으로 인한 의사소통 문제와 이들의 전문지식과 기술 부족이 언급되는 가운데(우수명 · 주경희 · 김희주, 2015), 이들의 언어 능력을 증진시키고 취업역량을 강화시킬 수 있는 다양한 서비스 및 프로그램 마련이 요구된다. 둘째, 많은 여성 배우자들이 근로와 가사 · 양육을 책임져야 하는 상황에 처해 있는 만큼 일 · 가정 양립이 가능한 보육제도 및 근로 환경 조성이 필요할 것이다. 셋째, 한국사회 내 외국인에 대한 차별이 만연하고 실제 이들이 노동시장에서 경험하는 차별경험이 많이 보고되는 만큼, 노동시장 진입에서의 차별과 진입 이후 이들이 경험할 수 있는 성차별, 인종(민족)차별 등에 대한 대응 방안 및 인식 개선을 위한 별도의 노력이 요구된다.

(5) 다문화가족 부부갈등 및 가족해체

국제결혼의 증가 이면에는 국제이혼, 혹은 다문화가족 해체의 증가 역시 존재한다. 다문화가족 부부의 이혼은 2000년대 중반을 기점으로 급증하는 현상을 보였으며, 2000년대 초반 전체 이혼의 1.3%를 차지한 것에 비해 2011년에는 전체 이혼의 12.6%를 기록하여 국제결혼 건수의 증가와 동시에 가족 해체 상황 역시 증가했다. 2018년 다문화가족 내 이혼은 총 10,254건으로 보고되며 이는 전년보다 감소한 수이며, 2011년 이후로부터 이혼율은 감소 추세를 보이고 있다. 하지만 여전히 전체 이혼에서 다문화가족 내 이혼이 차지하는 비율은 9% 언저리에 머무르고 있어 다문화가족 해체 문제는 지속적으로 주시해야 할 현상으로 보인다.

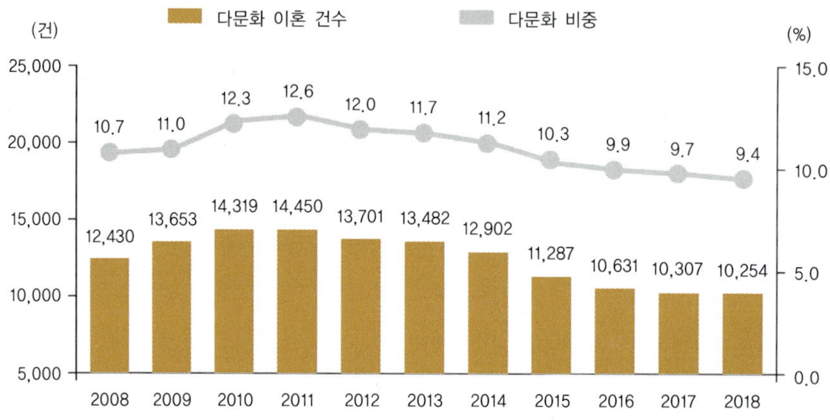

|그림 8-7| 다문화가족 이혼 건수 및 전체 이혼 중 다문화 가족 이혼 비중 추이(2008~2018)

출처 : 2018 다문화 인구동태 통계 보도자료, p. 2.

다문화가족 내 이혼 및 가족해체가 특히 문제가 되는 이유는 이들의 경제적 상황이 취약함과 더불어 많은 외국 출신 배우자들의 사회적 네트워크 및 관계가 상대적으로 매우 부족하기 때문이다(김영혜 · 김민혜, 2017). 혼인 기간 내 부부간 갈등이 발생하더라도 외국 출신 배우자들이 이에 대한 고민을 털어놓고 도움을 받을 수 있는 공식적 · 비공식적 지원체계는 절대적으로 부족한 상황이다. 가정폭력 피해여성을 위한 쉼터와 같은 자원이 매우 부족하고, 이혼 후 이들이 임시적으로 머물며 생활을 이어나갈 수 있는 주거시설 및 공동체 등의 복지시설은 전국적으로 미비한 상황이다. 즉, 다문화가족 외국 출신 배우자들의 사회적 네트워크가 취약한 것과 동시에 이들이 활용할 수 있는 자원의 부족 역시 이중 장애로 작용함을 알 수 있다.

일차적인 상담서비스를 제공하는 다누리콜센터의 2016년 상담 내역을 살펴보면, 이혼 및 가족 갈등에 대한 상담이 전체 상담 내역 중 25.3%를 차지하며 생활 관련 문의 다음으로 높은 것으로 나타났다(여성가족부, 2018). 다문화가족 부부간 갈등과 이혼에 대해 실행된 연구에 따르면, 다문화가족 부부간 갈등의 원인으로 문화적 차이, 가부장적 규범, 성역할 갈등, 자녀교육 문제, 부부간 세대차이 등이 보고되고 있다(김영혜 · 김민혜, 2017). 또한 신체적, 언어적 폭력과 같은 가정폭력과 배우자의 알코올 중독 문제 역시 이혼의 원인으로 언급되었으며, 이혼 후 이들의 삶의 고충 역시 또 다른 문제로 대두되고 있는 상황이다. 실제 다문화가족 가정폭력 현황을 살펴보면 2017년 상반기에만 검거된 가정폭력 사례는 423건으로, 이 중 57%에 해당되는 241건이 가정보호사건으로 송치되었다(여성가족부, 2018).

정리하면 다문화가족의 가족해체 현상은 지속되고 있으며, 다문화가족 부부간 갈등은 외국 출신 배우자의 거주기간이 길어질수록 심화되는 것으로 보고되고 있다(정해숙 외, 2015). 그럼에도 불구하고 여전히 이들을 위한 상담 및 심리지원, 부부상담 및 가족상담 서비스는 제한적으로 제공되고 있으며 폭력 피해를 경험한 배우자를 위한 제도 및 서비스는 매우 미비하여 실질적으로 이들이 이용할 수 있는 자원은 부족한 것으로 파악되고 있다. 또한 이혼 후 이들의 자립을 위한 지원 체계 역시 아직까지 마련되지 않아 점점 증가하고 있는 다문화 한부모가족은 여전히 사각지대에 놓여 있다. 따라서 다문화가족의 건강한 가족생활 유지 및 가족해체 예방을 위해서는 이들을 위한 지원체계 마련이 시급하며, 더 나아가 가정폭력과 같은 위기 개입을 위한 별도의 제도 마련이 요구된다.

(6) 다문화가족 자녀

앞서 언급한 것과 같이 다문화가족 자녀 수는 현재 약 20만 명으로 집계되며 증가율은 최근 몇 년간 둔화추세를 보이고 있으나 2020년 이후부터는 다시 증가추세를 보일 것으로 예측되고 있다(여성가족부, 2018). 다문화가족 자녀는 크게 한국에서 태어나 성장한 자녀, 외국에서 거주한 경험이 있는 자녀, 외국에서 주로 성장한 자녀 등으로 구분될 수 있다(정해숙 외, 2016). 외국에서 거주한 경험이 있는 자녀는 외국에서 거주한 경험이 있는 한국에 거주한 기간이 더 길었던 자녀를 지칭하고, 외국에서 성장한 자녀는 외국에서 더 오래 거주한 자녀를 가리킨다. 2018 전국다문화가족실태조사 결과에 따르면, 조사에 참여한 다문화가족 자녀 중 약 84%가 국내에서만 성장한 것으로 보고되었으며, 외국에서 주로 성장한 것으로 보이는 자녀는 전체의 약 6.8%를 차지하는 것으로 보인다. 이는 다문화가족 자녀 집단이 이질적이며 성장배경에 따라 이들이 가지는 욕구와 경험하는 어려움이 매우 상이할 수 있음을 시사한다.

〈표 8-7〉 다문화가족 자녀의 성장배경별 출생지

단위 : %(명)

구 분		국내에서만 성장	외국 거주 및 성장			전 체
				외국 거주 경험	외국에서 주로 성장	
계		83.7(79,141)	16.3(15,383)	9.4 (8,905)	6.8 (6,478)	100.0 (94,524)
연령	9~11세	49.2	28.3	32.8	22.0	45.8
	12~14세	24.3	23.0	27.9	16.3	24.0
	15~17세	16.2	17.3	16.2	18.8	16.4
	18세 이상	10.3	31.4	23.1	42.9	13.8

출처 : 2018 전국다문화가족실태조사(p. 533) 결과 재정리.

〈표 8-7〉에서 볼 수 있듯이 외국에서 주로 성장한 자녀의 경우 15세 이상 집단이 가장 많은 것을 볼 수 있다. 일반적으로 이들을 중도입국청소년이라고 지칭하는데, 이들이 이주 후 경험하는 어려움은 한국에서 태어나 성장한 다문화가족 아동·청소년과는 매우 상이하다. 이들이 가장 어려움을 겪는 부분은 언어 영역으로 한국어 구사 및 이해 수준이 낮아 이들의 한국 학교로의 진학, 학업, 진로 및 궁극적으로는 취업에서 모두 상당한 어려움을 경험하는 것으로 나타난다. 또한 중도입국자녀가 경험하는 학교 폭력 피해는 국내 성장 다문화가족 자녀에 비해 월등히 높게 나타나며, 학업 중단율 역시 다른 다문화가족 자녀와 비 다문화가족 자녀들에 비해 매우 높게 나타나 향후 이들이 건강한 사회구성원으로 기능하는 데 많은 어려움이 있을 수 있다.

한국에서 태어나고 성장한 일부 다문화가족 자녀 또한 여러 영역에서 어려움을 겪고 있는 것으로 보고되고 있다. 구체적으로 미취학아동과 초등학교 저학년 아동의 경우 언어 영역에서 발달지연 혹은 한국어 읽기, 쓰기 등의 영역에서 비 다문화가족 자녀들과 차이를 보인다는 연구결과들이 있으며(이민경·김경근, 2009), 아동·청소년기 자녀들의 경우 취학률이 학교 급이 높아질수록 감소하는 경향을 보이고 있다. 이들의 학업 중단율은 우리나라 전체 학생 대비 두 배가량 높은 것(1.17% vs. 0.87%)으로 보고되고 있으며,[4] 많은 자녀들이 학교생활 속에서 차별과 학교폭력의 대상이 되고 있는 것으로 나타나고 있다. 또한 만 15~24세 연령구간에 속해 있는 자녀의 18%가 학교에 다니지 않으며 근로도 하지 않고 있는 NEET(Not in Education, Employment, or Training) 상태인 것으로 파악되어(정해숙 외, 2016) 다문화가족 자녀의 사회적 건강과 기능이 취약해질 수 있음을 시사한다.

정리하면, 다문화가족 자녀는 성장배경에 따라 매우 다른 욕구와 특성을 가질 수 있으며, 이에 따라 보고되는 어려움 역시 다르다는 점을 고려해야 한다. 또한 외국 출신 구성원에 대한 사회적 편견으로 인해 많은 아동·청소년들이 차별과 폭력의 대상이 되는 경우도 빈번하며, 이로 인해 다문화가족 자녀들의 건강한 학교생활이 위협받는 상황이 발생하기도 한다. 차별경험이 가지는 심각한 심리·정서적 피해를

4 다문화가족 자녀 학업중단율이 비다문화가족 자녀의 학업중단율보다 다소 높은 것으로 보고되고 있으나, 이 중 일부는 유학 및 해외출국으로 인한 것으로 이해할 수 있다(교육부, 2019).

고려할 때 다문화가족 및 외국인에 대한 전반적인 사회적 인식 수준을 제고할 필요가 있다. 또한 다문화가족 자녀들이 한국사회의 구성원으로서 건강한 삶을 영위하며 살아가기 위해서는 이들의 발달주기별로 요구되는 다양한 지원 체계를 마련할 필요가 있으며, 대상별로 필요한 맞춤형 지원 계획 마련도 요구된다.

5. 다문화가족을 위한 정책 및 서비스

한국의 다문화가족 관련 지원 정책은 사실상 2000년대 중반부터 만들어지기 시작했는데, 이는 국제결혼 건수의 급증과 관계가 있다. 2000년대 이전부터 화교, 외국인 근로자, 국제결혼 가족 등이 있었음에도 불구하고 국제결혼 비율이 전체 결혼 중 10%를 상회하는 시점부터 외국인 정주민들을 위한 사회적 지원 마련에 대한 논의가 시작되었다. 그 시작은 2005년 여성가족부의 여성발전기금 재원을 활용한 결혼이민자 방문교육사업으로 볼 수 있는데, 이를 시초로 정부 예산이 결혼이민자 및 그 가정으로 적극 투입되기 시작했다(주성훈, 2010). 2006년 정부에서는 '여성 결혼이민자 가족 및 혼혈인 · 이주자 사회 통합지원방안'을 발표하였으며 이를 근거로 결혼이민자가족 지원센터를 시범운영하기 시작하였다. 2006년 한 해 21개 센터가 개소하여 지원서비스를 제공하였으며 2007년에는 17개 센터가 추가 개소하여 서비스를 제공하였다. 또한 2007년에는 재한외국인 처우 기본법이 제정되었다. 이듬해 3월에는 현재 다문화가족을 위한 모든 지원 체계의 법적 근거가 되는 다문화가족지원법이 제정되었으며, 이를 통해 결혼이민자가족 지원센터가 다문화가족지원센터로 명칭이 변경되고 사업 범위가 확대되어 전국 단위로 설립되기 시작했다. 2020년을 기준으로 현재 전국 지방자치단체에 위치한 다문화가족지원센터(통합센터 포함)는 총 228개로 이를 중심으로 다문화가족 지원서비스가 제공되고 있다.

다문화가족과 관련된 정책 및 서비스를 관할하는 정부 부처는 매우 다양하다. 예로 여성가족부에서는 다문화가족지원센터와 사업을 총괄 기획, 관리하며 그 외 국제결혼 정착 관련 지원 사업, 자녀교육 지원 사업, 가정폭력 피해여성 지원 사업 등을 총괄하고 있으며, 교육부에서는 좀 더 폭넓은 의미에서의 다문화가족 자녀를 대상으로(외국인 가족 자녀 포함) 다양한 교육지원서비스 등을 기획, 총괄하고 있다. 그 외 출입국과 법적 지위 관련 및 사회통합 지원은 법무부에서 담당하고 있으며, 노동부에서는 이들의 취업 지원을 위한 다양한 제도를 마련, 운영하고 있다(최명민 · 이기영 · 김정진 · 최현미, 2015). 또한 이들의 보건 · 의료 욕구를 충족시키기 위한 서비스틀 마련은 보건복지부에서 담당하고 있으며 출산전후 건강관리 지원 등에 대한 지원을 제공하고 있다.

부처별 정책과 사업의 중복으로 인해 부처 간 조정의 필요성이 논의되자 2009년에는 국무총리가 주관하는 다문화가족정책위원회가 설치되었으며 2010년에는 「제1차 다문화가족지원정책 기본계획(2010~2012)」이 수립되어 추진되었다. 제1차 기본계획은 총 5개 영역, 20개 중점과제와 61개의 세부과제로 구성되었으며, '열린 다문화사회로 성숙한 세계국가 구현'이라는 비전 아래 정착 지원을 중심으로 하는 언어 서비스 및 영유아 자녀 양육 지원을 위한 서비스들이 마련되었다. 이후 2013년에 「제2차 다문화가족지원정책 기본계획(2013~2017)」이 수립되었으며, 제2차 계획은 '사회발전 동력으로서의 다문화가족 역량강화'와 '다양성이 존중되는 다문화사회 구현'이라는 목적하에 총 6개 영역 내 23개 중점과제와 86개 세부과제가 발표되었다(여성가족부, 2013). 최근 들어 「제3차 다문화가족지원정책 기본계획(2018~2022)」이 수립되었다. 제3차 기본계획은 "모두가 존중받는 차별 없는 다문화 사회 구현", "다문화가족 자녀의 건강한 성장 도모", "다문화가족의 사회 · 경제적 참여 확대"라는 3대 목표 아래 5개 대과제, 17개 중과제 및 70개 소과제로 구성되어 있다. 제3차 계획의 특징은 다문화가족의 정착화라는 패러다임 아래 계획이 수립되었다는 점이며, 이전 정책과 제3차 기본계획은 다음 |그림 8-8|에 나타난 것과 같은 차이를 가진다.

기본계획에 근거하여 다문화가족에게 가장 일선에서 서비스를 제공하는 기관은 다문화가족지원센터로 볼 수 있는데, 최근 들어 다문화가족지원센터 전달체계 개편이 추진되면서 건강가정지원센터와 다문화가족지원센터의 통합 및 서비스가 진행되고 있다. 이런 서비스 전달체계의 개편은 궁극적으로 가족유형별로 이원화되어 있는 가족지원서비스를 한 곳에 집중하여 가족지원 전문기관으로 통합, 다양한 가족에 대한 보편적이고 포괄적인 서비스를 제공하는 데 그 목적을 둔다(여성가족부, 2018). 2014년부터 통합지원센터는 시범 운영되어 2020년을 기준으로 전국의 총 228

개 기관 중 196개 기관이 건강가정지원센터와 통합된 건강가정다문화가족지원 통합 서비스 제공기관의 형태로 운영 중에 있다. 2008년 설립 이후 현재까지 센터에서 제공되는 사업의 유형, 범위, 전달 체계 등은 지속적으로 변화하고 있으며 서비스 대상자 범위 역시 변화하였다. 2016년부터 대상자 범위가 결혼이민자를 포함한 다문화가족에서 외국인가족, 북한이탈주민가족 등으로 확대되었는데, 실질적으로 아직까지 다문화가족지원센터(혹은 건강가정 · 다문화가족지원 통합지원센터)를 이용하는 외국인가족, 북한이탈주민가족의 비율은 매우 낮은 것으로 보고되고 있다. 일부에서는 이런 기본계획과 별개로 현장에서 제공되는 지원 서비스들이 여전히 여성 결혼이민자들과 그들의 가족에게만 맞춰져 있다는 비판도 존재하며(김혜영, 2014), 지역사회의 특성과 잠재적 이용자들의 욕구를 반영한 서비스보다는 제공자 중심의 서비스, 즉 중앙부처에서 일괄적으로 기획되어 전달되는 서비스 중심이라는 비판 역시 존재한다(김혜미, 2013).

종합하면, 다문화가족 지원을 위한 정책은 다문화가족정책위원회를 기반으로 여성가족부, 보건복지부, 법무부, 교육부, 국토교통부, 문화체육관광부, 고용노동부, 농촌진흥청 등 다수의 부처들이 정책을 추진하고 있다. 부처 간 유사 사업의 중복은 지난 10여 년간 지속적으로 제기된 문제임에도 불구하고 여전히 해결되지 못하고 있으며, 여전히 효과적 · 효율적 정책 추진을 위한 과제로 남아 있다. 또한 서비스 전달체계의 변화가 실질적으로 다문화가족에게 어떤 영향을 미치며, 장기적으로 서비스기관의 통합이 다문화가족과 다른 유형의 가족의 기능 향상에 어떻게 도움이 되는지에 대한 부분 역시 향후 다루어져야 할 문제이자 과제로 남겨져 있다.

구 분	그간의 정책		제3차 기본계획('18~'22)
국제결혼	• 결혼이민관 파견 후 중지 • (女 현지사전교육) • (男 국제결혼안내 프로그램)	➡	• 결혼이민관 파견 추진 • 교육방식 다변화(전화, 우편 등) • 시수 확대 및 인권·상호 존중교육 추가
가정폭력 피해 이주여성 지원	• (상담소) 없음 • (보호시설) 운영. 외국인등록해야 입소 가능 • (퇴소 후) 임대주택 지원 • (자립지원금) 없음	➡	• 종합상담소(상담, 법률, 의료, 치유, 통역 등) 신규 설치 추진 • 확대추진, 외국인 등록 여부 무관하게 입소 가능 • 확대 추진 • 시설 추진
다문화 가족	• 가족관계 프로그램 운영 • 다문화가족이 직접 정책과정에 참여하는 '다문화가족 참여회의' 운영(5개 권역 대표) • 한국 국적 배우자가 있어야 근로자녀 장려금 신청	➡	• 가족관계 증진 프로그램 다양화, 사례 관리 사업 및 정착단계별 지원 패키지 확대 • 다문화가족 참여회의 지역 대표성 확대 (16개 시·도 대표) • 한국 국적 자녀를 양육하는 한부모 외국인에 대해서도 근로·자녀 장려금 지원 가능
다문화 가족 자녀	• 한국어 능력 향상, 학교생활 조기적응 지원(예비학교 확대, 기초학력 향상 지원 등) 중심	➡	• 청소년성장지원사업(자녀성장 지원 프로그램 이중언어 인재양성 사업, 글로벌 브릿지 사업 등) 중점 추진 • 성장배경이 특수한 중도입국자녀 지원 강화(레인보우스쿨 확대 및 운영 방식 다양화, 취업사관학교 운영·훈련과정 확대)
다문화 수용성	• 대상별(공무원, 경찰, 종사자 등) 중심	➡	• 일반국민 대상 찾아가는 다문화 이해 교육 활성화 및 부처 간 이해교육 협업체계 강화 • 지역사회 다문화 우수 프로그램 발굴 및 포상, 사회적 공감대 형성 프로그램 확산
정책 추진체계	• 다문화가족정책위원회를 통한 총괄·조정 기능 강화	➡	• 위원회 간(다문화가족정책위원회-외국인정책위원회) 연계 강화 • 다문화가족지원센터 내실화(처우 개선, 지역 여건별 통합 추진, 서비스 역량 제고)

|그림 8-8| 그간의 정책 vs 제3차 기본계획 비교

출처 : 여성가족부(2018).

CHAPTER 09

외국인노동자 현황과 다문화 사회복지

우리나라에 외국인노동자들이 유입된 지도 30년이 되어간다. 그동안 외국인노동자들은 한국인들이 일하기 기피하는 3D 업종에 종사하며 노동력 부족의 문제해결에 기여하였고, 나아가 한국의 경제발전에 큰 역할을 하고 있다. 그러나 한국사회는 이들을 돈을 위해 한국에 잠시 머무르는 이방인으로 간주하며 사회통합 정책의 대상에서 배제하였고, 노동현장에서 이주노동자들이 경험하는 심각한 인권침해 및 차별과 같은 사회문제에 대해서도 소극적으로 대처해 왔다. 그러나 2018년 4월 기준 전체 국내체류 외국인 중 단순기능인력 외국인노동자들이 30%를 차지하고 있기 때문에 이들을 더 이상 낯선 이방인이 아닌 한국의 다문화사회를 구성하는 주요 구성원으로 인식하고, 사회통합을 위한 사회적 노력과 제도적 지원을 마련하는 노력이 필요하다.

1. 외국인노동자의 개념

외국인노동자는 자신의 거주국을 떠나서 언어와 문화, 사회적 관습이 다른 국가로 이주하여 취업활동을 하고 있는 노동자를 의미한다. 외국인노동자와 관련된 용어나 정의는 국제협약이나 국내 관련법에 따라 조금씩 다르게 소개되고 있다. 먼저 우리나라는 법적으로는 외국인근로자라는 용어를 사용하고 있는데, 「외국인근로자의 고용 등에 관한 법률」 제1장 제2조에 의하면 외국인근로자란 "대한민국의 국적을 가지지 아니한 사람으로서 국내에 소재하고 있는 사업 또는 사업장에서 임금을 목적으로 근로를 제공하고 있거나 제공하려는 사람"으로 정의하고 있다. 이 법률에서는 공식적으로 외국인근로자를 사용하고 있지만 학계나 실천현장에서는 대부분 이주노동자 또는 외국인노동자라는 용어를 사용하고 있어 정부와 민간분야에 따라 용어가 다르게 사용되고 있음을 알 수 있다(김순양 · 이지영 · 남경선, 2008).

외국인노동자에 대한 국제사회의 관심과 보호는 제1차, 제2차 세계대전 이후부터 시작되었는데, 대표적으로 ILO(국제노동기구)는 이주노동자들의 권리보호를 목적으로 「이주노동자협약(Migrant Workers (Supplementary Provisions) Convention)」 제143호(1975)를 채택하였다. 이 협약은 제143호 제11조에서 이주노동자란 "자영업이 아닌 다른 사람에 의해 고용될 것을 목적으로 한 국가에서 다른 국가로 이주하였거나 이주한 사람"으로 정의하고 있다. 즉, 취업을 목적으로 한 국가에서 다른 국가로 이주하는 노동자라는 정의에서 국제이주노동자의 개념을 포함하고 있음을 알 수 있다(우수명 · 주경희 · 김희주, 2015).

유엔(the United Nations)은 1990년 12월 18일 UN 총회에서 「모든 이주노동자와 그 가족의 권리보호에 관한 국제협약(International Convention on the Protection of the Rights of All Migrant Workers and Members of Their families, 이하 이주노동자권리협약)」을 채택하였는데, 이 협약의 제2조 제1항에서 정의한 바에 의하면 이주노동자란 "자신의 본국(home country)이 아닌 나라에서 유급활동(remunerated activity)에 종사할 예정이거나, 종사하고 있거나, 종사해 온 사람"을 의미한다. 이 협약에 근거하여 이주노동자의 범위에 포함되기 위해서는 ① 자신의 출신국가가 아닌 다른 나라에서, ② 보수가 지급되는 유급활동에 ③ 종사할 예정이거나, 종사하고 있거나, 종사해 온 사람이어야 한다(박진완, 2010). 특히 UN의 이주노동자권리협약은 합법적인 이주노동자뿐만 아니라 불법상태에 있는 미등록 이주노동자들을 대상으로 이들의 노동현장에서의 권리를 포함하여 포괄적인 인권 보호의 내용을 포함하고 있다는 점에서 의미가 있다(채형복, 2008). 또한 이 협약의 공식명칭에서도 나타나듯이 인권보호는 이주노동자 당사자뿐만 아니라 그들 가족까지도 포함시켜 이들이 "어떠한 차별도 받지 않고 협약에서 인정되는 권리를 존중받고 보장받을 수 있도록" 명시하고 있다.

이상의 내용을 종합하여 보면, 외국인노동자란 자신의 출신국가가 아닌 다른 나라에서 임금이나 수입을 목적으로 노동을 제공하는 사람으로 정의할 수 있다. 따라서 우리나라의 외국인노동자들은 한국 국적을 가지지 않은 외국인의 신분으로 국내 산업현장에서 임금을 목적으로 노동력을 제공하고 있는 사람들임을 알 수 있다. 또한 우리나라는 이주노동자, 외국인노동자, 외국인근로자 등의 명칭을 관련 분야 및 법률에 따라 조금씩 다르게 사용하고 있음을 알 수 있다. 이 장에서는 국제협약에서 명시하고, 학계 및 실천현장에서 주로 사용하는 '외국인노동자'라는 명칭을 사용하고자 한다.

2. 외국인노동자의 유형

1) UN의 이주노동자권리협약에서의 유형

이주노동자권리협약 제2조 제2항에서는 협약의 적용대상이 되는 이주노동자를 유형에 따라 소개하고 있는데, '월경노동자(frontier worker)', '계절노동자(seasonal worker)', '선원(seafarer)', '해상시설노동자(worker on an offshore installation)', '순회노동자(itinerant worker)', '프로젝트 관련 노동자(project-tied worker)', '특별고용노동자(specified-employment worker)', '자영노동자(self-employed worker)'가 적용대상에 포함된다.

월경노동자는 상거소를 인접국에 두고 매일 또는 적어도 매주 한 번은 귀가하는 이주노동자를 의미한다. 계절노동자는 작업의 특성상 계절조건에 의존하며, 일 년이 일정 기간만 수행되는 이주노동자이다. 선원은 어부를 포함하여 자신의 국적국이 아닌 다른 국가에 등록된 선박에 고용된 이주노동자를 말한다. 해상시설노동자는 국적국이 아닌 나라의 관할에 속하는 해상시설에 고용된 이주노동자이며, 순회노동자는 어느 한 나라에 상거소를 가지고 직업의 특성상 단기간 동안 다른 나라들을 돌아다닐 필요가 있는 이주노동자를 의미한다. 프로젝트 관련 노동자는 고용주에 의해 정해진 기간 동안 그 나라에서 수행되는 특정 사업에만 근무하도록 취업국에 입국이 허가된 이주노동자이다. 특별고용노동자는 일정 기간 동안 특정 업무를 수행하도록 고용주에 의해 취업국에 파견되었거나, 전문적, 상업적, 기술적 또는 기타 고도의 특수 기능을 필요로 하는 작업에 일정 기간 동안 종사하는 사람, 또는 취업국의 고용주의 요청에 의하여 일정 기간 동안 임시적 또는 단기적 성격의 임무를 수행하는 이주노동자를 의미한다. 마지막으로 자영노동자는 고용계약에 의하지 않고 유급활동에 종사하며, 통상 혼자 또는 가족과 함께 일하여 생계를 유지하는 이주노동자와 취업국의 법률이나 양자협정에 의하여 자영취업을 인정받는 이주노동자를 말한다. 이렇듯 UN의 관련 국제협약에서 명시하는 이주노동자의 유형은 다양하고 광범위함을 알 수 있다.

2) 국내의 외국인노동자 유형

우리나라의 외국인노동자는 외국인의 출입국과 체류를 관리하는 법률인 출입국관리법에 근거하여 외국인의 체류자격에 따라 네 가지 유형으로 구분할 수 있다(설동훈, 2009; 김태희, 2014).

첫 번째 유형은 전문기술직 종사자로 교수나 외국어 강사, 엔지니어, 연구원 등의 신분으로 일을 하고 있으며, E-1~E-7 비자를 소지하고 있다. 이들은 대부분 미국이나 캐나다, 영국 등 선진국 출신들이 많고, 한국인과 동등하거나 더 나은 노동조건에서 일을 하고 있어 차별이나 인권침해 등의 문제를 거의 가지고 있지 않다. 또한 한국에서의 취업과 관련해서 제한이나 규제 없이 일을 할 수 있다.

두 번째 유형은 비전문취업(E-9) 비자를 소지한 외국인노동자들로 국내의 단순기능직종에 종사하고 있다. 비전문취업 외국인노동자들은 2004년부터 실시된 고용허가제를 통해 국내 사업주와 근로계약을 체결하고 한국에 입국하여 합법적으로 일을 하는데, 이들이 일을 할 수 있는 업종은 상시근로자 300인 미만의 제조업, 건설업, 농축산업, 연근해 어업 등이다. 즉, 한국인들이 취업을 기피하는 3D 산업, 더럽고(Dirty), 힘들고(Difficult), 위험스러운(Dangerous) 분야에서 한국인을 대신하여 부족한 노동력을 채워주며 일을 하고 있는 것이다. 이들의 중요한 역할과 기여에도 불구하고 전문기술인력과는 다르게 여러 가지 취업 관련 규제와 제한들을 적용받고 있으며, 노동현장에서 많은 차별과 인권침해 등의 문제를 경험하고 있다.

세 번째 유형은 방문취업(H-2) 비자를 소지한 외국국적동포 외국인노동자들로 저숙련 외국인노동자들이 취업할 수 있는 제조업, 건설업 외에도 서비스업에서도 취업이 가능하여 사실상 업종이나 직종의 제약이 없이 다양한 분야에서 취업이 가능하다.

마지막 유형은 관광이나 단기방문 비자를 받고 한국에 와서 불법으로 취업활동을 하고 있거나, 비전문 취업이나 방문취업 비자를 받아 외국인노동자로 한국에 입국한 후 체류기간을 초과한 후에도 본국으로 귀국하지 않고 국내에서 취업활동을 하고 있는 미등록 외국인노동자들이다. 또한 소수이지만 사업장 무단이탈로 합법적 체류자격을 상실한 채 일을 하고 있는 외국인노동자들도 마지막 유형에 포함된다.

첫 번째 유형인 전문기술직 외국인노동자들을 제외하고 나머지 유형의 외국인노동자들은 국내 취업 비자나 체류 형태에 있어서는 차이가 있으나 대부분 저개발 국가 출신으로 한국의 열악한 노동환경에서 일을 하고 있는 저숙련, 저임금 노동자라는 공통점을 가지고 있다.

3. 외국인노동자의 현황

2018년 4월 기준으로 국내에 체류 중인 외국인은 총 2,260,392명이며, 이 중 국내 취업을 목적으로 한국에 입국한 외국인노동자는 약 58만 명으로 추정된다(통계청, 2018). 이 중 일반적으로 알려진 비전문 외국인노동자의 수는 536,427명으로 전체 외국인노동자의 92%를 차지하고 있다. 비전문인력 중에서도 비전문취업(E-9) 비자를 통해 국내에 취업한 외국인노동자가 약 27만 명으로, 2012년(약 23만 명)부터 수가 꾸준히 증가하고 있다. 비전문취업 비자를 받은 외국인노동자의 수가 증가하는 이유는 이들에 대한 사증발급 비율이 꾸준히 증가하였기 때문이고, 이는 국내 관련 산업체에서 외국인노동자에 대한 수요가 증가하고 있기 때문으로 해석할 수 있다.

〈표 9-1〉 외국인노동자 체류현황(2018년 4월 기준)

단위 : 명

구 분	이주노동자		소 계
전문인력	단기취업(C-4)	1,514	46,427
	교수(E-1)	2,453	
	회화지도(E-2)	13,850	
	연구(E-3)	3,235	
	기술지도(E-4)	177	
	전문직업(E-5)	609	
	예술흥행(E-6)	3,674	
	특정활동(E-7)	20,915	
비전문인력	비전문취업(E-9)	274,165	536,427
	선원취업(E-10)	15,781	
	방문취업(H-2)	246,481	

국내취업 외국인노동자 현황을 국적별로 살펴보면 한국계 중국인을 포함한 중국인이 41.0%(238,848명)로 가장 높은 비율을 차지하고 있으며, 그 다음으로 베트남 8.2%(47,826명), 캄보디아 6.5%(37,702명), 우즈베키스탄 5.8%(33,832명), 인도네시아 5.79%(33,755명), 네팔 5.4%(31,703명)의 순으로 나타났다.

〈표 9-2〉 국적별 외국인노동자 현황

단위 : 명

국 적	계	국 적	계
중 국	238,848	스리랑카	23,697
베트남	47,826	방글라데시	10,707
캄보디아	37,702	미 국	9,584
우즈베키스탄	33,832	몽 골	6,829
인도네시아	33,755	파키스탄	3,842
네 팔	31,703	키르기즈	2,642
필리핀	29,004	캐나다	2,350
태 국	24,022	기 타	22,783
미얀마	23,728	합 계	582,854

4. 외국인노동자 관련 정책

1) 외국인노동자 유입과정과 정책의 역사

우리나라에 외국인노동자들의 유입이 급증하게 된 시기는 1990년이 이후부터였는데, 그 전까지 우리나라는 해외에 노동력을 송출하는 인력 송출국이었다. 1970년과 1980년대 급속한 경제성장은 노동임금 상승과 3D 업종의 기피 현상으로 인한 노동력 부족의 사회적 현상을 가져왔고, 1988년 서울 올림픽을 개최하면서 출입국에 대한 규제를 대폭 완화하고, 특히 저개발국가들에 경제적으로 발전된 한국을 알리는 계기가 되었다. 이는 돈을 벌기 위해 외국에 나가려는 저개발국가 노동자들에게 한국을 새로운 이주의 목적지로 떠오르게 하였다(이정환 · 이성용, 2007). 한국사회에 외국인노동자들이 공식적으로 등장하게 된 것은 1991년 해외에 투자한 국내 기업들이 현지에서 고용한 인력들을 우리나라에 입국시킨 것이 시작이었고, 1992년 중국과 수교를 맺은 후 한국에서 취업을 목적으로 입국하는 중국교포(조선족)들이 증가하면서 외국인노동자의 유입이 증가하기 시작했다. 정리하여 보면, 한국의 외국인노동자 유입은 정부의 노동시장 정책에 의한 것이 아니라 노동인력이 부족하거나 변화하는 경제 환경에 적응하지 못한 기업들, 그리고 임금경쟁력에서 뒤처진 기업들의 수요와 일자리를 찾는 외국인노동자들의 이해관계 속에서 발생한 것이라 할 수 있다(한건수, 2003).

초기에는 법적 제도 없이 외국인노동자들이 유입되었으나 정부가 1992년 10월, 외국인노동자가 산업연수생자격으로 한국에 입국하는 것을 공식적으로 인정하는 '산업연수생제도'를 도입하여 변화하는 노동시장의 환경에 제도적으로 대응하려고 하였고, 외국인노동자들은 합법적으로 한국에 입국할 수 있게 되었다. 산업연수생 제도는 개발도상국과 경제협력 도모 및 선진기술 이전을 목적으로 도입한 제도이지만 실제로는 3D 업종을 중심으로 국내 중소기업의 인력난을 해소하는 데 주요 역할을 하였다(한건수 · 설동훈, 2007). 그러나 이 제도는 외국인노동자를 노동자가 아닌 학생이나 연수생의 신분으로 받아들이는 정책이었기 때문에 산업연수생들은 실제 노동현장에서 노동활동을 하고 있음에도 불구하고 산재보험은 물론 노동권을 보장받지 못하고, 저임금, 저급노동, 고용주로부터의 비인권적인 처우를 받는 등 많은 문제들을 내포하고 있었다. 또한 제도의 관리 미흡과 폭력과 인권침해 등 열악한 노동환경을 견디지 못하고 이탈한 연수생들은 바로 '불법 체류자' 신분이 되었고, 이를 악용하는 악덕 고용주들로 인해 외국인노동자들은 인간 이하의 대우를 받고도 참아야 했다(엄한진, 2011). 1995년에는 산업연수생제도의 모순과 열악한 노동환경을 견디지 못해 사업장을 이탈한 13명의 네팔 출신 산업연수생들이 명동성당에서 연수수당 미지급, 송금약속 불이행, 한국인 관리자들의 폭행 및 폭언에 항의하면서 산업연수제도 철폐를 요구하였다. 이후 농성에 참가했던 연수생들은 모두 추방되었으나 산업재해보상 보험, 의료보험, 최저임금 적용 및 폭행금지 등 산업연수생에 대한 근로기준법 8개 조항 적용이라는 가시적인 성과를 거두었다(김정선, 2011; 엄한진, 2011).

산업연수생제도가 가지는 한계와 문제점을 보완하기 위해 정부는 2003년 8월 「외국인근로자의 고용 등에 관한 법률」을 공포하고, 2004년 8월부터 '고용허가제'를 산업연수생제도와 병행하여 시행하였다. 그러나 2007년 산업연수생제도는 고용허가제로 통합되면서 실질적으로 이 제도는 폐지되었고, 고용허가제로 일원화되었다. 고용허가제는 외국인노동자를 연수생 신분이 아닌 노동자 신분으로 일할 수 있도록 이들의 지위와 권리를 합법적으로 인정해 주는 제도이다. 고용허가제의 도입으로 인해 외국인노동자의 노동권이 보장되고, 인권보호와 사회보장이 좀 더 향상될 수 있었다.

2) 고용허가제

산업연수제제도 이후 2003년 공포된 「외국인근로자의 고용 등에 관한 법률」(이하 '외국인 고용법')은 "외국인근로자를 체계적으로 도입하고 관리함으로써 원활한 인력수급 및 국민경제의 균형 있는 발전 도모"를 목적으로 한다. 이 법률에서는 일반외국인노동자에 대해서는 고용허가제를 규정하며, 외국국적동포에 대해서는 '고용 특례 대상자'로 규정하여 관리하고 있다. 고용허가제의 대상이 되는 일반 외국인노동자는 대한민국 국적을 가지지 않은 외국인으로 비전문취업(E-9)의 체류자격을 소지하고 있다.

고용허가제는 운영과 관련해서 다음과 같은 원칙을 적용하고 있다(김순양, 2013).

첫째, 국내 노동시장 보완성의 원칙으로 내국인의 우선 고용기회를 보장하면서 외국인력을 활용하는 것이다. 이를 위해 300인 미만의 중소기업과 3D 업종을 대상으로 하고, 사업주에게는 7~14일간의 내국인 구인노력 의무를 부과하고, 외국인력 도입쿼터제를 실시하여 매년 인력수급 동향에 맞춰 외국인력의 도입규모를 결정한다.

둘째, 송출비리 방지 및 외국인력의 선정 및 도입절차 투명화이다. 구체적으로 우리나라와 송출 국가 간의 양해각서(MOU)를 체결하여, 고용노동부 고용센터와 한국산업인력공단에서 외국인근로자의 도입을 담당하게 하고 있다.

셋째, 외국인노동자의 정주화 방지 원칙으로 국내에서 취업허용기간을 최대 5년 미만으로 설정하고, 기간만료 이후 필요에 따라 재고용을 할 수 있도록 정하여 내국인 사업주는 숙련된 외국인노동자를 확보할 수 있도록 지원하면서 외국인노동자의 장기체류로 인한 정주화 문제가 발생하지 않도록 하였다.

넷째, 이주노동자와 내국인 간의 균등대우 원칙으로 외국인노동자의 불법고용을 금지하고 이들에 대한 부당한 차별대우를 방지하며 내국인과 동일한 노동법을 적용하고 있다.

3) 방문취업제

방문취업제는 2007년 3월 도입된 제도로 방문취업 비자(H-2)를 발급받은 외국국적동포를 대상으로 운영되는 특례고용허가제이다. 일반 고용허가제와 마찬가지로 국내 사업장의 사업주가 외국국적동포를 고용하기 원할 경우 우선 내국인 구인노력을 한 후 직업안정기관으로부터 특례고용가능 확인서를 발급받아 외국국적동포를 채용할 수 있다. 취업 기간의 경우 고용허가제와 마찬가지로 최장 5년간 국내에서 일을 할 수 있도록 되어 있으나 고용허가제와는 몇 가지 차이점이 있다. 첫째, 고용허가제의 경우 외국인노동자의 사업장 변경에 있어서 외국인노동자의 귀책사유가 아니어야 하고 횟수도 최대 3회로 제한되어 있는 반면, 방문취업제는 사업 변경에 대한 제한이 없다. 둘째, 취업이 가능한 사업장과 쿼터에서의 차이점이다. 고용이 허용되는 업종의 경우 제조업, 농축산업, 어업, 건설업, 서비스업으로 두 제도 모두 동일하지만, 서비스업의 경우 고용허가제는 5개 업종만 허용되는 반면, 방문취업제의 경우 29개의 서비스업종에서 고용이 허용된다. 또한 도입 쿼터도 방문취업제의 경우 업종별 쿼터의 제한이 없이 다양한 업종에서 취업이 가능하다(손윤석, 2013). 방문취업제와 고용허가제의 공통점과 차이점을 〈표 9-3〉에 정리하였다.

〈표 9-3〉 고용허가제와 방문취업제의 내용

구 분	고용허가제	방문취업제
대 상	일반 외국인노동자	외국국적동포
체류기간	4년 10월 (기본 3년 + 재고용 1년 10개월)	고용허가제와 동일함
취업허용업종	300인 미만 제조업, 건설업, 어업, 농축산업, 서비스업 5개 업종	고용허가제 업종 + 서비스업 29업종
사업장 이동	사업장 변경 제한 (외국인노동자의 귀책사유가 아닌 경우 3회까지 허용, 3개월 이내 구직요구)	제한 없음

4) 외국인노동자를 위한 사회보장제도

(1) 노동 관련법

외국인노동자를 대상으로 포함하고 있는 법과 제도는 국내 근로기준법을 포함하여 다양한 노동 관련법과 사회보험제도 그리고 기타 사회복지 관련법에서도 찾아볼 수 있다. 외국인 고용법 제22조에서는 "외국인근로자라는 이유로 부당하게 차별하여 처우하는 것은 아니 된다"고 규정하고 있으며, 이에 따라 외국인노동자에 대한 처우는 차별 금지 처우를 원칙으로 한다(김기우 · 김상호 · 오계택, 2011). 또한 근로기준법 제6조는 근로자에 대하여 국적을 이유로 근로조건에 대한 차별적 대우를 금지하고 있어, 외국인노동자에게도 국내 노동자와 동일한 근로조건과 처우를 적용해야 함을 알 수 있다. 이에 따라 외국인노동자는 근로기준법과 최저임금법상의 노동자에 대한 처우를 적용받을 수 있어 근로기준법 제50조에서 규정하는 주 40시간의 법정근로시간과 제56조의 연장 · 야간 및 휴일근로에 대하여 통상임금 50%의 가산적용의 규정을 적용받는다. 그 밖에 휴게시간(제54조), 주 1회 이상의 유급휴일(제55조), 연차 유급휴가(제60조) 등의 규정이 적용된다. 또한 외국인노동자는 근로자(선원 제외)를 사용하는 모든 사업장에 적용하는 최저임금법의 적용대상에도 포함되므로 시간당 최저임금 8,590원(2020년 기준) 이상의 임금을 지급하도록 규정하고 있다. 노동자의 근로조건 향상을 위해 헌법 제33조에서 보장하는 단결권, 단체교섭권 그리고 단체행동권의 노동3권도 외국인노동자[1]에게도 동등하게 적용하고 있다. 즉, 노동3권은 노동자가 근로조건의 개선을 위해 단체를 결성하는 권리인 '단결권', 노동자가 노동조합을 통해 사용자와 근로조건에 관하여 교섭하는 권리인 '단체교섭권', 노동자가 근로조건의 유지 및 개선을 위해 사용자에 대항하여 단체행동을 할 수 있는 권리인 '단체행동권'을 말한다(네이버 지식백과, 2018). 이에 따라 외국인노동자들도 근로조건 향상과 노동자의 권리 보장을 위해 노조를 설립하거나 가입할 수 있고, 사용자에게 단체교섭을 요구할 수 있다.

(2) 사회보험제도

사회보험이란 국민에게 발생하는 사회적 위험을 보험방식으로 대처함으로써 국민의 건강과 소득을 보장하는 제도를 말한다(사회보장기본법 제3조 제2호). 우리나라의 사회보험은 산재보험, 고용보험, 건강보험 그리고 국민연금이 있다. 고용허가제를 통해 한국에 입국한 외국인노동자는 산재보험과 건강보험은 당연 적용을 받고, 고용보험은 임의가입에 해당하고, 국민연금은 상대국에서 국민연금 제도가 없을 경우 한국에서도 적용을 제외하는 상호주의 원칙을 고수하고 있다. 각 사회보험에서 외국인노동자와 관련된 내용을 좀 더 상세히 기술하면 다음과 같다(노호장, 2015).

① 산재보험 : 노동자가 업무상 재해를 당했을 때 보상을 받을 수 있도록 제정된 산업재해보상보험법에서는 노동자를 사용하는 모든 사업장의 사용자를 강제로 사회보험에 가입시켜 보험료를 부담하게 하고, 어떤 노동자라도 업무상 재해를 당하게 되면 법령에 따라 정해진 보상을 받을 수 있도록 규정하고 있다.

1 2015년 불법체류 중인 외국인노동자에게도 노동 관련법에 규정된 근로자 지위와 노동3권을 보장해야 한다는 대법원의 첫 판결이 나오면서 미등록 외국인노동자들도 노동3권을 보장받을 수 있게 되었다(국민일보, 2015. 6. 26).

이에 따라 국내 노동시장에 참여하고 있는 모든 외국인노동자들은 산재보험의 당연 적용 대상자가 된다. 특히 산재보험은 노동평등의 원칙하에 국적이나 체류자격에 상관없이 모든 외국인노동자에게 적용되기 때문에 불법체류자라고 불리는 미등록 외국인노동자들도 산재보험의 적용대상자가 되며, 산재 시 보상을 받을 수 있다.

② 고용보험 : 고용보험은 노동자가 실업한 경우 생활에 필요한 급여를 실시하여 노동자의 생활안정과 구직 활동을 촉진하기 위해(고용보험법 제1조) 제공되는 사회보험이다. 고용보험법에서 규정하는 고용보험의 적용 대상은 노동자를 사용하는 모든 사업장(제8조)이기 때문에 적용대상을 국민으로 한정하고 있지는 않다(노호창, 2015). 그러나 동법 제10조에 적용 제외 대상을 규정하고 있고, 시행령 제3조 제2항 제1호에서 외국인노동자를 적용 제외 대상으로 구체적으로 명시하고 있다. 다만, 예외적으로 주재원이나 기업투자의 체류자격(D-7-9)을 가졌거나 재외동포(F-4)와 영주(F-5)체류 자격을 가진 외국인노동자는 고용보험에 가입할 수 있다. 미등록 외국인노동자의 경우 사업장에서 노동활동을 하고 있더라도 고용보험에 가입할 수 있는 자격이 없고, 합법적인 체류자격을 가진 외국인노동자의 경우에도 일정한 요건에 한해서만 가입할 수 있다. 다만, 산업재해를 당한 후 노동력을 상실하게 되어 해고되었지만 체류 기간이 남아 있어 실업 상태에 빠진 외국인노동자나 고용허가제의 사업장 변경제한 횟수에 걸려 체류기간이 만료되기 전 실업상태에 처한 외국인노동자의 경우 고용보험에 임의 가입할 수 있는 길을 열어두고 있다(노호창, 2015).

③ 건강보험 : 국민건강보험법에 의하면 '국내에 거주하는 국민'은 건강보험의 가입자 또는 피부양자가 되고(제5조), 외국인의 경우 동법 제109조의 외국인 등에 대한 특례 규정을 적용하여 가입이 인정된다. 외국인 등에 대한 특례 규정에 의하면 "외국 정부가 사용자인 사업장의 근로자의 건강보험에 관하여는 외국 정부와 한 합의에 따라 이를 따로 정할 수 있다"고 명시하고 있으나 제109조 제2항에서 「재외동포의 출입국과 법적 지위에 관한 법률」 제6조에 따라

국내거소신고를 한 사람이나, 출입국 관리법 제31조에 따라 외국인등록을 한 사람은 직장가입자로 가입할 수 있다고 규정하고 있다. 따라서 E-9이나 H-2비자를 통해 국내의 건강보험 가입 적용대상 사업장에서 근무하는 외국인노동자는 직장가입자로 당연히 가입할 수 있다. 그 밖에 직장가입자에 해당하지 않는 국내체류 외국인 중 "보건복지부령으로 정하는 기간 동안 국내에 거주하였거나 해당 기간 동안 국내에 지속적으로 거주할 것으로 예상할 수 있는 사유로서 보건복지부령으로 정하는 사유에 해당"하거나 "「재외동포의 출입국과 법적 지위에 관한 법률」 제6조에 따라 국내거소신고를 한 사람" 또는 "출입국관리법 제31조에 따라 외국인등록을 한 사람으로서 보건복지부령으로 정하는 체류자격이 있는 사람"은 지역가입자 자격을 취득할 수 있다. 한편 외국인등록 조건에 의하여 미등록이주노동자는 건강보험 가입의 적용에서 제외된다.

④ 국민연금 : 국민연금법 제6조에서는 국민연금 가입 대상을 국내에 거주하는 18세 이상 60세 미만인 국민[2]으로 규정하고 있기 때문에 국내 거주 외국인노동자는 원칙적으로 가입 대상에서 제외된다. 다만, 동법 제126조에서 외국인에 대한 적용을 규정하고 있는데 "이 법의 적용을 받는 사업장에 사용되고 있거나 국내에 거주하는 외국인으로서 대통령령으로 정하는 자 외의 외국인은 제6조에도 불구하고 당연히 사업장가입자 또는 지역가입자가 된다"고 명시하고 있다. 다만, 이 법에 따른 국민연금에 상응하는 연금에 관하여 그 외국인의 본국 법이 대한민국 국민에게 적용되지 않을 경우(상호주의 원칙) 적용대상에서 제외된다고 규정하고 있다. 상호주의 원칙이란 한 국가에서 한국인을 대상으로 연금제도에 의무가입을 요구하지 않을 경우 우리나라도 그 나라 국적의 외국인에게 연금 가입을 강제하지 않는다는 원칙이다(최명민 · 이기영 · 김정진 · 최현미, 2015). 또한 국민연금법 제127조에서는 "대한민국이 외국과 사회보장협정을 맺은 경우에는 이 법에도 불구하고 국민연금의 가입, 연금보험료의 납부, 급여의 수급 요건, 급여액의 산정, 급여의 지급 등에 관하여 그 사회보장협정에서 정하는 바에 따르도록" 하고 있다.

2 특수직역 연금가입자(공무원, 교직원, 군인, 별정우체국직원 등)는 국민연금 대상자에서 제외한다(제6조).

(3) 외국인노동자 전용보험

외국인노동자 전용보험은 「외국인근로자의 고용 등에 관한 법률」에 의거해서 가입해야 하는 네 가지 보험(출국만기보험, 보증보험, 귀국비용보험, 상해보험)을 말한다(한국산업인력공단, 2015). 외국인노동자 전용보험은 보험종류에 따라서 보험가입자가 비전문취업(E-9)이나 방문취업(H-2) 체류자격 외국인노동자이거나 외국인노동자를 고용한 사업주가 될 수 있다.

① 출국만기보험 : 상시근로자 1인 이상 사업장에서 외국인노동자의 퇴직금 일시지급에 대한 부담을 완화하기 위해 가입하는 보험으로 외국인노동자를 고용하는 모든 사업주는 근로계약 효력 발생일로부터 15일 이내에 가입해야 하는 보험이다. 사업주는 고용센터에서 발급하는 '외국인근로자 고용허가서'상의 통상임금의 8.3%를 매월 납부해야 한다. 외국인노동자는 1년 이상 근무 후 본국으로 출국할 경우 보험금을 신청할 수 있고, 사업주의 경우 외국인노동자가 사업장을 이탈하거나 1년 미만 근무 후 근로계약을 해지한 경우 보험금을 신청할 수 있다.

② 보증보험 : 보증보험은 외국인노동자를 고용한 사업주가 임금체불에 대비하여 고용된 외국인노동자를 위해 근로계약 효력 발생일로부터 15일 이내에 가입해야 하는 보험으로 임금채권보장법이 적용되지 않거나 상시 300인 미만의 근로자를 사용하는 사업주가 가입대상이다. 보험료는 외국인노동자 1인당 16,000원으로, 외국인노동자를 고용한 사업주의 휴·폐업이나 부도, 기타 사유로 외국인노동자가 받아야 할 임금이 체불되었는데도 이를 이행하지 않는 경우 임금체불 사실을 고용노동부 근로개선지도과에 신고한 후 임금체불확인서를 발급받아 보험료를 청구할 수 있다.

③ 귀국비용보험 : 외국인노동자가 귀국경비에 대비하여 근로계약 효력발생일부터 3개월 이내에 가입해야 하는 보험이다. 가입대상은 대한민국의 국적을 가지지

아니한 자로서 국내에 소재하고 있는 사업장에서 임금을 목적으로 근로를 제공하고 있거나 제공하고자 하는 비전문취업 및 방문취업 외국인노동자는 의무적으로 가입해야 한다.

④ 상해보험 : 외국인노동자가 업무상 재해 이외의 사망이나 질병 등에 대비하여 근로계약 효력발생일부터 15일 이내에 가입해야 하는 보험으로, 비전문취업 및 방문취업 외국인노동자는 의무적으로 가입해야 한다.

5. 외국인노동자의 복지이슈

1) 고용허가제의 한계

고용허가제의 경우 정주화 방지 원칙을 고수하고 있는 정책으로 비전문취업(E-9) 및 방문취업(H-2) 외국인노동자의 취업 기간을 3년과 1회에 한해 1년 10개월의 연장을 인정하여 최장 5년 미만을 체류기간으로 제한하고 있다. 이는 취업활동기간 연장을 제한함으로써 저임금 단순취업 외국인노동자의 장기체류로 인한 사회적 비용 증가를 방지하기 위한 것으로 해석할 수 있다(손윤석, 2013). 또한 취업활동 계약기간이 만료되면 일단 출국한 후 일정 기간이 지난 후 다시 재입국하여 국내에서 재취업이 가능하도록 규정하고 있지만 재입국을 통해 국내에서 재취업을 하기 위한 조건이 까다롭고, 재입국 후 재취업을 위해서는 계약 기간 후 출국하기 전에 사용자가 고용노동부 장관에게 재고용허가를 요청해야 외국인노동자는 출국 후 한국에 재입국하여 재취업이 가능하도록 되어 있다. 이는 재입국 취업 여부 결정권이 사용자에게 부여되어 외국인노동자의 고용종속이 심화될 우려가 있고, 이러한 요건을 모두 충족하기 어려운 외국인노동자는 사업장을 이탈하여 불법체류자가 될 수 있다는 문제점이 지적된다(손윤석, 2013).

고용허가제가 가지고 있는 또 다른 문제점은 외국인노동자의 사업장 이동을 허용하지 않고 외국인노동자의 책임으로 인한 사유가 아닌 사용자의 사유나 사업장에서 노동활동을 계속할 수 없는 상황에 한해서만 최대 3회까지 이동을 허용하고 있다는 것이다. 이는 외국인노동자의 직업선택의 자유를 제한하는 것이고, 사업장에서의 부당행위가 있어도 이동 사유 증명이 어려울 경우 외국인노동자가 어쩔 수 없이 사업장을 이탈하여 불법체류자가 될 수밖에 없는 충분한 이유가 될 수 있다. 무엇보다 사업장 변견 신청 후 3개월 이내에 구직을 해야 하는 의무조건이 부과되어 정해진 기간 내에 사업장을 구하지 못할 경우 불법체류자로 전락할 가능성이 높아진다. 따라서 외국인노동자의 사업장 변경 제한을 완화시켜 이들이 국내에 취업 후 체류하면서 일정 기간이 지나면 사업장 변경을 허용해 주는 정책의 방향이 고려되어야 한다.

2) 노동권 침해

고용허가제를 통해 한국에 입국한 이주노동자들 중 약 60% 정도가 본국에서 체결한 계약과 입국 후의 근로조건, 예를 들면 근로시간, 월급, 기숙사와 식사 제공, 작업내용 등이 상이하다고 응답하였다. 그러나 현 고용허가제도는 이주노동자의 자유로운 사업장 이동을 제한하고 있기 때문에 고용주가 근로계약을 위반하더라도 이에 대한 불이익은 온전히 이주노동자의 몫이 될 수밖에 없다.

또한 여권이나 외국인등록증은 자신의 신원을 증명할 수 있는 공적증명서로 타인이 이를 압수하거나 보관하는 것은 출입국관리법에 의해 금지되고 있으나 실제로는 이주노동의 여권을 회사나 관리자가 보관하는 경우도 많다. 이는 엄연히 이주노동자의 인권을 침해하는 문제이기 때문에 이에 대해 이주노동자가 항의할 경우 오히려 고용주가 욕설과 협박으로 대응하는 경우가 많다.

이주노동자의 노동권익(노동권 및 노동인권)은 국내법이 정하는 바에 따라서 내국인과 동등하게 보장된다. 따라서 이주노동자도 근로기준법, 최저임금법, 산업안전보건법 등의 적용을 받으며, 노동관계법에서 보장하는 노동3권(단결권, 단체교섭권, 단체행동권)[3] 등의 기본적인 노동권도 동등하게 행사할 수 있다(김순양, 2013). 또한 이주노동 내국인과 외국인 간의 차별을 법으로 금지하고 있어(외국인근로자의 고용 등에 관한 법률 제22조) 이주노동자는 내국인 노동자와 동일한 노동조건에서 동일 임금을

3 단결권은 노동자가 자신들의 노동 조건을 유지, 개선하기 위해 노동조합에 참여할 수 있는 권리이며, 단체교섭권은 노동 조건을 유지, 개선하기 위해 단체로 모여 고용주와 교섭할 수 있는 권리이다. 마지막으로 단체행동권은 노동 조건을 유지, 개선하기 위해 고용주에 대항하여 단체행동을 할 수 있는 권리이다.

받을 권리가 있다.

이렇듯 이주노동자의 노동권은 법적으로 인정받고 있음에도 불구하고, 현실에서는 내국인과 동등한 수준의 노동3권은 누리지 못하며, 한국인 노동자보다 장시간 일하고 더 낮은 임금을 받고 있다. 그 밖에 상여금의 차별적 지급, 휴게시간, 노동조건의 차별 적용을 받고 있으며 한국어가 익숙하지 않다는 이유로 고용주나 한국인 동료로부터 폭언이나 폭행을 당하기도 한다. 장시간 노동, 안전사고 등 열악한 근로환경은 이주노동자들의 육체적 피로도 가중과 건강상의 문제, 안전교육 부족, 미숙한 작업경험 등으로 인하여 한국인보다 산재사고에 노출될 확률이 더 높은 것으로 나타났다.

3) 미등록이주노동자들의 제도적 배제

이주노동자들 중에서도 미등록이주노동자들의 인권침해는 그 수준도 가장 심각할 뿐만 아니라 '불법체류' 상태라는 이유로 법적으로도 보호를 받지 못하고 있다. 그러나 이주노동자들의 '미등록'화는 자발적인 선택보다는 '체류기간 만료', '사업장 이탈', '사업장 변경횟수 초과', '구직기간 초과', '구직신청기간 초과'와 같은 고용허가제의 구조적 결함으로 인한 원인들이 더 많다. 그러나 이러한 이유들의 이면에는 위법적인 중개과정에서 발생하는 과도한 취업알선수수료의 부담, 고용주에 의한 인권침해, 임금차별, 사업장 이동의 제한과 비현실적인 구직기간 제한 등 이들이 미등록자로 한국에 체류할 수밖에 없는 구조적 요인들이 자리 잡고 있다. 미등록노동자들의 임금체불도 심각한 문제이다. 심한 경우 밀린 임금을 한 푼도 받지 못하고 쫓겨나도 자신들의 상태가 '불법적'이기 때문에 체불임금에 대한 지급요구를 적극적으로 주장하거나 항의하지 못하는 경우가 많고, 고용주들은 이들의 신분상 약점을 악용하는 경우가 빈번히 발생한다(차옥승, 2013).

미등록이주노동자는 정부의 과도한 단속으로 인해 인권을 침해당하기도 한다. 이주노동자들의 정주를 금지하는 한국정부는 한국체류 자격이 없는 이주노동자에 한해서는 단속과 추방 정책을 실시하고 있다. 그러나 매년 법무부와 경찰의 합동 검문·검색과정에서 단속반원은 신분증과 검문의 합당한 이유 등을 제시하지 않고,

동의나 허락 없이 무단으로 이주노동자의 근무지나 거주지로 진입해 이들을 단속하기도 한다. 또한 검문과정에서 알몸수색을 하기도 하고, 위법 여부가 확인되지도 않은 상황에서 수갑을 사용하며, 심한 경우 전자충격기 및 그물총을 사용하는 사례도 보고되고 있다. 또한 피해신고를 하러 갔다가 단속된다거나 어떤 사건에 대한 증언을 하다가 미등록 사실이 밝혀져 단속된 경우도 있다. 이렇듯 때와 장소를 가리지 않는 무분별한 단속으로 인해 미등록이주노동자들은 사업장에서 임금체불, 폭력 등을 당하여도 신고를 하지 못하고 참게 되는 것이다.

4) 미등록이주노동자 자녀 문제

이주노동자 자녀의 경우 부모의 낮은 소득과 열악한 주거환경, 가정 내 자녀교육지원 부족 등의 이유로 또래 아동에 비해 기초학습능력이 낮고, 외국인, 특히 비전문직 이주노동자에 대한 사회적 편견과 차별로 인해 한국사회 적응에 어려움을 경험한다. 특히 미등록이주노동자 자녀들은 부모가 '불법체류자'라는 이유로 기본적인 교육의 권리가 침해되는 등 더욱 심각한 심리 · 사회적 어려움을 겪고 있다.

우리나라는 속인주의를 택하고 있기 때문에 이주노동자가 자녀를 낳아도 한국 국적 취득이 허용되지 않는다. 따라서 많은 이주노동자 자녀들은 태어나자마자 미등록체류자로 전락하는 경우가 많다. 또한 자녀들의 부모들도 법에서 정한 계약 기간이 끝난 후에도 본국으로 돌아가지 않고 한국에 남아 미등록 신분으로 살아가기 때문에 이들 자녀는 기본적인 교육을 받을 권리조차 누리지 못하고 있다. 법적으로 미등록이주노동자의 자녀들도 초 · 중 · 고등학교까지 입학을 보장받지만 가족의 경제적 어려움과 신분노출 우려, 학교 측에서 자녀 입학을 거부하는 등의 문제로 많은 이주노동자 자녀들은 학교에 다니지 않고 있다. 학교에 다니더라도 미등록이주노동자 자녀들은 출생등록이 안 되기 때문에 주민등록증을 부여받을 수 없다. 즉, 본인을 증명할 수 있는 주민등록증이 없기 때문에 사실상 일상생활이 매우 어려워진다. 따라서 미등록 아동들의 기본적인 인권이 보장되고, 국적이나 인종에 상관없이 아동에 대한 사회적 보호가 제공될 수 있도록 출생증명서 발급 허용과 같은 제도적 개선이 이루어져야 한다.

5) 사회보장제도 이용의 배제

이주노동자는 단기순환정책에 의해 3년 정도의 기간 동안 한국에 거주하지만, 이 기간 동안에는 적절한 사회보장 정책을 지원해야 한다. 4대 사회보험의 경우 건강보험과 산재보험은 고용주가 의무적으로 가입을 해야 하지만 실제로 가입을 하지 않고 있다. 또한 이주노동자들은 사회보험의 내용, 가입주체, 가입 및 납입 여부 등에 대한 정보를 모르는 경우가 많아 보험에 가입이 되어 있어도 보험금을 수령하지 못하고, 오히려 이주노동자 본인이 전액을 부담하는 사례들도 많다. 이렇듯 국내의 사회보장제도는 이주노동자들에게도 동일하게 적용되지만 이것들이 실제로 지켜지는 경우는 거의 없어 이주노동자들의 사회보장권 옹호를 위한 지원이 필요하다. 이를 위해 입국 전 계약 단계에서 4대 보험과 이주노동자 전용 보험제도 등에 대한 구체적인 정보들을 이주노동자의 모국어로 설명하고, 계약서에 명시하여 이들에게 보장된 제도적 혜택을 누릴 수 있도록 해야 한다.

미등록이주노동자들의 경우 불법적으로 한국에 체류하고 있다는 이유로 기본적인 사회보장권조차 허용되지 않는다. 비록 이들이 법을 어기고 미등록자로 체류하고 있지만 인권적 차원에서 건강과 안전 등에 대한 기본적인 사회보장권을 보호해 주는 방안들이 필요하다.

CHAPTER 10

북한이탈주민의 현황과 다문화복지

1990년대 후반부터 같은 민족이면서 분단으로 인해 서로 단절된 채 살아온 북한 주민이 탈북 후 중국과 몽골, 캄보디아 등 제3국을 거쳐 남한에 입국하는 사례가 증가하면서 그 수가 2018년 3월 기준 약 21,000여 명을 넘어섰다(통일부, 2018). 남한에 입국하는 북한이탈주민이 증가하면서 과거보다 탈북 동기나 유형이 다양해지고 있으며, 특히 국내에 입국한 북한이탈주민 중 여성이 약 71%(21,114명)에 이를 정도로 여성입국자가 높은 비중을 차지하고 있다(통일부, 2018. 3. 기준). 남한에 입국하는 북한이탈주민들의 수가 점차 증가하고 남북통일의 가능성이 높아지면서 이들이 남한 사회에 성공적으로 적응하며 살아가도록 지원하는 것은 남한뿐만 아니라 한민족 전체적으로도 매우 중요한 일이 되었다.

하지만 국내에 입국하는 북한이탈주민이 증가하면서 이들 중 상당수는 탈북 후 남한에 입국하기까지의 과정에서 겪은 심각한 외상들로 인한 외상후 스트레스장애 증상을 보이기도 하며, 남한에 정착한 이후 심리사회적 어려움을 겪는 것으로 나타나고 있다. 북한이탈주민은 북한에서 겪은 빈곤과 죽음의 목격 등 극단적인 경험과 탈북 후 남한에 입국하기까지 중국과 캄보디아 등 제3국에 머물면서 경험한 인신매매, 강제결혼, (성)폭력 등과 같은 심각한 외상사건, 신변 안전문제 등으로 심각한 외상에 노출된 경험을 가지고 있고, 또 남한에 정착하여 생활하면서도 새롭고 낯선 사회문화적 환경을 접하면서 두려움과 걱정, 불안, 후회감을 경험한다. 또 남한에 정착하여 살면서 낮은 사회경제적 지위에 머물거나 사회문화적으로 고립되는 경험, 남한의 법제도에 대한 무지로 인한 혼란, 북에서의 나쁜 소식 등을 겪으면서 부적응하게 되는 경우도 있다. 따라서 이들의 욕구와 삶의 현실에 대한 깊은 이해를 바탕으로 남한사회에서 당당한 시민으로서 적응해 나갈 수 있도록 다각적인 지원이 이루어져야 한다. 이 장에서는 북한이탈주민의 실태와 적응을 돕기 위해 알아야 할 이슈들, 관련 정책 및 서비스 현황, 사회복지실천현장에서 북한이탈주민의 적응과 삶의 질 향상을 돕기 위해 사회복지사들이 알아야 할 사항들을 학습한다.

1. 북한이탈주민의 개념과 실태

1) 북한이탈주민의 개념

탈북주민의 남한 입국이 지속되면서 한동안 북한이탈주민이라는 표현과 함께 언론과 사회단체에서는 역사적으로 귀순자, 귀순용사, 새터민, 탈북자, 탈북민이라는 용어를 사용하기도 하였다. 그러나 1997년 「북한이탈주민의 보호 및 정착지원에 관한 법률(북한이탈주민법)」을 제정하면서 북한이탈주민의 남한사회 적응을 돕기 위한 취지에서 '귀순'의 개념을 '북한이탈'로 대체하여 사용하고 있으며(최 유, 2014), 남한에 입국한 북한주민을 북한이탈주민으로 명명하고 있다.

이러한 북한이탈주민은 사전적 용어로는 단순히 '북한을 탈출한 북한주민'으로 정의된다(다음백과사전, 2018. 4. 17). 하지만 북한이탈주민법 제2조 제1호에서 정의하고 있는 북한이탈주민은 "군사분계선 이북지역(이하 "북한"이라 한다)에 주소, 직계가족, 배우자, 직장 등을 두고 있는 사람으로서 북한을 벗어난 후 외국 국적을 취득하지 아니한 사람"을 뜻한다. 이것은 북한이탈주민이 북한이라는 지역적 요소와 연결되어야 하며, "외국 국적을 취득한 적이 없는" 주민이어야 함을 의미한다. 바꾸어 말하면, 탈북하여 남한에 입국하기까지 제3국에 머무는 동안은 같은 한민족이라 할지라도 북한이탈주민으로 인정되지 못하여 재외국민으로서 보호받지 못하며, 제3국에서 출생한 북한이탈주민의 자녀도 북한이라는 지역적 요소를 가지고 있지 않기 때문에 북한이탈주민의 범주에 포함되지 못한다(최 유, 2014). 이런 이유로 북한이탈주민이 한국국민이라는 점에서 당연히 국민으로서의 기본권을 가지고, 북한이탈주민법에 따라 대한민국의 보호를 받으려는 의사를 표시한 북한이탈주민에게 보호, 교육, 취업, 주거, 의료, 생활보호 등을 지원하고 있지만, 일부는 배제되어 있어 법과 제도의 사각지대에 놓여 있을 수 있다. 여기서는 북한이탈주민의 삶의 경험을 알아보기 전에, 먼저 북한이탈주민의 현황을 살펴보고 사회복지실천이 필요한 영역과 과제를 살펴보도록 한다.

2) 북한이탈주민의 실태

1990년대부터 남한에 입국하기 시작한 북한이탈주민은 2001년도 이후 급격히 증가하기 시작하였으며, 2009년에는 총 2,914명이 입국하였다. 이후 남한에 입국하는 북한이탈주민은 감소하여 2019년에는 1,047명이 입국하였다. 즉, 지난 10년간 입국자가 약 60% 이상 감소한 것이다. 하지만 성별에서는 2007년도에 북한이탈주민 중 여성 비율이 78%였던 것이 2018년에는 약 85%에 이를 정도로 더 증가한 것을 확인할 수 있다(통일부, 2020).

〈표 10-1〉 북한이탈주민 입국 현황(2007~2020년 3월 입국자 기준)

단위 : 명

구 분	2007	2008	2009	2010	2015	2016	2017	2018	2019	2020. 3.(잠정)	합계
남	573	608	662	591	251	302	188	168	202	39	9,402
여	1,981	2,195	2,252	1,811	1,024	1,116	939	969	845	96	24,256
합 계	2,554	2,803	2,914	2,402	1,275	1,418	1,127	1,137	1,047	135	33,658
여성비율	78%	78%	77%	75%	80%	79%	83%	85%	80.7%	71.1%	72.1%

출처 : 통일부(2020).

매년 북한이탈주민지원재단에서는 북한이탈주민 실태조사를 실시하여 각종 지원 정책 및 사업을 수립하는 데 필요한 기초자료를 생산하고 있다. 2019년도에 3,000명을 대상으로 표본조사를 한 결과 중 탈북 동기를 보면, '식량이 부족해서'가 23.5%로 가장 높게 나타나고 그 다음 '북한 체제의 감시와 통제가 심해서'가 21.5%로 나타난다. 또 '가족에게 더 나은 생활환경을 주려고'가 11.1%로 나타나 경제적 이유와 가족이 주된 동기임을 알 수 있다.

〈표 10-2〉 북한이탈주민 탈북 동기(1순위)

단위 : %

사례수	북한 체제의 감시, 통제가 심해서 (자유를 찾아서)	돈을 더 많이 벌고 싶어서	식량이 부족해서	가족(자녀 등)에게 더 나은 생활 환경을 주려고	신변의 위협을 느껴서	먼저 탈북한 가족을 찾거나 함께 살기 위해	먼저 탈북한 사람(가족 제외)이 권유해서	북한에 함께 있던 가족을 찾아서	주변 사람(가족 제외)의 권유로	기타
남	26.1	6.1	13.9	7.9	11.0	13.9	4.8	12.8	1.1	2.3
여	19.9	11.2	26.6	12.1	5.4	8.9	4.0	6.1	3.3	2.3
계	21.5	9.9	23.5	11.1	6.8	10.1	4.2	7.8	2.3	2.3

출처 : 북한이탈주민지원재단(2019).

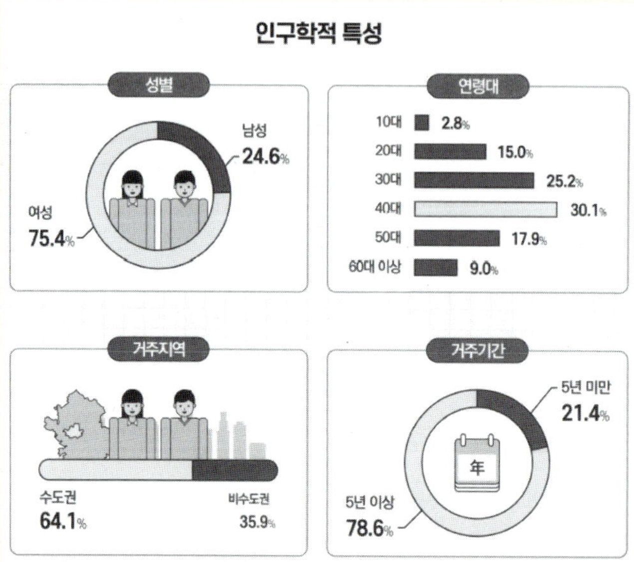

북한이탈주민의 정착실태 조사결과(2019)를 통해 나타난 인구학적 실태를 보면, 성별에서는 여성이 75.4%이며 연령대에는 40대가 30.1%, 30대가 25.2%로 많은 비중을 차지하고 있다. 이들이 거주하는 지역은 주로 수도권이며, 거주기간은 5년 이상이 78.6%로 나타난다. 남한에 정착해 생활하는 북한이탈주민의 경제활동 참가율은 2019년 기준 62.1%로 남한주민보다 낮으며, 고용률은 58.2%로 낮고 실업률은 6.3%로 높은 편이다. 또 직업유형을 보면, 단순 노무종사자가 경제활동인구의 약 1/4 정도이고 서비스 종사자가 19.6% 등 저임금 직종에 근로하는 경우가 많은 실정이다(남북하나재단, 2019).

출처 : 북한이탈주민지원재단(2019).

2. 북한이탈주민이 겪는 어려움[1]

1) 외상후 스트레스장애로 인한 부정적 정서들

(1) 북한이탈주민들이 겪을 수 있는 외상들

외상후 스트레스장애(PTSD : Post-Traumatic Stress Disorder)란 생명을 위협할 정도의 심각한 사건을 겪은 뒤 나타나는 불안감, 우울증, 불면증 등 심각한 트라우마(trauma)가 나타나는 증상을 의미한다(다음백과사전, 2020. 7. 22). 이러한 외상들은 대부분 갑작스럽게 일어나며 경험하는 사람에게 심한 고통을 주고 일반적인 스트레스 대응 능력을 압도한다.

북한이탈주민 중 상당수는 남한에 입국한 이후 외상후 스트레스 장애로 고통을 겪는 것으로 보고되고 있다. 북한이탈주민들은 북한에서 생활하는 동안이나 탈북 후 제3국에 거주하는 동안, 그리고 남한에서 생활하면서 외상을 겪을 수 있다.

〈표 10-3〉 재북 당시부터 경험하는 외상 사건들

이주단계별 외상경험		
탈출 전	탈북 과정	남한 정착
경제적 어려움	체포에 대한 두려움	낮은 사회경제적 상태
영양 결핍	신분의 불안정	사회문화적 고립
의약품의 부족	신체적, 성적 학대	법률지식의 부족
가족과의 이별	가족과의 이별	북에서의 나쁜 소식
발각에 대한 공포	영양 결핍	
총살형의 목격	교육기회의 박탈	

출처 : 김병창(2010).

1 이 부분은 성정현(2014; 2016)의 연구자료를 일부 요약하였음.

외상후 스트레스장애를 유발할 수 있는 외상사건은 탈북 전부터 남한 입국까지의 과정에서 유사하게 나타나지만, PTSD 유병률에서는 다소 차이를 보이고 있다.[2] 이것은 우선 하나원에서 거주하는 대상자와 지역사회에서 거주하는 대상자 간 차이와 표집방법의 문제, 그리고 조사에 활용된 정신건강척도의 문제 등에 기인한다(조영아 외, 2005).

그러나 이들 중 상당수는 남한에 입국하여서도 정서적으로나 사회경제적 활동 등에서 심각한 어려움에 봉착하고 있고 이에 대한 전문적 도움을 필요로 한다는 점에는 일관된 결과를 보이고 있다. 즉, 죽음과 맞닥뜨리는 어려움은 아니라 할지라도 그와 같은 경험을 간직한 채 남한에서 생활하면서 언어와 문화의 차이뿐만 아니라 경제적 어려움, 그리고 차별과 몰이해, 비인격적인 대우 등과 같은 부정적 경험에 직면하기도 하는 것이다. 이런 경험은 다시 이들의 삶의 질에 부정적 영향을 미침으로써 기존의 장애에도 영향을 미치고 있다. 그러나 연구결과 간 차이가 있기는 하지만, 일부 대상자는 개선됨으로써 국내 입국 후 제반 요인에 따라 PTSD가 개선될 수 있음을 시사하고 있기도 하다. 이는 남한에서의 경험이 PTSD의 중재 혹은 매개요인으로 작용하고 있음을 의미하는 것이며, 나아가 북한이탈여성의 PTSD 개선을 통해 삶의 질 개선에 기여할 수 있는 방안을 모색할 수 있음을 시사하는 것이다. 이를 위해서는 무엇보다 북한이탈주민의 외상경험과 남한에서의 경험을 탐색하는 것이 선행되어야 한다.

(2) 외상후 스트레스장애 증상

외상후 스트레스장애를 겪는 북한이탈주민은 악몽이나 끔찍한 사건에 대한 회상이나 혼란스러운 기억을 통해 그 사건을 다시 경험하거나 과각성, 회피 등의 증상 때문에 남한에서 생활하면서 심리사회적인 부적응을 겪는다. 외상후 스트레스장애

2 1990년도 이후 남한으로 입국하여 정부의 보호관리 과정이 끝난 18세 이상의 북한이탈주민 150명을 대상으로 조사한 서주연(2006)의 연구에서는 약 45.1%가 외상후 스트레스장애 위험군으로 나타났다. 국경없는의사회(2005)의 연간보고서에서는 지역사회에 정착한 이후 37.6%가 심리적 어려움을 경험하고 있고 그중 18.2%는 외상후 스트레스장애를, 그리고 18.8%는 불안장애, 22.2%는 우울증을 가지고 있는 것으로 나타났다(김병창, 2010 재인용). 마지막으로, 김연희 등(2010)이 2007년도 입국자 584명을 전화면접한 결과, 약 5.2%(26명)가 PTSD로 진단되었으며, 약 6.6%(33명)가 partial PTSD로 진단되었고, 약 48.4%(242명)는 불안과 우울을 가지고 있는 것으로 나타났다. 그리고 모든 PTSD에서 여성의 유병률이 높았고, 연령이 높아질수록 우울과 불안 정도가 높았다.

로서 재경험(reexperience)은 외상 당시의 장면이나 두려움을 반복적으로 다시 경험하는 것으로, 사소한 자극이나 단서를 통해 당시의 상황으로 현실을 치환하거나 혹은 외상과 관련된 침투사고와 부정적 감정과 생각을 지속적으로 반복해서 경험하는 것이다. 이것은 대인관계의 외상경험이 있을 때 더욱 심각한 경향을 보이지만(박철옥 · 안현의, 2009), 분명한 원인이 없는 상태에서 나타나기도 한다.

어떤 꿈 꾸냐면, 나는 북한 가게 되서 경찰이 잡아가게 되는 그런 꿈 꾸거든요. 너무 편안해서 그런 것 같아, 요즘 우리 아들을 잃어버려서 아들 찾느라 계속 헤맨단 말예요. 깨면 막 서글프고 맘이 안 좋은지(사례 1).

꿈에서도 그 생각 해요. 나는 잡히면 총살감이다, 나는 한국에서 살았기 때문에 무조건 총살감이다. 거기서 헤어 나오려고 몸부림치죠, 꿈에서 자꾸 항상 그런 공포하고 그런 속에서 살았으니까(사례 2).

과각성(physiological hyperarousal)은 재난 당시를 연상할 만한 단서에 민감해지고 주변의 모든 감각적 자료에 지나치게 경계하는 생리적 현상을 일으키는 것으로, 수면장애나 과민반응, 외상적 사건을 상기시키는 것에 대한 지나친 경계나 각성 등의 특징을 갖는 것을 말한다.

감옥에서 이렇게 극단적으로 이런 걸 너무 많이 해서 그런 걸 좀 불안해해요. 혼자 하는 거는. 혼자서 이렇게 단둘이 하면 북한에서 잡혀가면 혼자 이렇게 여럿 가둬놓고 혼자 하는 게 많아요. 독방도 무섭고 이래서 이런 건 좀 꺼려해요. 단둘이 이런 건. 그런 데에 대한 공포심이 너무 많아요. 그래서 혼자 한다면 다 싫어해요(사례 3).

회피(avoidance)는 이러한 단서와 세상으로부터 자기를 보호하려는 심리적 기전으로, 모든 위험한 자극을 피하려고 하는 것을 의미한다. 이것은 외상적 사건을 생각나게 하는 것을 피하려고 하는 것뿐만 아니라 중요한 활동에 대한 흥미상실, 사회적 고립, 위축, 정서적 반응의 둔화 등과 같은 특징을 보인다(임목옥, 2006; 최남희,

2006). 이러한 회피는 주로 대인관계적 외상경험이 있거나 여성 경우에 더욱 심각하게 나타나기 때문에, 한편으로는 용서와 함께 PTSD 증상을 예측하는 강력한 요인이 된다(박철옥 · 안현의, 2009). 이 외에 우울증과 그로 인한 비관적인 전망, 폭력, 자살 행동의 가능성 또한 외상 경험의 흔한 반응 중 하나이다(백혜정 외, 2007; 김연희 외, 2010 재인용).

집에 있으면 애가 타서 자살해 죽을라고 15층도 몇 번 올라가 보고 약을 먹을라 하다가 애를 딱 보면, 야 내가 이거 놓고 죽으면 애가 어떻게 되나, 나도 4살 때 혼자였거든요. 얘가 어떻게 되나. 내 어릴 적처럼 당하겠지. 내 아, 죽은 아를 생각해서라도 얘를 버리면 안 되겠구나. 자살하려고 몇 번 시도해도 애를 보고 참고 애를 보고 참고 이럴 때가 많아요(사례 4).

이와 같이 북한이탈주민이 경험한 외상사건은 정신건강에 매우 부정적인 영향을 미친다. 생명을 위협할 정도의 신체적 손상과 신체화 장애 혹은 정신신체장애 등을 보임으로써 병원을 전전하는 양상을 나타내거나(김병창, 2010), 심한 불안, 초조감, 사회적 위축감을 초래한다(전우택 외, 2003).

그러나 북한이탈주민의 이런 증상은 남한 거주기간에 따라 달라질 수 있고, 또 취업 여부나 좋지 않은 건강 등의 영향을 받는다. 남한에 입국하기까지 심각한 외상을 겪어 외상후 스트레스장애를 겪고 있다 해도 생활과정에서 회복되거나 완화될 수 있고 또 시간의 경과, 거주지, 성별, 연령, 직업 유무, 건강, 사회적 교류 등 여러 가지 요인으로 인해 긍정적 영향을 받을 수 있다(홍창영 2004; 조영아 외, 2005; 서주연, 2006; 김재엽 외, 2012). 그러므로 북한이탈주민의 삶의 질을 높이기 위해서는 외상후 스트레스장애를 완화시킬 수 있는 긍정적인 요인을 찾아내고, 심리사회적 차원의 예방적 접근에 관심을 두어야 한다.

(3) 지역사회적응의 심리정서적 어려움

① 분노와 후회

북한이탈주민은 중국 등 제3국에서 생활하면서 일부는 가정을 이루기도 한다. 하지만 자녀를 낳고 살면서도 신분 불안의 문제를 해결할 수 없고 또 발각되면 다시 북한으로 보내져 고초를 겪어야 하기 때문에 신분 안전을 위해 남한에 입국한다. 또 다양한 경로를 통해 외부 정보를 접촉하고 남한사회에 대한 기대감 때문에 탈북 후 남한입국을 결심한다. 자녀교육 또한 남한에 입국하게 된 동기로 작용하고 있다. 탈북 후 타문화를 접하면서 고달픈 삶을 살았지만, 자녀만큼은 제대로 된 교육을 받고 부모와는 다른 삶의 살도록 하고 싶은 마음에 남한행을 결심하는 것이다.

하지만 남한입국 후 하나원에서 기초교육을 수료한 후 지역사회에 정착하면서부터 북한이탈주민이 가지고 있었던 기대와 현실이 부합하지 않고, 또 자본주의 사회에서 살아남기 위해서는 스스로 경제활동을 해야만 한다는 사실을 인식하면서 절망과 후회를 경험하기도 한다. 특히 북한이탈주민에 대한 남한주민의 부정적 인식과 몰이해, 차별을 경험할 때는 분노감과 후회감 등 심리적 어려움을 경험한다.

② 외로움과 무희망

북한이탈주민들은 홀로 살아야 하는 현실과 하소연할 대상이 전혀 없는 데서 오는 외로움 때문에 힘들어한다. 북한에서 겪은 굶주림과 제3국에서의 신분불안과 두려움에서는 벗어나지만, 남한에서 생활하면서는 상대적 빈곤과 박탈감을 겪는다.

문제는 이러한 심리사회적 어려움이 중첩되고 가중되는 데 그치지 않으며, 앞으로 나아질 희망이 없다는 느낌을 받는다는 점이다. 이러한 무희망은 한국행이 최종의 선택이었기 때문에 더 이상의 대안이 없다는 현실 인식과 탈빈곤의 어려움, 그리고 한부모로서 자녀를 키워내야 하는 현실 등에서 기인한다. 특히 좋지 않은 건강 때문에 일을 하지 못하거나 사회적 인식과 차별을 경험할 때 심화될 수 있다(성정현, 2016).

2) 언어와 소통의 어려움

북한이탈주민이 사회경제적 활동을 하면서 가장 힘들어하는 문제 중 하나는 언어와 소통의 어려움이다. 남한에 입국하기 전까지는 남북한이 동일한 언어를 사용하는 민족이므로 언어문제가 생길 것이라고는 전혀 예측하지 못했다. 그러나 실제 남한에서 생활하면서는 언어와 억양의 차이가 크고, 또 알아들을 수 없는 단어들과 외래어 때문에 마치 북한이탈주민이 이방인이 된 것 같은 경험을 한다.

북한이탈주민들이 경험하는 언어문제는 구직과 고용유지에 영향을 미칠 정도로 심각하다. 사무직에 취업해도 생활 깊숙이 침투해 있는 외래어를 잘 이해하지 못해 외부 전화를 받지 못한다거나 위축되며, 특히 새로운 사람들을 만나거나 사회적 관계를 형성하는 데도 지장을 받는다. 특히 여성들은 서비스직에 취업하는 경우가 많은데, 구직 면접이나 직무에서 언어문제를 지적당하게 되면 구직을 포기해버리기도 한다.

> 근데, 우리 말하는 거는 어떻게 알아듣는지… 전라도세요 하는 사람은 없고 교포세요 하는 사람… 말하는 투를 보고 한국사람이라고 하는 사람은 없어요, 교포라 하지… 제가 지금 아직까지 여기 앉아 전화를 못 받고 있어요… 또 외래어 많이 쓰다 보니까… 색상 같은 거 있잖아요, 뭐 오렌지 같은 거 어떤 색상인거 알고, 화이트 블랙 이딴 건 다 알아요. 근데 가만 보면, 우리는 뭐… 북한에선 밤색… 뭐 이렇게 부르는데 여기는 뭐, 무슨…(브라운)… 네, 뭐 그런 색깔로 불러버리니까… 장롱 같은 거 어떤 색상이세요 하면 무슨 색상이다 하는데 그걸 알아 못 듣는 거예요. 자꾸 인식이라는 게… 우리 인식이 이 색상은 뭐 밤색, 뭐 자주색 요런 거는 알아듣지만은 외래어 색상은… 그걸 알아 못 듣는 거예요(사례 5).

언어와 억양 외에, 본인의 의사를 글로 표현하거나 정서적으로 표현하는 데서도 차이를 경험한다. 그리고 이런 어려움이 반복되면서, 북한에서 사무직에 종사했던 고학력의 북한이탈주민들도 직업의 하향화를 경험한다.

정서적 표현상의 오해도 적응을 어렵게 하는 요인이 된다. 예를 들어, 북한이탈주민들은 남한주민들보다 감정표현이 솔직하고 직설적인 편으로 알려져 있는데, 이것은 이념체제와 관련이 있다. 즉, 남한은 상대방의 감정을 고려하고 간접적으로 감정을 표현하도록 교육받는 반면, 북한은 주입식의 강압적 교육과 상호비판적 태도를 갖도록 하는 문화 때문에 상대방에게 직접적이고 직설적으로 감정을 표현하는 차이가 있는 것이다(성정현, 2016).

> 나도 처음에는 직설적이었는데 지금은 이제는 터득했어. 우리는 싫으면 싫다고 말하고, 아니면 아니고… 환경적인 지배도 있지. 왜, 여기 사람들은 살아남기 위해서 여기 사람들… 상대를 막 맞추잖아요. 이 사회에서도 또 살아남기 위해서 그렇지만… 우리 북한에서는 진짜 주입식으로, 주관식으로 강압적인 교육이 딱 받아서… 받고 자랐으니까, 좀 싫으면 싫다고 표현을 해요. 비판하는 게 이젠 익숙해져서 누구한테 이 사람이 직설적인 걸 별로 거부감이 없어요. 그런데 한국사람들은 아니잖아요(사례 6).

이러한 언어와 소통의 차이가 현격한 상황에서 남북한 주민 간 상호 이해가 부족하게 되면, 상호 이해의 노력보다 소수자인 북한이탈주민에 대한 몰이해와 부정적 인식, 고정관념, 차별로 이어질 수 있고 북한이탈주민의 적응에도 부정적인 영향을 미칠 수 있다. 그러므로 남한입국의 초기에 언어와 소통, 글쓰기 등에 대한 이해 교육이 충분히 이루어져야 한다.

3) 부정적 인식과 차별 및 사회적 참여의 어려움

오랫동안 남북한주민은 한민족으로서 역사를 공유하고 있고 또 아직 남한사람들의 조부모 가족 중 일부는 북한에 거주하고 있어 남북한 가족 상봉이 이루어지고 있기 때문에 분단으로 인해 생활양식과 문화에 다소 차이가 있다 할지라도 같은 민족이라는 인식을 가지고 있다. 그러나 정작 북한이탈주민이 남한에 정착하여 생활하면서 사상과 인식의 차이뿐만 아니라, 언어와 생활양식, 문화 면에서 서로 생소할 정도로 큰 차이가 있음이 확인되고 있다. 그리고 이러한 차이는 남북한 주민 간 사회적·경제적 현실의 격차가 커질수록 더 뚜렷해지는 경향으로 나타나고 있다.

북한이탈주민은 형식적으로는 우리 국민으로서의 법적 지위와 대우를 받지만, 실제적으로는 차별화 혹은 타자화되는 경험을 하고 있다. 북한이탈주민은 반세기가 넘는 분단으로 인해 형성된 사회문화적 이질감과 언어 및 생활습관의 차이로 인해 힘들어하며, 이방인이라는 낙인감과 따가운 시선 때문에 정체성의 혼란을 겪기도 한다(박채순, 2011 : 63-64).

한국갤럽 조사결과, 북한이탈주민은 자신들이 기대했던 한민족이라는 동질감보다 한국인들이 북한이탈주민에 대한 거리감을 많이 느끼고 있으며, 이들보다 중국동포를 더 가깝게 느낀다고 생각하고 있는 것으로 나타났다. 남북하나재단의 조사결과(2014)에서도 북한이탈주민들이 지난 1년간 차별과 무시를 경험하였다고 느끼는 것으로 나타났다. 그리고 그 이유로 북한이탈주민은 자신들의 말투와 생활방식, 태도 등 문화적 소통방식이 다른 점(68.6%)과 남한사람들의 북한이탈주민의 존재에 대한 부정적 인식(42.6%), 전문적 지식과 기술 등에 있어 남한사람들에 비해 능력이 부족함(19.2%)을 들었다. 즉, 북한이탈주민은 발음과 억양, 말투와 언어의 차이로 탈북자임이 드러날 때 자신들을 동포라는 인식보다는 '오지 말았어야 할 사람'으로 한계 짓고, 사회적 활동에서도 배제함으로써 일자리나 임금, 대우 면에서 차별과 냉대, 불인정을 경험하는 것으로 인식하고 있다(성정현, 2014; 정윤경 외, 2015).

> 여기 오니까 기대한 거보다 달라요. 나이 있지 북한사람이지 이러니까 차이를 엄청 줘요. 막 기분이 없을 정도로 차이를 줘요. 말투도 그렇고(중략). 눈에서 열이 나요 스트레스 받아서. 내가 중국에 있을 때도 이 스트레스 자꾸 받으니까 눈 흰자에 침범해서 수술한 거에요. 눈에서 열이 자꾸 난단 말이에요(사례 7).

또 남북한 사회의 상이한 체제로 인한 문화적 차이와 남한사회의 선택과 자율적 관행에 대한 갈등 및 부적응을 경험하기도 하는데, 이러한 북한이탈주민의 어려움에 대한 남한주민들의 몰이해와 배제가 겹쳐지면서 소외와 외로움의 심리적 어려움과 함께 사회적 고립과 단절을 경험한다. 문화적 경계의 벽에 부딪혀 고립과 배제, 단절을 겪는 북한이탈주민들의 사회적 참여를 이끌어낼 수 있는 사회복지실천적 관심과 노력이 필요하다.

4) 자녀양육과 교육의 어려움

북한이탈주민이 고향과 가족을 등지고, 또 제3국에서 형성한 가족까지 저버리고 남한에 입국하여 정착하는 주된 이유 중 하나는 자녀교육이다. 탈북 후 신분불안을 비롯한 여러 가지 어려움과 고초를 겪지만, 자녀를 남한에서 키워 많은 것을 경험하게 하고 싶은 생각이 남한 입국의 동기로 작용하는 것이다.

> 북한에서 엄마였을 때는 자식의 작은 줄인 창자만 채우면 된다고 생각했고, 배부르게, 고저 이래 소소한 거였지만. 또 이렇게 세상에 나와 보니까, 지금 애들한테는 내가 이젠 세계를 알잖아요. 그니까 세상을 알게 하고 싶고, 더 넓은 세상에… 내보내고 싶고 보이고 싶은게 엄마 심정이다, 이게 완전히 판이하다. 그게 있잖아요, 그런게 좀 있더라고요(사례 8).

그러나 남한입국 후 초기에는 자녀교육에 대한 높은 열의에도 불구하고, 자녀양육과 교육 문제로 많은 어려움을 겪는다. 북한이탈주민의 대부분이 30~40대이기 때문에 미취학 혹은 학령기 자녀가 있는 경우가 많다. 이 중 특히 미취학 자녀가 있는 경우는 한부모로서 자녀를 돌보고 또 경제활동을 해야 하는 일과 가정의 균형 면에서 어려움을 겪는다. 대부분은 보육시설을 이용하지만, 이에 대한 정보가 부족한 경우도 있고, 또 자녀들이 보육시설에서 차별을 받을까 염려하여 늦추기도 한다.

〈표 10-5〉에 나타난 바와 같이, 남한에 정착한 초기에는 부모와 자녀 모두 적응이 어려운 시기인데, 부 혹은 모가 남한에 입국한 기간이 짧을수록 보육시설을 이용하는 비율이 낮아 북한이탈주민의 자녀양육 및 교육의 어려움이 가중될 수밖에 없는 실정이다. 이것은 북한이탈주민에 대한 부정적 인식과 연관된다. 일부 북한이탈주민들은 자녀들이 북한이탈주민의 자녀로서 경험하게 될 차별을 염려하여 자녀들에게조차 자신이 북한이탈주민이라는 것을 알리지 않기도 한다. 하지만 일 · 가정 균형을 이루고 부모와 자녀 모두 남한사회에 안정적으로 정착할 수 있도록 하기 위해서는 정착 초기에 보육시설에 대한 홍보 및 자녀 양육에 대한 지원을 강화해야 한다.

〈표 10-4〉 남한에 있는 미취학 자녀 유무

단위 : 건, %

연 도	사례수	있다	없다	계	평균(명)
2017	26,430	20.5	79.5	100.0	1.3

출처 : 북한이탈주민지원재단(2017).

〈표 10-5〉 미취학 자녀 보육시설 이용 여부(복수응답)

단위 : 건, %

구 분		사례수	예	아니요
연 도	2016	2,102	71.2	27.6
	2017	5,408	72.1	27.9
남한거주기간	3년 미만	456	46.9	53.1
	3~5년 미만	516	61.5	38.5
	5~10년 미만	3,066	74.1	25.9
	10년 이상	1,366	78.4	21.6

출처 : 북한이탈주민지원재단(2017).

또 북한이나 중국, 기타 지역에서 태어난 자녀들도 있다. 〈표 10-6〉에 보면, 2016년보다 2017년에는 남한 외 지역에서 태어난 북한이탈주민 자녀가 감소하였지만, 평균 약 10%는 남한으로 중도입국하고 있다. 이들은 중국을 포함한 제3국에서 태어나 성장하였으며, 그 나라의 학교에 다녔기 때문에 한국말과 글을 잘 모르는 상태이다. 따라서 남한에서 학교에 적응하거나 학업을 따라가는 데 어려움이 발생하며, 심지어 학업을 중단하기도 한다.

〈표 10-6〉 미취학 자녀 출생지(복수응답)

단위 : 건, %

구 분		사례수	남 한	북 한	중 국	기 타
연도	2016	2,102	88.0	3.0	7.0	1.1
	2017	5,408	92.0	2.2	5.5	0.3

북한이탈주민은 자녀들이 이미 급격한 변화를 겪었기 때문에 남한에서 안정적으로 생활하고 또 친구들과의 관계도 지속적으로 유지하도록 하는 데 많은 관심을 기울인다. 하지만 이들은 남한 부모들의 자녀양육 및 교육방식에 대해서는 낯설어하며, 남한 부모들이 자녀교육을 위해 많은 액수의 사교육비를 지출하는 것에 대해서도 좌절감을 경험한다.

그런 부분은 포기해야 살아가지… 학교라든가 정부에서 뭐 이렇게 복지관에서랑 하는데 밖에는 참가할 수 없지요. 저희가 뭐 돈 들여서 하는 건 아예 뭐 포기하고… 한 가지만, 저도 한 가지만 해요. 태권도만 시키고(사례 9).

한글 모르는 애를 여기를 데려와서, 한글 하나도 몰랐지요. 자기 이름도 순서가 없어요. 그러고 북한애들이 머리를 대가리라고 배운 거예요. 그니까 머리가 대가리인 줄 안 거예요. 그니까 이 머리라는 말도 모른 거예요. 그니까 대가리 어찌고 이러니까… 애들이 강명이 무섭다고(사례 10).

5) 경제적 어려움

북한이탈주민은 남한에 입국하여 기초교육을 수료한 후 지역사회에 정착한다. 이때 정부는 북한이탈주민 가정의 생활안정과 사회적 적응을 위한 조치로서, 기본금과 장려금, 가산금을 포함하는 정착금과 경제적 안정을 위한 주거지원, 취업지원, 사회복지와 교육 지원 등을 지급한다. 이러한 정부의 지원은 북한이탈주민이 지역사회에 정착하여 적응해 나가는 초기단계에 경제적 안정에 도움이 될 뿐만 사회적응과 자립을 준비하는 데에도 디딤돌이 될 수 있다는 점에서 많은 도움이 되고 있다.

하지만 북한이탈주민이 기대한 만큼 경제적 안정과 자립을 이루기는 쉽지 않다. 남북한의 경제체제가 다르기 때문에 단기간에 자본주의 체제에 적응하기 어렵고, 학력이나 직업경력이 부족하여 안정적인 소득활동에서 제한적이며, 건강도 좋지 않아 장기간 노동이 어려운 실정이다. 또 구직 관련 정보나 사회적 지원이 부족하여 경제 불안정이 심각한 수준인 것으로 나타났다(임안나, 2013).

이런 문제를 완화하기 위해 직업훈련이나 고용지원금, 취업보호담당관 제도를 시행하고 있지만, 많은 사람들이 제조업과 일용직에 종사하고 있어 소득이 낮고 불안정하며, 취업을 해도 직무를 감당하는 데서 부담감을 느끼고 대인관계에서 어려움을 경험하는 등 적응문제가 발생하여 이직하는 비율이 높은 것으로 나타나고 있다. 즉, 정부의 고용 관련 정책들이 북한이탈주민의 안정적인 소득과 연계되지 못하고 있는 것이다(강창구, 2012).

북한이탈주민은 경제적으로 불안정한 상황에서도 북한에 남아 있는 가족에게 송금을 하는 경우가 많다. 북한 가족들이 굶주림에 시달릴 것에 대한 염려와 본인이 가족이 있는 고향을 등지고 나와 자칫 남아 있는 가족들에게 해가 될까 두려운 마음, 죄의식, 그리고 가족 경조사 등과 같은 사유로 송금을 한다. 하지만 북한이탈주민에게는 이것이 경제적으로는 부담이 되고 탈빈곤을 어렵게 하고 있다(성정현, 2016).

북한에 부모형제가 많은데… 다 굶겠는지 어떻게 사는지… 그게 근심되니까 항상 돈이 모이면 북한에 보내주는 거지요. 그까 북한사람들은 여기와서 살기 더 힘들고 정착하기가 힘들고(사례 11).

북한이탈주민지원재단(2017)이 '생활비 중 가장 부담이 되는 항목'을 조사한 결과, 식비가 20.6%로 가장 높게 나타났으며, 그 다음 주거비(19.2%), 교육비(15.3%), 월세(9.2%)의 순으로 나타났다. 또 보건의료비는 6.3%, 피복비는 4.4%가 부담이 된다고 응답하였다(표 10-7 참조). 즉, 일상생활을 영위하는 데 가장 기초적이고 기본적인 항목에서 부담감을 느끼고 있다.

〈표 10-7〉 생활비 중 가장 부담이 되는 항목

단위 : 건, %

구분	사례수	식비(주식비·부식비)	주거관련비	교육비	월세	통신비	부채상환	보건의료비(건강보험료 제외)	교통비(차량구입비 제외)	피복비	가구, 집기, 가사용품	교양, 오락비	경조사비	기타	무응답	계
2017	26,430	20.6	19.2	15.3	9.2	7.2	7.1	6.3	4.7	4.4	0.9	0.3	0.3	3.2	1.1	100.0

출처 : 북한이탈주민지원재단(2017).

북한이탈주민의 경제적 어려움은 남한주민들과 비교될 때 상대적 빈곤감과 박탈감으로 경험된다. 또 앞으로 나아질 희망이 없다는 생각에서 기인하는 절망감을 초래하기도 한다. 그러므로 이들이 경제적 안정을 이룰 수 있도록 북한이탈주민의 욕구를 반영하는 맞춤형의 직업훈련 프로그램을 개발하고, 이런 프로그램과 정책들이 실효성을 가질 수 있도록 지방자치단체와 연계를 강화해 나가야 한다.

6) 폭력피해 및 인권 문제

북한이탈주민 중 여성의 비율이 높은 북한의 내부적 환경뿐 아니라 제3국에서의 노동 및 결혼 수요와 관련되며, 이는 세계적으로 나타나는 여성의 노동 및 혼인이주 현상과 관련이 있다(박정란 · 강동완, 2009 : 8). 이런 대내 · 외적 요인으로 인한 북한이탈여성의 증가는 남한 정착 이후 다양한 어려움으로 표출되고 있으며, 그중 하나가 양성 간 불평등 및 폭력피해의 문제이다.

북한이탈여성들은 북한에서 생활하는 동안 가부장적 권위주의로 어린 시절부터 직접적인 폭력과 폭력의 목격, 공포체험 등과 같은 인권침해에 노출되어 왔으며, 심각하게는 죽음을 목격하거나 실제 죽임을 당할 수도 있다는 두려움을 경험하였다(김현경, 2011; 권수영, 2017). 중국을 포함한 제3국에서도 인신매매와 가정폭력, 성폭력 피해를 겪은 경우가 있다(이화진, 2010; 박신순, 2014). 심지어는 남한에 정착하여 생활하는 중에도 이러한 폭력피해를 겪는 것으로 나타나고 있다. 여성가족부(2012)의 실태조사 결과, 1년간 부부폭력 비율은 72.7%에 이르렀으며, 남한에서의 성폭력 피해도 12.1%로 높게 나타났다. 반면 이들이 폭력피해에 대처하는 데는 매우 소극적이고 자원이 부족한 실정이다(김원홍, 2013).

이와 같은 폭력피해의 또 다른 문제는 폭력 경험이 자녀에 대한 폭력 및 학대로도 이어질 수 있다는 점이다. 여성가족부(2012) 조사 결과, 18세 이하 자녀를 학대한 경험이 있는 여성은 55.6%로, 남한 일반여성의 가해 비율보다 높은 것으로 나타났다. 이것은 폭력피해 경험이 다시 폭력을 유발할 수 있음을 보여주는 것이어서 이에 대한 적극적 대처가 필요하다(안연진, 2002; 김재엽 · 류현정, 2016).

〈표 10-8〉 탈북여성의 성폭력 피해율

단위 : %

대 상	구분	신체 접촉을 수반한 성폭력					성희롱	성기 노출	스토킹	음란 전화 등
		가벼운 성추행	심한 성추행	강강 미수	강간	신체적 성폭력				
탈북 여성 (n=140)	북한	10.0	6.4	9.3	2.9	14.3	7.9	10.7	9.3	0.7
	제3국	10.7	9.3	10.0	9.3	17.9	9.3	7.9	6.4	3.6
	남한	7.9	7.1	5.0	5.0	12.1	6.4	5.0	8.6	32.1
2010 전국 성폭력 실태조사 (n=1,583)	남한	3.3	2.1	0.4	0.2	4.7	2.4	2.7	1.0	27.1

주 : 신체적 성폭력은 가벼운 성추행, 심한 성추행, 강간미수, 강간 중 하나라도 경험 있는 경우 해당

출처 : 여성가족부(2012). 폭력피해 탈북여성 맞춤형 자립지원방안 연구.

정부는 북한이탈주민의 폭력피해 예방 및 인권 제고를 위해 2012년부터 탈북 이후 트라우마를 경험한 여성들에게 '북한이탈여성 상담 및 심리치유센터 운영'을 통해 상담 및 심리치유서비스를 제공한다. 이 사업은 성폭 · 가폭상담소, 건강가정지원센터 등 전담센터에 동료상담원을 배치하여 치료회복 프로그램, 개별 · 집단 · 부부상담, 전문상담, 지역사회연계서비스 등을 지원하는 사업이다. 또 하나원 · 하나센터 · 청소년학교를 통해 사회정착에 필요한 교육을 제공하고 양성평등 감수성을 제고하기 위해 여성폭력 예방교육, 평등한 가족관계 교육 등을 실시하고 있으며, 성폭력 · 가정폭력 동료상담원을 양성하여 관련 상담을 지원하고 있다.

3. 북한이탈주민 정착 지원정책

1) 북한이탈주민 지원 관련 법률과 정책

(1) 법률

북한이탈주민을 보호하고 정착하도록 지원하는 정책은 남북관계와 정부의 대북정책, 북한이탈주민의 입국 규모 등에 따라 지속적으로 변화해 왔다. 북한이탈주민의 정착 지원은 1962년 「국가유공자 및 월남귀순자특별원호법」의 제정으로 시작되었다. 1979년에는 귀순자만을 대상으로 한 「월남귀순용자 특별보상법」이 제정되었다가 1993년에는 「귀순북한동포보호법」으로 개정되었다. 이후 1997년에 「귀순북한동포보호법」을 폐지하고, 「북한이탈주민의 보호 및 정착지원에 관한 법률」을 제정하여 북한이탈주민 지원을 위한 체계적인 근거를 마련하였다(여성가족부, 2016; 박준희, 2017).

1997년 1월 13일에 제정된 「북한이탈주민의 보호 및 정착지원에 관한 법률」은 총 34조로 구성되어 있으며, 북한이탈주민에 대한 정의와 지원내용에 대한 전반을 담고 있다. 동법은 8차례에 걸쳐 일부개정 되었으며, 가장 최근의 개정은 2019년 1월에 이루어졌다. 1999년도에는 교육지원 연령범위 확대 등 북한이탈주민의 생활안정 및 정착지원을 강화하기 위해 개정이 이루어졌으며, 2004년도에는 정착금의 인센티브제, 임대주택 제공 확대, 정착도우미 제도 도입 등을 위해 일부개정되었다. 2006년도에는 이혼특례 조항 신설, 자격인증 제도 개선, 취업보호기간 확대 등에 중점을 두었는데, 이 중 이혼특례조항은 제19조에 따라 가족관계 등록을 창설한 사람 중 북한에 배우자를 둔 사람은 그 배우자가 남한에 거주하는지 불명확한 경우 이혼을 청구할 수 있도록 함으로써 북한이탈주민의 삶의 질이 개선되도록 한 것이다. 2009년도에는 해외 장기체류자 보호범위 확대, 지역적응교육, 청소년 · 학교 등에 대한 지원근거를 마련하기 위해 일부개정 되었으며, 2010년에는 북한이탈주민지원재단, 북한이탈주민 예비학교 설립, 취업지원 강화방안 등을 마련하도록 하였다. 2013년도에는 북한이탈주민 자산형성지원, 취업 · 교육 등 실태조사의 근거를 마련하였다. 그리고 2018년도에는 북한이탈주민 중 아동 · 청소년 · 여성 · 노인 · 장애인 등과 같은 사회적 약자에 대하여 특별히 지원 및 배려할 수 있는 근거를 마련하고, 북한이탈주민의 보호 및 정착지원에 관한 기본계획과 시행계획의 평가를 의무화하기 위해 개정하였다. 또 영농을 희망하는 북한이탈주민을 지원할 수 있도록 하고, 실태조사 대상을 '보호대상자'에서 '북한이탈주민'으로 확대하는 한편 가족의 경제 상태에 관한 사항도 조사 대상에 포함하도록 하며, 북한이탈주민 정착지원시설 내의 예비학교에 제3국에서 출생한 북한이탈주민의 자녀도 교육대상에 포함하여 북한이탈주민의 보호 및 정착지원을 강화하기 위한 이유를 근거로 일부개정 하였다(국가법령정보센터, 2018. 4. 25). 그간의 변천 과정을 요약하면 다음과 같다.

〈표 10-9〉「북한이탈주민의 보호 및 정착지원에 관한 법률」 변천과정

연 도	내 용
1997~1999	기존의 '귀순' 개념을 '북한이탈'로 대체, 자립과 자활능력 배양에 중점
1999~2004	교육지원 연령범위 확대 등 북한이탈주민의 생활안정 및 정착지원 강화
2004~2006	정착금의 인센티브제, 임대주택 제공 확대, 정착도우미 제도 도입 등
2006~2008	이혼특례 조항 신설, 자격인증 제도 개선, 취업보호기간 확대
2009~	해외 장기체류자 보호범위 확대, 지역적응교육, 청소년 · 학교 등 지원근거 마련
2010~	북한이탈주민지원재단, 북한이탈주민 예비학교 설립, 취업지원 강화방안 마련
2013~2014	북한이탈주민 자산형성지원, 취업 · 교육 등 실태조사 근거 마련
2018~	북한이탈주민 중 아동 · 청소년 · 여성 · 노인 · 장애인 등과 같은 사회적 약자에 대하여 특별히 지원 및 배려 근거 마련

출처 : 통일부(2013). 북한이탈주민정책 현황, 박준희(2017) 재인용.

(2) 북한이탈주민의 보호 및 지원정책

「북한이탈주민의 보호 및 정착지원에 관한 법률」 외에, 북한이탈주민의 정착에 관련된 법률로는 의료급여와 소득세, 직업, 주택, 채용 등과 관련된 법령이 있다(여성가족부, 2016).

먼저 의료급여법에서는 북한이탈주민과 그 가족에 대한 의료급여를 특례로 제시하고 있다. 국민기초생활보장법은 북한이탈주민의 생계 지원과 관련된 법으로서,

생활이 어려운 경우 5년의 범위 내에서 생계급여 수급 특례를 제공하고, 그 외 주거급여와 의료급여, 교육급여 등을 제공하는 것을 규정하고 있다. 소득세법에서는 정착금과 보호금 등을 소득세에서 면제하는 조항을 담고 있다. 고등교육법 시행령과 평생교육법에서는 북한이탈주민의 입학, 편입, 대학원 입학 정원 규정 등에 대한 특례를 담고 있다. 국민의 생활 안정 및 복지를 증진시키기 위해 1986년에 제정된 국민연금법은 국민연금 가입자의 연금 보험료를 재원으로 연금급여를 실시하고 소득을 보장하기 위한 복지정책의 하나로, 북한이탈주민을 특례대상으로 하여 보호 결정 당시 50세 이상 60세 미만인 북한이탈주민 중 60세 미만인 자로 개인별 보호 결정 일자 및 생년월일에 따라 특례대상 여부를 결정하도록 하고 있다. 일반적으로는 10년 이상 가입해야 노령연금 수급이 가능하나, 북한이탈주민은 보호 결정 시 50세 이상 60세 미만인 자에 한해 가입기간이 5년 지나면 노령연금을 수급할 수 있도록 하였다.

〈표 10-10〉 북한이탈주민 보호 및 정착지원에 관한 다양한 법들

법 률	주요 내용	세부 내용	소관 부처
북한이탈주민의 보호 및 정착지원에 관한 법률	북한이탈주민에 대한 정의 및 지원내용에 대한 전반	북한이탈주민의 보호 및 정착지원에 관한 사항들을 제34조에서 담고 있음	통일부
의료급여법	북한이탈주민과 그 가족에 대한 의료급여 지급	생활이 어려운 북한이탈주민과 그 가족은 소득인정기준액 기준에 따라 1종 의료급여 수급권자로 지정. 1종은 입원 시 부담금 없음, CT를 제외하고 본인부담금은 500~2,000원, 2종은 본인부담금 10%, 외래진료 시 약국은 5,000원, 1차는 1,000원, 2차와 3차, CT는 본인부담금 15% 지불	보건복지부
국민기초생활보장법	정착지원시설에서 보호가 끝난 자로서 생활이 어려운 자에 대한 생계급여, 주거급여, 의료급여, 교육급여, 해산급여, 장제급여의 보호	생계급여 : 생활이 어려운 경우 5년 범위 내에서 생계급여 수급 특례 적용, 하나원 수료하고 나온 뒤 6개월까지 조건부과 면제, 6개월 후에는 조건부 수급권자로 편성하고 자활사업 참여 조건으로 현금 지급	보건복지부

소득세법	정착금 · 보호금, 그 밖의 금품에 대한 소득세 면제		기획재정부
고등교육법 시행령 · 평생교육법	입학, 편입, 대학원 입학 정원 규정	• 중 · 고등학교는 만 24세 이하 고등학교 이하의 학교에 입학 또는 편입학한 사람을 대상으로 함 • 4년제 일반대학과 교육대학은 연령조건과 학력조건을 충족해야 함 • 연령은 만 34세 이하 • 국내 고등학교 졸업 또는 고졸 이상의 학력 인정받은 날로부터 5년 이내에 입학 또는 편입한 경우 지원 • 전문대, 사이버대, 평생교육시설 등은 연령제한 없음, 학력조건은 4년제 일반대학, 교육대학과 동일 • 지원기간 : 입학 또는 편입학 날로부터 6년 범위에서 8학기, 의학이나 약학, 치의학, 한의학, 수의학은 8년 범위 내 12학기 지원 • 중 · 고등학교는 학교에서 면제, 국공립대는 면제, 사립대는 보조금교부신청서를 통일부 제출 후 50%지원	교육부
군인사법 시행령	북한 군인 출신 특별 임용		국방부
국민연금		• 「북한이탈주민의 보호 및 정착지원에 관한 법률」 제2조 제2항에 의해 국민연금 수령 • 특례 대상으로 보호결정 당시 50세 이상 60세 미만인 북한이탈주민 중 60세 미만인 자로 개인별 보호결정 일자 및 생년월일에 따라 특례대상 여부 결정 • 보호 결정 시 50세 이상 60세 미만인 자에 한해 가입기간이 5년 지나면 노령연금 수급 가능	

출처 : 여성가족부(2016); 박준희(2017).

2) 북한이탈주민 정착 지원제도

북한이탈주민의 입국 및 정착 과정을 보면, 보호요청 및 국내 이송 후 합동신문이 이루어지고, 하나원에서 12주간의 사회적응교육을 통한 정착준비를 이수한다. 기본교육에서는 탈북 후 남한에 입국하기까지의 경험이 서로 다르지만, 모두 극심한 변화를 겪은 점을 고려하여 정서안정 및 건강증진을 위한 프로그램을 제공하고, 우리 사회 문화에 대한 이해, 그리고 향후 진로 및 정착 관련 정보 등을 제공한다(김희성, 2012).

〈표 10-11〉 북한이탈주민 입국 및 정착을 위한 공공과 민간의 서비스

공공	보호요청 및 국내이송	• 보호요청 시 외교부, 관계부처에 상황보고 및 전파 • 해외공관 또는 주재국 임시보호시설 수용 • 신원확인 후 주재국과 입국교섭 및 국내입국 지원
	합동신문	• 입국 후 국정원, 경찰청 등 관계기관 합동신문 • 조사종료 후 정착지원시설인 하나원으로 신병 이관
	하나원의 정착준비	• 사회적응교육(12주) • 문화적 이질감 해소, 심리안정, 진로지도 상담 등 • 가족관계등록, 주거알선 등 정착준비를 마친 후 거주지 전입
	거주지 보호	• 사회적 안전망 편입(생계 · 의료급여) • 취업지원 : 고용지원금, 무료 직업훈련, 자격인정 등 • 교육지원 : 특례 편입학 및 등록금 지원 • 보호담당관제 : 거주지 · 취업 · 신변보호 담당관제 운영
민간	민간참여	• 지역적응센터(하나센터) 지정 운영 • 정착도우미제 : 민간자원봉사자와의 연계 • 북한이탈주민지원재단(정부예산 지원) • 종합상담, 생활안정, 취업, 교육 및 장학, 연구, 인식개선에 관한 지원 제공과 함께 민간지원 역량을 연계하는 거점 역할

출처 : 통일부(2018). 입국 및 정착과정.

지역사회에 정착할 때는 1인 세대를 기준으로 하여 700만 원의 정착금을 지원하며, 지방에 거주하는 경우는 장려금을 지급한다. 지역사회에서는 영구임대주택을 제공함으로써 초기 정착 및 적응과정에서 주거가 안정되도록 지원하며, 소득 활동을 통해 경제적 안정을 이루도록 직업훈련비와 훈련수당을 지원하고, 북한이탈주민을 고용하는 경우 채용기업주에게도 급여의 1/2을 50만 원 한도 내에서 최대 4년간 지원한다. 또 자산형성제도를 통해 미래의 경제적 안정에 대비하도록 하는 등 다양한 취업 관련 지원제도를 시행하고 있다.

〈표 10-12〉 정착 및 거주지 보호제도

구 분	항 목	내 용
사회적응 교육	기본교육 (하나원)	하나원 12주 교육 – 연령별 · 성별 7개반 운영 – 정서안정 및 건강증진, 우리 사회 이해 증진, 진로지도 및 기초직업능력 훈련, 초기 정착지원 등 4개 분야
	지역사회적응 (하나센터)	전국 하나센터 2주 60시간 교육 및 사후지원 – 지역사회 이해, 진로 및 취업지원, 사회적응, 정서안정 등
정착금	기본금	1인 세대 기준 700만 원 지급 – 초기 지원 400만 원, 분기별 100만 원씩 3회
	지방거주 장려금	지방 2년 거주 시 130만 원(지방 광역시), 260만 원(기타)
	취약계층 보호 가산금	노령, 장애, 장기치료, 한부모 아동 등 – 1인 1개 사유만 인정
주 거	주택알선	영구 · 국민 · 다세대임대주택 알선(2년간 임대차계약 해지 불가, 소유권 · 전세권 · 임차권 변경 불가)
	주거지원금	1인 세대 기준 1,300만 원(보증금 잔액은 거주지 보호기간 종료 후 지급)
취 업	직업훈련비 및 훈련수당	훈련비 전액 지원 및 훈련기간 중 훈련수당 월 20만 원
	직업훈련장려금 자격취득장려금	직업훈련 500시간 이수 시 120만 원, 120시간당 20만 원 추가, 최대 740시간 이수 시 160만 원(국가기간전략산업원 직종훈련 시 200만 원 추가) 자격취득 시 200만 원 * 자격취득 장려금 및 직업훈련 장려금은 2014. 11. 29. 이후 폐지 다만, 2014. 11. 28. 이전 입국하여 보호결정된 자에게는 적용
	취업장려금	3년간 근속 시 수도권 1,650만 원, 지방 1,950만 원
	고용지원금 (채용기업주에 지급)	급여의 1/2을 50만 원 한도에서 최대 4년간 지원 * 고용지원금은 2014. 11. 28. 이전 입국하여 보호결정된 자에게 적용
	자산형성제도 (미래행복통장)	근로소득 중 저축액에 대해 정부가 동일한 금액을 매칭하여 지원 – 요건 : 거주지보호기간 내에 있고, 최초 거주지 전입 6개월이 지난 후에 3개월 이상 취업하고 있을 것 – 적립목적 : 주택구입비 또는 임대비, 교육비, 창업자금 등 – 지원기간 : 2년(1년 단위로 2회까지 연장 가능) – 적용대상 : 2014. 11. 29. 이후 입국하여 보호결정된 자
	기타	취업지원센터 운영, 사회적 기업 설립 지원, 영농정착 및 창업 지원, 취업지원 바우처
사회보장	생계급여	국민기초생활보장 수급자 지정, 1인 세대 기준 약 50만 원 기준
	의료보호	의료급여 1종 수급자로서 본인 부담 없이 의료혜택
	연금특례	입국 당시 50세 이상~60세 미만 시 국민연금 가입 특례

출처 : 여성가족부(2016).

또 북한이탈주민이 지역사회에 정착할 때 이들의 정착 및 거주지 보호를 위해 정착도우미, 보호담당관, 취업지원담당관 등을 지원한다. 〈표 10-13〉에 나타난 바와 같이, 정착도우미제도는 자원봉사자들이 주민센터에 전입신고하고 주민등록증을 발급받으며, 아파트에 입주민 신고를 하는 등과 같은 실생활 관련 행정업무를 도와주고, 북한이탈주민이 지역사회에 정착하기 며칠 전부터 거주하게 될 주거지의 환경을 구성해 주고 가정방문을 통해 잘 적응하는지 모니터링하는 역할을 한다.

〈표 10-13〉 정착도우미 봉사자의 시간별 기본 업무

제 도	내 용
정착도우미제도	• 자원봉사자들로 구성되어 지역사회 정착을 지원 • 하나원을 수료한 북한이탈주민이 지역사회로 나오면서 주민센터에 전입신고를 하고 주민등록증을 발급받는 등의 업무를 진행할 때 정착도우미들이 지원하고, 가정방문 및 주거환경 구성, 모니터링 등을 함
거주지보호담당관제도	• 「북한이탈주민의 보호 및 정착지원에 관한 법률」 제22조, 제31조 • 거주지 보호업무 총괄, 주거지원, 국민기초생활보장 및 의료급여, 긴급의료지원, 북한이탈주민 지역협의회 운영, 지역적응센터 운영에 관한 사항, 사회보장제도의 편입과 증명서 발급 등 행정업무 지원
취업보호담당관제도	• 「북한이탈주민의 보호 및 정착지원에 관한 법률」 제17조, 제17조의2 • 직업훈련신청서 접수 및 면담, 훈련상황 확인 및 기록 유지, 취업선청서 및 고용지원금 선청서 접수와 이송 등 취업 관련 업무 담당
신변보호담당관제도	• 「북한이탈주민의 보호 및 정착지원에 관한 법률」 제42조 • 거주지 관할 경찰서에서 북한이탈주민에 대한 신변 위해요소 제거 및 방지 실시
북한이탈주민지원 지역협의체	• 「북한이탈주민의 보호 및 정착지원에 관한 법률」 제22조, 제31조 • 북한이탈주민 지역정착을 위한 정부와 민간의 네트워크 구축, 지역별 특화 프로그램 운영 등

출처 : 통일부. 정책자료실. 북한이탈주민 정착도우미 매뉴얼.

4. 북한이탈주민의 적응을 위한 사회복지실천

1) 민간의 사회복지실천

남한에 정착하여 적응해 가고 있는 북한이탈주민이 약 2만 명이 넘으면서, 이들의 적응과 삶의 질 향상을 위한 사회복지실천에 대한 요구도 많아지고 또 실제 서비스 및 프로그램도 다양해지고 있다. 북한이탈주민의 남한입국 초기에는 주로 경제적 안정과 생활정착에 초점을 두었으며, 남한사회에 동화해야 하는 수동적인 대상으로 인식하는 경향이 있었으나 이제는 다문화적 관점에서 접근해야 할 필요성이 높아졌다(김희성, 2003). 또한 북한이탈주민의 독특한 경험구조와 상황에 대해 문화적 민감성에 근거한 사회복지실천과 지식과 기술의 활용, 문화적 역량을 갖춘 전문가의 양성을 강조하고 있다. 이것은 그간 이념적으로 한민족으로서의 동질성을 강조해 왔지만, 실상은 남북한 간 문화적 차이가 커 이질감을 느낄 정도이자, 그야말로 '다른 문화'라는 인식이 높아진 것과 관련이 있다.

이러한 단계에 이르기까지 정부와 함께 민간의 사회복지실천 영역에서도 북한이탈주민의 정착 및 적응을 위해 다각적인 노력을 기울여 왔다. 먼저 지역사회에 정착하고 적응하는 단계에서는 지역적응센터인 하나센터가 적극적인 역할을 수행한다. 하나센터는 2018년 기준 총 18개소에 이르며, 북한이탈주민이 지역사회에 정착하면 적응을 위한 초기집중교육(2주, 60시간)부터 지역적응지원(사후지원)을 통해 지역사회 적응 및 자립·자활기반을 조성하도록 도우며, 또 「북한이탈주민의 보호 및 정착지원에 관한 법률」 제22조의3(전문상담사제도 운영) 규정에 따라 정착과정에서 겪는 다양한 문제점과 어려움에 대한 깊은 이해를 바탕으로 전문상담사가 취업, 의료, 교육, 복지 등의 분야에서 종합 상담서비스까지 전반적인 서비스를 제공하고 있다(통일부, 2018).

〈표 10-14〉 하나센터 상담 서비스

상담서비스 영역	내 용
취업상담	• 진로상담 및 취업서비스 지원 • 구직상담 〉 알선상담 〉 사후관리
종합상담	• 의료, 주택, 교육, 심리정서, 지원제도 등 기타상담
법률상담	• 법률자문 및 상담지원
온라인상담	• 일반상담, 비공개상담

또 민간에서는 북한이탈주민의 지역 정착을 위해 공공과 민간의 효율적 지원체계를 구축하고 지역별 특화 프로그램을 운영한다. 이는 시행령 제42조의2(지역협의회 설치 · 운영), 거주지보호지침 제14조(지역협의회 구성 · 운영), 북한이탈주민지원 지역협의회 운영에 관한 지침에 근거한 것이다. 정부는 북한이탈주민 100인 이상 거주하는 지역이 있는 지방자치단체가 지역협의회를 구성하여 지역 특성에 맞는 다양한 프로그램이나 사업을 개발하여 실행하고, 주기적으로(반기 종료 후 10일 이내) 지역협의체 운영실적을 통일부 장관에게 보고하도록 하고 있다. 또 지역 내 다양한 전문가 단체들과 교류하여 전문상담 및 지원을 위한 전문가(사회복지사, 의사, 변호사, 교사, 상담심리사, 종교인 등) 인력 풀(pool)을 구축 · 관리하고, 상시적으로 활동을 지원하고 있다.

한편 지역복지관에서는 북한이탈주민의 정착을 지원하기 위한 사업을 진행한다. 초기 정착지원을 위해 자원봉사자를 배치하고 사례관리를 실시하며, 밑반찬 배당 의료서비스 및 명절(생필품) 지원 외에도 긴급 지원을 실시한다. 또 정신과적 어려움이 있는 북한이탈주민의 정신건강을 위해 심리상담을 실시하며, 가족의사소통이나 가족치료를 지원한다. 남한사회에 대한 적응 프로그램으로서 문화체험이나 체육대회, 송년행사, 야유회 캠프, 자조모임을 실시하고, 남한주민과의 통합 및 사회적응을 위한 결연사업, 성인 북한이탈주민을 위한 교육지원사업으로서 기초학습 및 적응 교육을 실시한다. 아동을 위해서는 방과후 교육이나 부모교육 등을 실시하며, 청소년을 위해서는 학습 멘토링과 대학진학상담이나 입시설명회, 캠퍼스 맨토링 등의 지원사업, 사회적응을 위한 문화체험활동 사업을 실시한다. 이 외에도 취업 및 진로사업으로서 시장경제교육 및 직업훈련상담을 실시하며, 취업알선과 취업 후 직장생활을 지원하는 서비스를 제공한다. 지역사회 통합 및 인식개선을 위해 인식개선 교육 및 캠페인을 실시하고, 지역주민과의 네트워크를 구축하여 운영한다. 또 지역내 북한이탈주민 지원기관 간담회를 개최하고 자원봉사단을 구축하는 등 지역사회네트워크 및 인프라 구축 사업을 하며, 고령자나 여성을 위한 특화사업을 진행하기도 한다(정윤태 · 김원철 · 김학만, 2012).

〈표 10-15〉 지역사회복지관의 북한이탈주민 정착지원 프로그램

영 역	세부 프로그램	프로그램 내용
초기정착 지원 및 사례관리	정착도우미사업	자원봉사자 배치, 1년간 정착지원
	사례관리	정착 초기단계 및 요보호 북한이탈주민 지원
	생활지원서비스	경제적 지원(장학금), 긴급지원, 밑반찬 배달, 의료서비스 및 명절(생필품) 지원, 무료 결혼식
정신건강 지원 및 심리상담	임상사례관리	정신과적 어려움이 있는 새터민의 생활지원
	심리상담	정착 초기 적응 스트레스에 대한 전반적 상담
	정신건강 예방교육 및 치료 프로그램	가족의사소통교육 및 가족치료, 정신건강교육(홍보) 및 치료 프로그램
사회적응 프로그램	문화체험 프로그램	남한문화에 대한 체험 지원
	융화 프로그램	체육대회, 송년행사, 야유회 및 캠프, 자조모임
	가정결연 프로그램(멘토링)	남한주민과의 통합 및 사회적응 지원
	성인 교육지원사업	기초 학습 및 적응에 필요한 교육
아동, 청소년, 대학생 교육사업	아동 공부방	방과 후 교육/ 부모교육
	청소년 학습 멘토링	자원봉사자 배치 1 : 1 학습 멘토링
	대학생 지원사업	대학진학상담, 재외국민 특별전형 입시 설명회, 예비대학학교, 캠퍼스 멘토링
	문화체험활동	사회적응을 위한 문화체험 활동
취업 및 진로지원 사업	정보제공(상담) 및 교육	시장경제교육 및 직업훈련 상담, 취업 및 창업 관련 정보제공
	구직지원(취업알선)	맞춤 취업알선, 취업 후 직장생활지원

지역사회 통합 및 인식개선 사업	인식개선 교육(세미나) 및 캠페인	지역대표, 지역주민, 대학생 등의 국민인식 전환을 위한 행사
	봉사단 활동	남한주민을 위한 북한이탈주민 봉사단
	지역주민 조직과의 네트워크	부녀회, 통반장 모임 등과 북한이탈주민과의 간담회 등을 통한 인식개선 및 통합
지역사회 네트워크 및 인프라 구축	지역 내 새터민 지원기관 간담회	북한이탈주민지원 지역협의체 활동, 보호담당관 간담회
	북한이탈주민지원 자원봉사단 구축	정착도우미 및 학습지원 자원봉사자
	지역 내 영역별 네트워크 구축	의료, 교육, 정신건강, 취업 네트워크
대상자별 특성화 사업	고령자 지원	고령의 북한이탈주민을 위한 지원 프로그램
	여성 지원	여성 북한이탈주민의 욕구를 반영한 특별 프로그램

이상과 같은 공공과 민간의 전달체계를 통해 사회복지실천이 적절히 이루어지기 위해서는 무엇보다 북한이탈주민에 대한 이해가 선행되어야 한다. 즉, 북한이탈주민이 탈북하게 된 동기나 배경, 즉 북한에 대한 이해부터 개인적 동기에 이르기까지 다양한 사회정치적 맥락을 이해하고, 탈북과정과 남한사회 정착 및 적응과정에서 겪을 수 있는 다양한 어려움에 대한 이해와 관련 지식에 대한 학습이 이루어져야 하며, 문화적 역량을 기반으로 하는 사회복지실천의 방향 수립 및 서비스를 위한 콘텐츠 개발이 이루어져야 한다.

북한이탈주민에 대한 문화적 역량에 근거한 사회복지실천의 영역은 인식과 지식, 기술의 3개 영역으로 구분된다(김희성, 2012). 이 중 먼저 인식에서는 북한이탈주민을 대상으로 하는 사회복지실천을 위해 사회복지사 자신이 가지고 있던 가치관과 인식을 점검하고, 선입견이나 고정관념이 있는지를 성찰해야 할 필요성을 강조한다. 또 다양성과 차이에 대한 자신의 가치를 돌아봄으로써 북한이탈주민에 대한 사회복지실천에서 윤리적 태도를 견지할 수 있어야 함을 제시한다.

다음 지식의 영역에서, 북한이탈주민에 대한 사회복지실천을 하는 사회복지사들은 북한이탈주민에 대한 교육 기회를 가지고 있도록 하고 소수자와 인권에 대한 지식과 문화적 다양성에 대한 풍부한 지식을 갖추고 있어야 한다. 마지막으로, 북한이탈주민들이 사용하는 언어와 용어가 많이 다르기 때문에 클라이언트와 소통이 가능하기 위해서는 용어를 학습하고, 또 북한이탈주민의 살아온 체제가 다르므로 그들의 사회적 배경에 대해 이해할 수 있는 기술을 갖추는 것이 필요하다. 즉, 북한이탈주민이 지역사회에서 잘 적응해 나가도록 의사소통 기술, 갈등해결 기술, 자기주장 기술 등에 대한 교육이 가능하도록 사회복지사가 먼저 학습에 임하는 적극적 태도가 필요하다.

〈표 10-16〉 북한이탈주민에 대한 사회복지실천의 영역

영 역	내 용
인 식	• 자신이 가지고 있었던 북한사회에 대한 인식과 이로 인한 사회복지사의 태도, 가치관이 무엇인지 확인 • 자신이 가지고 있는 북한사회 또는 북한이탈주민에 대한 고정관념과 차별 확인 • 다문화주의에 대한 자신의 가치를 확인 • 사회복지실천가로서의 자기성찰의 기회
지 식	• 북한이탈주민에 대한 교육의 기회를 가지고 있는지 확인 • 소수자, 인권에 대한 지식 • 강점, 유연성, 문화다양성에 대한 풍부한 지식 • 북한사회의 문화와 인간에 대한 탐구
기 술	• 클라이언트의 용어, 사회적 배경에 대해 이해할 수 있는 기술 • 북한이탈주민을 위한 지역사회 내 자원을 연결하는 능력

출처 : 김희성(2012).

2) 북한이탈주민의 적응과 삶의 질 향상을 위한 개선 방향

북한이탈주민이 지속적으로 증가하고 있지만, 심리사회적 적응의 어려움과 경제적 문제, 취업, 건강, 그리고 사회적 인식 등과 관련한 어려움은 크게 개선되지 못하고 있다. 탈북 후 남한에 입국하기까지, 그리고 남한에서 생활하면서 겪는 심각한 스트레스로 인해 정신건강의 어려움을 겪고 있는 가운데, 언어와 문화의 차이가 크고, 취업을 통한 소득활동과 사회참여가 제한되며, 가정생활에서도 구성원 간 갈등을 겪는 경우가 발생하고 있다.

이러한 문제점을 해결하기 위해 정부와 민간에서 다각적인 노력을 기울이고 있으나 여전히 개선이 필요한 부분이 많다. 이를 정리하면, 먼저 북한이탈주민에 대한 인식 개선이 이루어져야 한다. 북한이탈주민에 대한 부정적 인식과 차별은 분단의 역사와 지리적 거리감, 그리고 상이한 체제로 인한 문화적 차이 등으로 인한 부정적 결과물이다. 이것은 북한이탈주민에 대한 부정적 인식과 차별을 해소하기 위해 그간 주목하지 않았던 분단의 문제, 레드 콤플렉스(Red Complex), 그리고 상이한 체제의 삶이 가져다주는 이질성의 문제에 좀 더 적극적으로 개입할 필요가 있음을 시사한다. 즉, 사회적 인식 개선 및 다양성에 대한 이해를 도모할 때에 이러한 내용들이 좀 더 심층적으로 다루어져, 깊은 이해가 편견과 고정관념을 희석시키고, 행동의 변화를 초래할 수 있도록 하여야 한다.

둘째, 북한이탈주민의 적응을 위한 사회복지실천이 좀 더 전문화될 필요가 있다. 지역사회에서 만나는 북한이탈주민들은 삶의 저변에 불신과 두려움이 있고 북한가족에 대한 염려에서 벗어나지 못하고 있는 한편, 대인관계의 갈등에 대처할 만한 긍정적 기제가 부족한 특징과도 연관되어 있다. 또 사회적 지지망이 매우 취약한 특징이 있는 한편, 북한체제에서 겪은 불신과 상호비판이 일상화된 삶의 영향으로 공동체 회원과의 교류 및 유대감 형성을 위한 대인관계 형성을 기피하는 경향이 있어 유대감과 소속감을 제공하는 공동체 형성에도 어려움이 있다. 그러므로 북한이탈주민이 지역사회에서 신뢰감을 가지고 사회적 관계를 형성해 갈 수 있도록 지역사회 활동이라는 매개 프로그램들을 개발하고, 사회적 관계 역량을 강화하도록 도울 필요가 있다.

셋째, 북한이탈주민이 임대주택에 거주하는 경우가 많아 지역사회복지관과 자연스럽게 연계되고 있지만, 이들을 지원하는 전문 사회복지사는 부족한 실정이다. 이들 대부분이 복지서비스를 필요로 하는 상황이므로 사회복지사부터 북한이탈주민에 대한 이해를 높이고 인식을 개선할 수 있도록 교육이 이루어져야 한다.

04 PART 문화적 역량 증진과 사회복지실천

CHAPTER 11

다문화사회복지실천에서의 문화적 역량

1. 문화적 역량의 정의

1) 문화와 역량의 개념

역량은 사전적으로 능숙함 또는 능력을 의미하며, 특정 업무를 수행할 수 있는 능력이라는 뜻을 내포한다. 쇼트(Short, 1985)는 네 가지 관점에서 역량에 대한 개념을 설명하였는데, 첫째, 행동이나 실행(performance), 둘째, 지식이나 기능의 통제자, 셋째, 충분하다고 여겨지는 능력(capability), 넷째, 사람의 자질(quality)을 의미한다(노충래 · 김정화, 2011). 이러한 관점들을 종합하면 역량은 직업에서 주어진 직무활동을 효과적으로 수행하거나 기대되는 준거에 효과적으로 기능하게 해주는 데 필요한 지식, 기능, 태도를 의미한다(Spencer & Spencer, 1993; 노충래 · 김정화, 2011 재인용).

사회복지 분야에서의 역량에 관한 정의들을 보면 미국사회복지사협회(NASW, 2001)는 윤리강령에서 역량을 사회복지사가 지식과 실천에 적용되는 기술들을 통해 전문성을 향상하고 개발하는 것으로 설명하였다. 크로스 등(Cross et al., 1989)은 역량을 사회복지 실천가 또는 서비스 조직이 서비스 이용자 및 지역사회가 내포하고 있는 문화적 신념이나 행동, 욕구 등의 맥락 안에서 효과적으로 기능하고 실행할 수 있는 능력이라고 정의하였다(노충래 · 김정화, 2011).

문화란 사회구성원들이 공유하고 있는 어떤 행동이나 가치, 신념, 지식 등으로 그 사회의 독특한 생활양식이면서 의식과 무의식을 지배하고 있는 중요한 요소 중 하나를 의미한다. 학자들마나 문화에 대한 개념을 조금씩 상이하게 정의하고 있는데 먼저 고든(Gordon, 1978)은 문화란 특정 사회 내 다양한 집단의 삶의 방식으로 행동에 대한 인식된 방법이나 규범, 신념, 가치와 기술들로 구성된다고 하였다(노충래 · 김정화, 2011). 문화에 대한 포괄적인 정의로는 개인이 사회의 일원으로서 습득한 지식이나 믿음, 예술적 표현, 도덕, 법률과 습관들을 포함하는 복합체이며, 특정 사회 속에서 표준화된 행위양식으로 사회구성원에 의해 습득되거나 공유 또는 전달되는 생활양식의 과정을 의미한다(Peterson, 2004). 유사한 개념으로 크로스 등(Cross et al., 1989)은 문화를 언어, 사고, 의사소통기술, 행동, 습관, 신념, 가치, 인종, 민족, 종교, 사회적 집단과 같은 제도들을 모두 포함하는 총체적인 인간의 행동양식을 의미하는 것으로 소개하였다. 문화는 음악, 건축, 스포츠, 문학, 언어, 음식, 복식, 예술이나 행위와 오감과 같은 가시적으로 드러나는 영역과 관점, 태도, 철학, 가치, 신념과 관련된 초인지적 또는 비가시적인 영역들을 포함한다(Peterson, 2004).

문화의 차이들을 논할 때 사용되는 개념인 문화적 다양성(cultural diversity)은 문화가 포괄하고 있는 범위, 즉 인종 및 민족을 비롯하여 성별, 연령, 종교, 사회계층, 장애, 성적 선호 등에서 빚어지는 다름과 그에 따른 문화적 형식이 반영된 사람과 사람들 간의 차이를 말한다(Kujawa-Holbrook, 2002, 노충래 · 김정화, 2011 재인용). 문화적 다양성은 인종, 성별, 장애 등 가시적으로 드러나는 다양성과 종교, 교육수준 등 비가시적인 다양성으로 구분되기도 하며(Joplin & Daus, 1997, 노충래 · 김정화, 2011 재인용), 문화적 집단 내에서 잠재적 행동 차이를 초래하는 세계관이나 주관적 문화의 차이와 다른 문화적 집단과의 정체성 차이로 구분하여 정의되기도 한다(Larkey, 1996, 노충래 · 김정화, 2011 재인용).

2) 문화적 역량의 개념

사회복지실천 현장에서는 민족이나 인정, 성별, 종교, 사회계층, 장애 등 다양한 배경을 가진 대상자를 만나게 된다. 이때 사회복지실천가는 다양한 집단에 대해 이해하고, 다양성을 인정 및 수용하는 태도를 가지고 접근해야 한다. 미국사회복지사협회(NASW, 2019)의 윤리강령 원칙 1.05항에서는 문화적 역량과 사회적 다양성과 관련하여 사회복지사의 행동과 태도를 다음과 같이 규정하고 있다.

① 사회복지사는 인간행동과 사회 속에서 문화와 그 기능을 이해해야 하고, 모든 문화 속에 존재하는 강점을 인식해야 한다.

② 사회복지사는 클라이언트의 문화에 대한 기본 지식을 가지고 있어야 하고, 서비스를 제공하는 데 있어서 클라이언트의 문화에 민감하고 개인과 문화집단 사이의 차이에 민감할 수 있는 역량을 보여주어야 한다.

③ 사회복지사는 인종, 민족, 출신국, 피부색, 성별, 성적 지향, 성별 정체성, 연령, 결혼 여부, 정치적 신념, 종교, 이민 지위, 정신적 또는 신체적 장애와 관련하여 사회적 다양성과 억압의 본질에 대한 교육을 받아야 하고, 이해하고자 노력해야 한다.

④ 온라인으로 사회복지 서비스를 제공하는 사회복지사는 클라이언트의 문화적, 사회경제적 차이를 인식하고, 온라인 서비스를 어떻게 활용할 것인지를 이해해야 한다. 사회복지사는 문화적, 환경적, 경제적, 정신적 또는 신체적 능력과 언어, 그 밖에 이슈들이 이러한 서비스 전달이나 이용에 영향을 미치는지 확인해야 한다.

미국사회복지사협회의 윤리강령 원칙을 참고하면 문화적 역량은 "개인과 가족, 지역사회의 가치를 인정하고 수용하며 각각의 존엄성을 보호하고 유지하는 태도로써 모든 문화나 언어, 계층, 인종 및 민족적 배경, 종교 또는 다른 다양한 요소를 가진 사람에게 정중하고 효과적으로 반응하는 방식"으로 정의할 수 있다(Sue, 2006). 즉, 문화적 역량이란 클라이언트의 문화적 맥락에서 효과적인 서비스를 제공하려고 노력하는 지속적 과정을 의미한다. 그랜트와 하인즈(Grant & Haynes)는 문화적 역량을 지식, 정서, 기술적 역량의 세 가지 차원으로 구분하고 있는데, 지식적 역량이란 자신의 입장에서 다른 사람의 문화적 유사점·차이점을 인지적으로 이해할 수 있는 능력을 의미하고, 정서적 역량이란 자신의 문화와 다른 문화적 배경을 가진 사람들에게 적절히 감정이입하고 의사소통할 수 있는 능력을 의미하며, 기술적 역량이란 문화적 편견이나 인종 차별, 폭력 등 거시적 수준의 문제에 대해 지식 및 정서적 역량을 활용하여 적극적으로 도전할 수 있는 능력으로 정의하고 있다.

문화적 역량(cultural competence)은 문화적 민감성(cultural sensitivity), 문화적 인식(cultural awareness) 등으로 혼용되어 사용되기도 한다. 문화적 민감성은 집단 간에 문화적 다양성과 유사성이 존재함을 인지하지만 다양성에 대한 가치를 부여하지 않는 것을 의미하며, 문화적 인식은 타문화집단에 대한 이해를 통해 태도나 가치와 같은 내적 변화를 경험하고 타문화집단에 대한 개방적 태도와 유연한 사고를 갖게 되는 상태를 의미한다(김연희, 2007). 한편 문화적 역량이라는 용어 대신 다문화 또는 상호문화 간(intercultural) 역량이라는 용어를 사용하기도 하는데, 이는 다른 문화적 정체성을 보이는 사람들과 섬세하게 교류하는 능력, 간문화적 행위능력으로 한정하여 문화적 역량의 하위개념으로 본다(이병준, 2007).

럼(Lum, 2005)은 문화적 역량을 사회복지 실천의 관점에서 각 문화가 가지고 있는 강점과 자원을 인정하면서 소수 문화집단에 대한 부정적 개념을 버리고, 기존에 주요 모델로 활용했던 결핍모델(deficit model)이 아닌 강점관점으로 접근하는 관점의 변화를 의미한다고 하였다. 즉, 문화적 역량은 문화적 다양성 속에서 다른 문화적 관점을 존중하고 문화적 능력을 가지기 위한 문화적 인식과 민감성을 넘어선 포괄적이고 복합적인 개념이다(Brach & Fraser, 2000, 노충래 · 김정화, 2011 재인용). 문화적 역량은 일반적으로 서비스 전달체계나 기관, 실천가 개인이 다문화 상황에서 효과적으로 서비스를 전달할 수 있게 하는 일관된 행동이나 태도, 정책을 의미한다(Cross, Barzon, Dennis, & Issacs, 1989). 그리고 문화적 역량 발달 모델을 개념화한 수(Sue, 2006)는 개인 차원에서 문화적 역량은 다른 문화집단들을 인정하고 인식하는 것뿐만 아니라 그들과 함께 효율적으로 일할 수 있다는 신념을 의미하는 것으로 보았다.

2. 문화적 역량의 구성요소

수(Sue, 2006)는 사회복지 실천가들은 문화적 역량을 갖추기 위해 클라이언트의 문화와 실천가 자신의 문화적 차이 및 언어적 차이를 인식하고, 클라이언트 문화에 대한 충분한 지식을 가지고 있어야 하며, 클라이언트의 출신국가에 대한 배경과 입국요인, 클라이언트의 세계관과 의사소통 양식을 알고 있어야 한다고 하였다. 이러한 문화적 역량을 구성하는 조건 요소들을 문화적 인식, 문화적 지식, 문화적 기술이라고 한다. 문화적 인식은 다양한 문화적 배경을 가진 사람에 대한 개인의 신념과 가치에 자신의 문화가 영향을 미치는 것을 이해하는 것을 의미한다. 문화적 지식은 문화적으로 다양한 개인과 집단에 대한 지식과 정보이고, 문화적 기술은 개별 서비스를 제공할 때 문화적으로 적절한 개입전략과 기술에 대한 사용능력을 의미한다.

위버(Weaver, 2005)도 문화적 역량의 구성 요소로서 문화적 인식, 지식, 그리고 기술을 소개하였다. 문화적 인식은 사회 내에 존재하는 문화적 다양성에 대해 인식하고, 각 문화권에 속하는 개인들의 가치와 경험을 인식하며, 그러한 인식을 서비스 제공과정에서 적절히 활용할 수 있는 것을 의미한다. 문화적 지식은 다양한 문화들에 대한 정확한 지식과 다른 문화의 역사, 전통, 가치, 세계관, 가족체계, 예술적 표현 등에 대한 심층적 이해를 갖기 위해 요구되는 인문학적 지식 등을 포함하는 개념이다. 문화적 기술은 문화적 실천을 위해 다른 이해관계자와 협력하고 지역사회의 문제해결에 참여하는 데 필요한 기술을 의미한다(노충래 · 김정화, 2011). 문화적 역량을 구성하는 세 가지 요소에 대한 구체적인 내용은 다음 표에 정리하였다.

〈표 11-1〉 문화적 역량의 구성요소

요소	구체적 내용
인식	• 실천가 자신의 문화적 배경에 대한 자기 인식 – 실무자의 문화적 배경이 전문적 실천에 미치는 영향을 예측할 수 있는 것 • 타 집단 문화의 다양성에 대한 인식 • 자신의 문화와 타 집단 문화와의 차이, 원조과정에 미치는 영향에 민감성 • 겸손, 존경, 개방성, 비심판적 태도, 사회 정의 등의 가치를 견지하는 것 – 인종적 · 민족적 · 문화적 차이의 존재를 인정하고 고정관념을 피하는 것 – 문화집단 간에 존재하는 권력의 차이, 차별과 편견의 경험에 대한 인식 – 인간의 다양성을 이해하고 이를 인정하는 태도
지식	• 클라이언트의 행동을 그들 문화의 맥락 안에서 이해하기 위한 노력 • 다양한 문화와 문화집단에 관한 지식 – 다양한 문화집단이 가지고 있는 역사, 전통, 가치체계, 세계관, 가족체계 등 – 다양한 문화집단의 출신국가의 사회 · 경제 · 정치적 상황 – 이주를 촉발하게 한 상황 및 이주 과정이나 이주 후의 경험 – 차별과 경제적 빈곤, 억압의 경향, 역동성, 그리고 그 결과 • 역사 : 특정 인구집단의 경험적 역사, 입국 및 이주 관련 역사에 대한 지식 • 문화 : 특정 인구집단의 의사소통 유형, 세계관, 신념 체계, 가치관 등에 관한 지식 • 현실 상황 : 집단 내 단체 및 조직, 지역사회 내 정착상황, 지원 법률 및 제도, 사회 적응 상황 및 과정, 정신건강 문제, 가족 상황, 강점 및 약점 등에 관한 지식 • 문화에 대한 개념적 · 이론적 틀을 형성하는 데 익숙해지는 것

기술	• 문화적으로 적절한 개입 기술 – 개입과정에서 문화적으로 적절한 기술과 전략 – 클라이언트의 문화적 배경을 서비스 제공과 기획 과정에 포함시키는 능력 혹은 문화적 배경에 맞도록 실천 과정과 기술을 유동적으로 변화시킬 수 있는 능력 – 다문화와 관련된 문제 인식에 기반하여 적절한 개입기술과 전략 축적 노력 – 사회변화를 꾀하는 데 필요한 기술 습득 – 개인적 · 집합적 사회정의와 경제정의를 달성하도록 광범위한 차원의 개입 실시 – 제도화되어 버린 억압의 원인과 그 영향에 대항에서 싸울 수 있는 전략 제공 • 민감한 의사소통 기술, 문제해결 기술 – 특정 문화집단과 상호작용하고 그들의 문제 해결과정에 책임감 있게 참여하는 기술 – 다른 문화권의 사람들과 효과적으로 의사소통할 수 있는 능력

출처 : 노충래 · 김정화(2011)의 연구에서 정리한 문화적 역량 구성 요소와 구체적 내용을 발췌하였음(pp. 214-215).

문화적 역량은 교육과 훈련을 통해 습득 또는 강화될 수 있다(Sue, 2006). 즉, 사회복지사가 문화적 역량과 관련된 이슈에 대해 학습하거나 지식을 습득하고, 관련 주제에 대한 연구에 참여하여 다양한 문화에 대한 이해와 민감성을 높이고, 특정 민족이나 소수집단에 대한 차별이 존재함을 확인하고 이를 제거하려는 노력을 지속적으로 해야 함을 의미한다. 또한 문화적 역량의 학습과 경험은 개인의 존엄성과 독특성 존중, 클라이언트의 자기결정권, 자원에의 접근과 같은 개인의 권리와 자유를 존중하는 사회복지의 가치가 근간이 되어야 한다(노충래 · 김정화, 2011). 또한 사회적 차별의 대상이 되거나 개인 또는 집단의 권리가 무시되는 상황에서 이들을 위한 사회복지의 옹호 활동도 문화적 역량에 기반한 개입활동이라고 할 수 있다(Solomon, 1976, 노충래 · 김정화, 2011 재인용). 이렇듯 문화적 역량은 문화적 인식, 지식습득, 기술개발을 포함하여 경험을 통한 학습과 사회복지의 윤리와 가치, 사회적으로 차별받는 집단에 대한 역량강화와 옹호 등의 다양한 요소들이 서로 상호작용하여 구성되고 발달된다고 볼 수 있다.

3. 문화적 역량 관련 모델

1) 문화적 역량의 다차원적 모델

수(Sue, 2001)는 문화적 역량 개발을 위한 다차원 모델(multidimensional model for developing cultural competence)을 제시하면서 세 가지 차원에서 문화적 역량이 발달된다고 하였다. 첫 번째 차원은 집단-특성적 세계관(group-specific worldviews)으로 민족적 · 인종적 배경, 사회경제적 지위, 종교적 선호 등의 집단 차이를 보고, 두 번째 차원은 인식, 지식, 기술의 세 가지 구성요소이며, 세 번째 차원은 치료적 개입의 초점과 관련된 부분이다. 치료적 개입의 관점은 다시 개인적, 전문적, 조직적 그리고 사회적 관점으로 구분하여 각 관점에서 필요한 문화적 역량의 필수 요소들을 설명하고 있다. 네 가지 관점에 대한 설명을 사회복지실천과 연결하여 설명하면 다음과 같다.

(1) 개인적 관점

문화적으로 효과적이고 민감한 사회복지 서비스를 제공하기 위해서 사회복지 실천가는 문화적 다양성(이질성)에 대해 인식하고 수용하며, 문화 간 권력관계와 전문적 관계형성을 이해해야 한다. 또한 대상자가 속한 문화에 대한 지식을 갖추고, 대상자의 행동을 문화적, 사회적 배경과 관점 안에서 이해하려고 노력한다. 또한 문화적으로 다른 집단에 대한 주류사회의 잘못된 정보를 다루면서 다문화 인구에 대한 실천가 자신의 태도나 신념, 행동에서 긍정적인 변화가 일어나야 한다.

(2) 전문적 관점

전문적 관점에서는 사회복지협회, 사회복지교육협의회 등의 전문직 기구를 포함하여 이러한 전문직 기구가 갖추어야 할 문화적 역량들을 설명한다. 사회복지 전문직은 서구 유럽의 관점에서 발전되어 왔기 때문에 전문적 관점에서는 사회복지나 사회복지실천에 대한 정의가 이러한 서구 문화의 영향을 받아 규정되어 있을 수 있다는 점을 인식해야 한다. 따라서 전문적 관점에서 문화적 역량을 획득하기 위해 전문직 사명과 가치 실현을 위한 문화적 역량의 중요성을 인식하고 이러한 내용을 윤리강령에 포함시키며, 대학/ 대학원 교과과정과 보수교육에도 포함시키려는 노력이 필요하다. 또한 사회복지실천 모델과 기술과 관련해서는 문화적 소수자들을 위한 증거기반의 실천모델(evidence-based practice)을 소개하고 문화적 배경이 다른 대상자와의 문제사정, 의사소통, 관계형성, 개입 등 기술 훈련을 제공한다.

(3) 조직적 관점

제도적 실천이나 정책, 프로그램 등이 단일문화에서 특정 집단을 억압할지도 모른다는 것을 인식하면서 조직의 정책이나 실천에서 다른 집단의 동등한 사용권과 기회의 억압이 발생하고 있다면 그것을 변화시키기 위해 노력해야 한다. 또한 지역사회의 인구사회학적 특성에 따른 서비스 내용과 전략의 변화를 인식하고 공유하면서 이사회 등 조직 지배구조, 조직 정책, 의사결정, 자문 등에 다문화 집단성원을 참여시키도록 한다. 다문화집단을 위한 서비스 모델에 대한 지식개발과 직원 훈련을 실시하고, 문화적 소수집단 구성원들의 참여와 서비스 이용을 중요시하는 기관의 철학과 정책을 강조한다. 예를 들면, 기관소개서나 관련 양식들을 다양한 언어로 구성하고 다문화 행사를 개최하며 이중언어를 사용하는 직원을 채용하는 방법들이 있다.

(4) 사회적 관점

사회정책 또는 사회복지정책에 있어서 소수민족 집단을 차별하거나 교육매체에서의 잘못된 정보를 제공하여 특정 집단에게 피해를 준다면 사회복지 전문가는 이에 대한 변화를 주도해야 한다. 또한 거시적 차원에서는 중앙정부와 관련 부처에서 인종, 문화, 출신지 등의 이유로 인한 차별과 편견을 타파하고 소수자들의 사회, 경제적 안정을 보장하는 정책들을 실시해야 한다. 무엇보다 다문화 정책 및 서비스 성과에 대한 지속적 평가를 위한 전담 기구를 설립하고 이중언어 전문가를 양성하여 사회 전체적으로 문화적 역량을 증가시키는 노력이 필요하다.

2) 서비스 조직의 문화적 역량 단계

크로스와 동료들(Cross et al., 1989)은 문화적 역량이 발달되는 6단계를 모델화하였는데, 1단계인 문화적 파괴에서 문화적 무능력, 문화적 무지, 문화적 역량 전, 기본적인 문화적 역량을 거쳐 6단계인 문화적 숙달 단계로 발달된다고 보았다.

(1) 문화적 파괴 단계

문화적 파괴 단계는 서비스 제공에서 소수민족을 억압하거나 배제하고 소수자들에 부정적인 실천 및 기관 정책을 실시하는 것을 말한다. 즉, 기관이나 조직이 인종 또는 민족적 소수집단을 겉으로는 돕는 것처럼 보이지만, 실제적으로는 제공되는 프로그램이 문화적, 인종적 억압에 참여하고, 소수집단의 동화를 강요하며, 극단적인 경우 집단을 계획적이고 조직적으로 학살하고 말살시키기 위한 목적을 가지기도 한다.

(2) 문화적 무능력 단계

두 번째 단계인 문화적 무능력 단계는 의도적으로 소수집단을 대상으로 문화나 인종적 파괴를 시도하지는 않지만 조직이나 기관이 인종적, 문화적 주류집단에 편향되어 있어 소수민족 대상자와 지역사회를 돕기 위한 역량이 부족하다. 즉, 문화적 무지로 인해 소수민족에게 사회적 편견, 차별, 동정 등에 기반을 둔 온정주의를 재강화하는 실천방식을 고수하거나 직원 채용과정에서 소수민족을 차별하는 기관 정책을 가지고 있거나 소수민족 대상자에 대한 고정관념과 낮은 기대감을 가지고 있다.

(3) 문화적 무지 단계

세 번째 단계는 서비스 제공 기관이나 조직이 모든 사람은 동일하고 주류문화에서 사용되는 원조방법이 보편적이라는 가치와 철학을 가지고 있는 경우이다. 기관 자체는 문화나 인종에 대해 좋은 의도를 가지고 있고 서비스 전달과정에서도 차별을 금지하기 위해 문화와 인종 간 차이를 무시하려는 노력을 가짐에도 불구하고 서비스 자체가 인종중심적이어서 모든 대상자들에게 주류문화의 서비스 전략을 사용하여 주류집단에서 제외되는 소수집단에게는 적용하기 어려운 경우이다. 이러한 서비스는 소수집단의 강점과 고유성을 무시하고 동화를 조장할 수 있으며 대상자의 상황을 주류문화 관점에서 문제화시킬 수 있다. 또한 주류집단의 불평등한 이익과 차별철폐를 희망하지만 결과적으로는 고용평등이나 차별에 대항하는 행동규제를 따르기 위한 제한된 시도로 끝나는 경우가 많다.

(4) 문화적 선행역량(precompetence) 단계

이 단계에서는 기관이나 조직은 그들의 구조와 가치를 검토하고, 소수민족집단에게 서비스를 제공하는 데 있어서 한계가 있음을 인지하고 다문화적 직원이 필요하다는 것을 인식한다. 이를 위해 더 많은 소수민족 직원을 채용하고, 기관 이사회에 소수민족을 위원으로 고용하며, 문화적으로 민감한 직원 훈련을 실시한다. 그러나 다문화역량을 협의로 이해하고 한두 명의 소수민족 직원을 채용하며 조직의 문화적 역량을 갖추었다고 오해하기 쉽다. 그러나 소수민족 직원이 효과적인 상담이나 서비스 개입을 할 수 있는 전문 지식이나 경험, 기술에 대한 훈련이 부족하여 기관의 프로그램에 참여하여 적절한 역량을 발휘하지 못할 경우 오히려 비판을 받을 수 있다.

(5) 문화적 역량 단계

다섯 번째 단계인 문화적 역량 단계는 기관에서 문화에 대한 지속적인 자기평가와 문화적 차이에 대한 세심한 주의, 문화적 지식과 자원에 대한 확장 그리고 문화 및 인종적 소수집단의 욕구를 충족시키기 위한 다양한 서비스 모델을 적용하려고 한다. 이 단계의 기관은 다양한 문화 및 인종적 배경을 가진 직원을 고용하고 있으며 직원들은 문화적 정체성과 가치, 다양성에 대한 명확한 이해와 민감성을 가지고 있다. 결과적으로 기관 또는 조직 전반에 있어 문화적 역량과 관련이 있는 문화적 인식, 지식, 기술의 세 가지 요소를 실천하고, 편견이 없는 직원을 채용하며, 소수민족의 지역사회로부터 자문과 조언을 수용하고, 기관의 문화적 역량 수준에 대한 현실적인 평가를 시도한다.

(6) 문화적 숙달 단계

마지막 문화적 숙달 단계는 문화적 역량단계의 최상위 목표를 포함하는 단계로서 조직과 개인의 문화가 최고 수준의 다문화적 역량하에 운영되고, 인종차별, 편견, 차별과 같은 많은 장애물들을 극복할 수 있다. 이 단계의 조직은 기초문화역량 수준의 모든 특성을 갖추고, 다문화 서비스 효과성 향상을 위한 연구와 다문화주의를 옹호한다. 또한 공공장소에서 사회적 차별과 싸우고 사회적 다양성을 옹호하는 책임감을 가지게 된다.

3) 베넷의 성장-개발형 6단계 문화적 역량

베넷 등(Bennett et al., 2004)은 타문화적 상황에 처하게 된 개인들의 문화 간 장벽에 대처하고 소통하는 역량의 차이에 주목하여 문화를 바라보는 위계적 관점에 따라 자민족중심주의적 단계에서 민족상대주의적 단계로 발전하게 되며, Developmental Model of Intercultural Sensitivity(DMIS)는 이를 각각 3단계씩 하위 영역으로 구분하였다.[1]

(1) 자기민족중심주의적 단계

첫 번째 단계는 자기민족중심주의적(ethnocentrism)인 단계이다. 이는 근본적으로 자신의 문화를 현실 인식에서 가장 중심적이고 우선적인 것으로 생각하는 관점이며, 부정, 방어, 경시로 구분한다. 부정(denial)은 자신의 문화만 진짜 문화로 받아들이는 가치이다. 자신의 문화에 대한 믿음, 행동양식 그리고 가치들은 의심할 여지 없이 가장 도덕적이고 우선적인 가치이며, 타문화적 요소는 인정하지 않거나 자기 기준에 맞지 않으면 옳지 않은 것으로 생각하는 태도이다. 외국인과 이민자를 분리하지 않고 동일하게 생각하거나 극단적인 경우 타문화의 사람들을 무시하거나 착취의 대상으로 파악한다.

방어(defense)는 자신의 문화를 현재의 가장 진화한 형태로 생각하거나 가장 좋거나 실용적인 것으로 인식하는 것이며, 타문화들은 상위에 위치한 자기문화에 대비

1 베넷의 6단계 문화적 역량 모델은 우수명 외(2015). 다문화사회복지개론의 내용을 참고하여 정리하였음.

하여 열등한 것이거나 침입자와 같은 존재로 인식하는 것이다. 이민자들이 자신들의 직장을 빼앗는다거나 끔찍한 범죄의 원흉으로 생각하는 고정관념을 갖거나 타문화를 결점을 가진 것으로 비난한다. 방어에 대한 변화는 반전(reversal)으로, 새로 접하여 적응한 문화를 상위의 문화로 생각하는 것이다. 대립적인 관점으로 문화를 보는 측면은 방어와 같지만 타문화를 위협적으로 보지 않으며 긍정적으로 생각한다. 그러나 타문화에 대한 긍정적 경험이나 인식은 관념적 수준에 머무르고 있으며, 자신의 문화에 대한 비판은 부정적인 것으로 판단한다.

경시(minimization)는 자신의 문화적 세계관을 우월적이고 보편적인 것으로 생각하고, 타문화를 하나의 하위문화로 범주화하여 낮은 수준으로 무시한다. 문화적인 차이는 사람들이 가지는 생물학적 특성과 기질에 비하면 부수적인 것으로 간주한다. 타문화 사람들이 자신과 다른 생각이나 태도를 가질 수 있다는 생각은 하지 못하고 자신의 인종과 민족을 과대평가하는 경향이 크다. 의사소통의 방식이 문화적 패턴을 따른다는 것을 알지 못하고 다른 사람들도 자신과 같은 방식일 것이라고 생각한다.

(2) 민족상대주의적인 단계

민족상대주의적(ethnorelativism) 단계는 자신의 문화를 현실 인식에 대한 여러 가지 양식이나 가능성 중 하나로 생각하고, 타문화 또한 동등한 가치적 입장을 가지는 것으로 보며 수용, 적응, 통합으로 성장한다.

수용(acceptance)은 타문화는 자신의 문화와는 다르지만 현실적인 존재성을 인정하고 동등한 것이라고 인식한다. 즉, 수용은 문화적 차이점으로 인해 다른 사람들은 자신과 다르지만 동등한 인간으로 타인을 바라보는 관점을 포함하며, 그렇다고 타문화적 삶의 방식이나 가치에 대하여 동의하거나 호의를 가지는 것과는 다르다. 수용의 단계에 이르기 위해서는 '가치 상대적(value relativity)'인 태도가 필요하다. 이는 자신의 가치에 맞게 행동하면서도 다른 사람의 가치에도 위배되지 않을 것인가를 생각하는 것으로 자신의 가치를 잃지 않고 상대의 가치를 수용해야 하는 태도이다.

적응(adaptation)은 타문화를 경험하는 데 있어서 그 문화에 적절한 행동이나 태도를 따르는 상태를 말한다. 자신의 세계관을 포기하는 것이 아니라 오히려 긍정적으로 확장하되 타문화의 적절한 개념들을 받아들여 자신의 문화와 타문화의 세계관

사이에서 자유롭게 이동할 수 있는 능력을 의미한다. 즉, 적응된 사람은 타문화를 공감하고 타문화가 적절하다고 느끼고 행동에서도 코드전환(code-shifting)을 할 수 있는 것을 의미한다. 이는 동화(assimilation)와는 다른 개념이다. 동화가 이전의 자기 세계관을 버리고 다른 세계관을 받아들이며, 일종의 대체성 혹은 위계적 개념이라면 적응은 자신의 신념과 행동의 확장을 의미하는 것이다.

통합(integration)은 타문화와의 관계에서 행동과 태도를 넘어서 보다 근본적인 자아 개념과 자아경험이 서로 타문화적 세계관 안팎을 넘나드는 것으로 확장된다. 이 단계에서 자신의 문화적 주변성(cultural marginality)과 자신의 정체성을 파악하는 데 둘 또는 그 이상의 문화에서 조화로운 관계를 추구한다. 문화적 주변성은 문화구별이 소외로 경험되는 소외된 주변성(encapsulated marginality)과 문화적 맥락을 알면서 자유롭게 넘나들 수 있는 능력을 소유한 상태인 건설적 주변성(constructive marginality)의 형태로 나뉜다.

CHAPTER 12

다문화사회복지실천의 관점에 대한 이해

사회복지영역에서 다문화사회복지 혹은 다문화사회복지실천을 본격적으로 언급하기 시작한 것은 2000년대 들어서면서부터이다. 1990년대부터 이주노동자들이 증가하기 시작하였으나 당시에는 계약기간이 있는 산업인력으로 외국인노동자들이 대부분이었기 때문에 이들의 언어와 문제에 대한 사회적 관심은 별로 없었다. 이후 외국인노동자의 인권 문제가 사회적 이슈가 되면서, 시민단체들의 인권을 보장하기 위한 다각적 노력과 실천이 이어졌으며, 2000년대 이후 국제결혼이 증가하면서 다문화가족에 대한 관심과 이해의 필요성이 높아지기 시작했다. 또 한국의 국내 총인구의 증가율은 점차 낮아지고 있지만, 2020년에는 전체 인구의 5%에 달하는 250만 명, 2050년에는 9.2%에 달하는 409만 명으로 증가할 것으로 전망되고 있어(신은주 외, 2014), 다문화사회복지에 대한 전문적 지식과 기술, 실천의 중요성도 점차 커지고 있다.

하지만 다문화 배경을 가진 인구가 증가하면서 그간 순혈주의와 단일민족의 전통을 강조해 온 우리 사회의 경직성과 폐쇄성도 함께 드러나고 있으며, 이것은 곧 외국인 주민이 경험하는 삶의 어려움으로 나타나고 있다. 또 다문화가족 유형이 다양해지고 복합가정도 증가하면서 이들이 경험하는 문제도 복잡하고 심각해지는 경향을 나타내고 있다.

이와 같은 사회적 환경 변화로 외국인 주민의 사회적 적응과 생활의 질을 개선하고, 이들을 도울 수 있는 문화적 역량을 갖춘 전문가에 대한 수요도 증가하고 있다.

이 장에서는 이러한 다문화사회복지의 필요성에 근거하여 먼저 그간의 다문화사회복지의 실태를 살펴보고, 다문화사회복지실천이 지향해야 할 가치와 핵심요소는 무엇인지 살펴보도록 한다.

1. 다문화사회복지실천의 개념

다문화(multi cultures)는 한 사회 안에 여러 민족이나 여러 국가의 문화가 혼재하는 것을 이르는 말이며(네이버 어학사전, 2018), 사회복지실천(social work practice)은 사회복지의 목적과 이념을 달성하기 위해 여러 가지 이유로 가족이나 시장기능으로부터 소외되거나 배제된 사람들이 사회적 기능을 회복하고 정상적인 사회활동을 유지할 수 있도록 전문성을 바탕으로 사회복지서비스를 행하는 것을 말한다(우국희 외, 2015). 이 두 가지 용어가 혼합된 다문화사회복지실천(multicultural social work practice)은 민족, 국적, 피부색, 인종 등이 다르지만 결혼과 노동, 학업 등을 목적으로 우리나라에 이주하여 생활하고 있는 사람들 중 소외되거나 배제된 사람들, 혹은 사회적 기능의 어려움으로 사회복지서비스를 필요로 하는 사람들에게 전문적인 지식과 기술을 활용하여 사회복지서비스를 제공하는 것이다.

다문화사회복지실천을 위해서는 기존의 사회복지실천에서 지향하는 전문적 지식과 기술, 가치와 윤리 외에 다문화에 대한 이해와 관련 지식, 접근할 수 있는 기술 등이 필요하다. 이미 우리가 알고 있는 사회복지실천의 이론과 기술, 그리고 가치와 윤리 등은 다문화사회복지실천을 위한 기본 토대이자 필수적인 것이며, 언어와 문화가 다르고 또 생활양식이나 문화적 배경이 다른 데서 비롯되는 차이를 이해하고 수용하는 태도로서의 문화적 민감성과 역량은 지식과 기술을 적용하기 위한 선행요건이라 할 수 있다.

이런 의미에서 럼(Lum, 2004)은 다문화사회복지실천을 위해서는 사람들 사이에 존재하는 다양성과 차이를 존중하고 원조 관계에서 작용하는 문화적 요소를 인식해야 한다고 하였다. 민족과 인종, 언어, 문화적 차이로 인해 나타나는 다양성과 소통의 어려움을 자연스럽고 당연한 것으로 받아들이고, 또 이를 해소하기 위해 상호 이해를 바탕으로 하는 오랜 기간의 인내와 노력이 필요하다는 것을 수용할 수 있을 때 사회복지실천의 지식과 기술도 제 기능을 할 수 있기 때문이다. 수(Sue, 2006) 역시 다문화사회복지실천을 클라이언트의 문화적 가치관과 삶의 경험에 일치되는 원조 목표를 세우고, 클라이언트의 특성을 인식하는 데 필요한 보편적이고 문화적인 전략과 역할을 활용하여 클라이언트를 옹호하는 것이라고 설명한다(최명민 외, 2015 : 267). 이상과 같은 학자들의 정의를 살펴보면, 사회복지실천의 목표와 과정 모두에서 문화적 차이와 삶의 경험을 인식하고 고려하는 것이 무엇보다 중요함을 알 수 있다.

2. 다문화사회복지실천의 전개과정

이미 산업인력의 부족 문제로 외국인 이주노동자들이 입국하여 생활하고 있었지만, 다문화에 대한 논의가 별로 이루어지지는 않았다. 그러나 2000년대에 들어서면서 결혼이민자가 증가하고 다문화가족 자녀와 재외동포, 북한이탈주민 등이 증가하면서 인종적 · 문화적 다양성에 따른 다문화주의에 대한 논의가 증가하였고(윤인진, 2009),[1] 다문화사회복지실천의 필요성도 증가하였다. 그것은 인종, 민족, 문화적으로 다원화된 인구현상이 나타나나는 다문화사회로 진입하기는 하였으나 이에 대한 사회적 준비가 되어 있지 못해 이주노동자에 대한 부당한 대우와 인권침해, 결혼이주여성들의 사회문화적 적응의 어려움, 자녀의 부적응과 학습 문제 등이 심각하게 드러나기 시작했기 때문이다.

이와 함께 인구문제와 인력문제를 종전의 출입국 및 외국인력활용정책 차원에서 접근하기보다는 이민정책의 차원에서 접근하는 것이 이들에 대한 보호와 사회통합, 그리고 다문화사회복지 면에서 더 적절하다는 인식과 실제 결혼이주여성과 그 자녀들이 겪는 어려움이 사회문제화되면서 인권과 다문화복지실천을 강화해야 할 필요성이 커진 것도 중요한 배경으로 작용하였다. 여기에 불법체류 외국인노동자들의 문제와 비교할 때 국제결혼여성의 권리문제나 이주아동의 교육문제 등은 사회적 공

1 서구에서는 선진국의 저출산 · 고령화로 인한 이주노동자의 유입, 1960년대 인권운동으로 인한 내국인과 소수인종집단의 권리의식 고양, 민주주의의 확립, 냉전 종식으로 지정학적 안전을 확보하게 되면서 나타난 소수인종집단 억압 및 통제의 필요성 감소, 자유민주주의에 대한 광범위한 합의와 지지를 배경으로 다문화주의가 등장하였다(윤인진, 2009).

감과 지지를 받기 쉽고, 또 정부로부터 위탁사업 형태로 다양한 사업들을 지원받을 수 있었던 점도 다문화사회복지실천이 확대되는 요인으로 작용하였다(이선옥, 2007, 윤인진, 2009 재인용).

이와 같은 배경에서 2006년부터 각종 이민정책과 다문화사업 및 프로그램들이 적극적으로 개발되기 시작했다. 여성 결혼이민자 가족의 사회통합 지원 대책, 혼혈인 및 이주자 지원방안, 외국인 정책 기본방향 및 추진체계, 다문화가족지원법에 의한 다문화가족지원센터 설치와 교육 및 상담 지원, 정보제공, 서비스 프로그램 실시 등은 그 예라 할 수 있다(김숙령 · 이선희, 2011).

2008년 3월에 다문화가족지원법이 법률 제8937호로 제정된 이후 일부 개정되었다. 다문화가족지원법은 국가와 지방자치단체의 책무(제3조), 생활정보 제공 및 교육지원(제6조), 가정폭력 피해자에 대한 보호 · 지원(제8조), 다국어에 의한 서비스 제공(제11조) 등 전문 17조와 부칙으로 이루어져 있다. 다문화가족지원법에 근거하여 여성가족부 장관은 다문화가족 지원을 위해 5년마다 다문화가족정책에 관한 기본계획을 수립하여야 한다. 이에 따라 여성가족부는 2010년에 제1차 다문화가족정책 기본계획(2010~2012)을 수립 · 시행하였고, 2011년 4월에 다문화가족지원법을 개정하면서 2차 기본계획(2013~2017)을 수립 · 시행하였다. 제3차 다문화가족정책 기본계획은 2017년도에 수립되어 공청회를 거친 후 현재 시행되고 있다. 또 국가와 지방자치단체는 결혼이민자 등이 대한민국에서 생활하는 데 필요한 기본적 정보를 제공하고, 사회적응교육과 직업교육 · 훈련 및 언어소통 능력 향상을 위한 한국어교육 등을 받을 수 있도록 필요한 지원을 하고 있다.

그러나 아직까지는 복지 공백이 많이 존재하고 있으며, 그간의 다문화정책 및 사업에 대한 문제점도 제기되고 있는데, 그 내용을 살펴보면 다음과 같다.

첫째, 다문화사회복지의 대부분 정부 주도적이고 수요자보다 공급자 중심적이며, 특정 대상에 치우치는 경향이 있다. 이것은 우리나라의 다문화정책이 문화적 이해를 시작으로 사회적 통합을 지향하기보다는 동화와 적응을 우선적으로 강조해 온 것과 관련이 있다. 또 우리나라에 거주하는 외국인의 상황은 다양한데, 그들의 생활 실태나 욕구를 제대로 반영하지 못한 채 정부 주도적인 정책과 사업을 펼쳐왔던 것과 관련이 있다. 앞으로는 외국인 주민의 다양한 욕구와 상황을 반영하여 정책 수립 및 실천이 이루어지도록 하고, 외국인 주민의 삶의 경험과 애로점을 잘 파악하고 있는 민간단체들과 다문화정책 및 예산을 주관하는 공공기관이 상호 협력하여 수요자의 경험을 반영하고 다양한 대상을 포용하는 방향으로 나아가야 한다.

둘째, 우리나라의 다문화정책은 준비되지 못한 상황에서 수립되고 실행되면서 중장기 비전과 계획 등 방향성을 명확히 하지 못하였다. 그리고 다년간의 정책 및 사업 경험이 있음에도 불구하고, 현재도 이런 상황에서 벗어나지 못하고 있다. 이런 문제점은 각 부처마다 유사한 사업이나 서비스를 개발하여 제공함으로써 예산 낭비와 서비스의 중복, 실적 위주 등으로 인해 장기적 효과성을 검증하기 어려운 한계를 낳고 있다. 이런 문제점을 개선하기 위해서는 무엇보다 다분화복지정책의 틀을 정립하는 것이 가장 시급하다.

셋째, 정부와 민간의 역할 구분이 불명확한 점이 있다. 정부는 기초 조사 및 연구를 근거로 중장기적인 정책을 계획하고 그 결과를 민간에 제공하여야 한다. 하지만 정부는 다문화정책을 어떻게 펼쳐갈 것인지에 대한 중장기적 계획을 명확히 하지 않은 채 단기적 과업을 해결하는 데 급급해 왔고, 현장에서는 정해진 예산으로 일부 외국인 주민을 위한 서비스를 개발하고 제공하는 데 치중해 왔다. 향후에는 민과 관의 역할을 명확히 하고 상호 협력하고 소통하는 구조를 안정화시켜야 한다.

마지막으로, 다문화 사회복지정책과 실천이 주로 결혼이민자를 대상으로 한정되는 경향이 많아 진정한 의미에서의 다문화복지실천이라 평하기 어렵다. 이러한 대상 쏠림 현상은 각 집단별로 고유한 사업과 프로그램, 인력, 관련 시설을 만들어내게 되는데, 이것은 결과적으로 국내 소외계층과의 역차별 문제나 형평성 문제를 낳을 수 있다. 또 '구별짓기'나 사회적 차별, 편견에 효과적으로 대응하지 못하는 부작용을 초래할 수 있으므로, 앞으로는 배우자 대상 교육이나 중도입국 자녀, 시부모나 가족 등 대상을 확대하여 이주민의 문화에 대한 이해를 높이도록 해야 한다. 또 국내에 거주하는 외국인들을 모두 포용하면서 외국인의 이주 배경 및 처한 상황에 따라 접근하여야 하며, 결혼을 통해 국내에 입국한 여성뿐만 아니라 노동을 하러 왔다가 기간이 종료되어 불법체류자로 남는 사람들, 그리고 그들의 자녀들까지 포괄하여야 하며, 이들에 대한 지원에도 관심을 기울여야 한다.

3. 다문화사회복지실천의 관점

1) 임파워먼트 관점[2]

다문화사회복지실천은 낯선 환경에서 언어와 문화가 다른 소수자들의 삶에 개입하는 것이기 때문에 무엇보다 당사자들의 '낯섦'과 '힘없음'에 관심을 둔다. 그리고 다문화사회복지실천은 외국인 주민이 처한 상황에서 자신의 의사를 표현하고 환경을 통제해 나갈 수 있는 힘을 갖도록 자기결정, 권리, 주체성, 비판적 사고, 유능성의 획득과 같은 개념들을 중요시한다. 이런 이유로 여러 학자들은 다문화사회복지실천에 임파워먼트 관점(empowerment perspective)을 적용하고 있다(Gutierrez, 1990; Evans, 1992; Life, 2001, 윤혜미, 2009 : 87 재인용). 여기서도 다문화사회복지실천을 위한 여러 가지 관점 중 임파워먼트 관점을 살펴보고자 한다.

(1) 개념과 특징

임파워먼트(empowerment)는 상호작용과정을 통한 힘(power)의 시너지 효과를 추구하는 것으로서 힘의 분배보다는 증대에 초점을 둔다는 의미에서 '역량확대', '역량증대', '역량강화', '자율성 부여'로 번역된다(박원우, 1998). 하지만 일반적으로는 역량강화의 의미를 가진 용어로서 임파워먼트를 그대로 사용하는 경향이 있다. 임파워먼트는 스스로의 삶에 대한 통제력을 바탕으로 다른 사람과의 상호작용이나 의사소통을 증진시키고, 더 나아가 지역사회나 사회적 차원으로 영향력을 발전시켜 나가는 것을 바탕으로 힘(power)을 증가시키는 것을 의미한다(Browne, 1995).

이러한 임파워먼트는 사회복지실천현장에서 돕는 과정으로 이해되기도 하고 혹은 결과로 정의되기도 한다. 또 때로는 이론이나 실천 혹은 패러다임으로 활용된다. 이렇게 임파워먼트는 다양한 맥락에서 다양한 개념으로 정의된다. 그러나 어떤 목적으로 활용되든 임파워먼트가 갖는 다음과 같은 몇 가지 공통적인 특성이 있다.

첫째, 개념의 출처가 힘(power)에 있으며, 힘을 누군가에게 부여하는 데 주안점을 둔다. 여기서 힘이란 타인에 대한 통제, 영향력, 법적이고 공적인 권위, 능력, 권리

2 임파워먼트 관점은 공미혜 · 이진숙 · 성정현 · 한정원(2015)에서 필자가 집필한 부분을 활용하였음.

또는 신체적인 힘을 의미한다. 그리고 힘의 부여란 사람들이 자신의 장점, 능력, 개인적인 힘을 인식하도록 힘을 나누고 존중하는 것을 의미한다(Mason et al., 1991, 구옥희, 1998 재인용; 오혜경, 1998). 다문화사회복지실천에서는 언어와 문화가 다르고, 사회경제적으로 취약한 상황에 놓여 힘이 부재한 외국인 이주민들에게 다양한 실천 전략을 적용하여 그들의 장점과 능력을 인식하고 권한을 갖도록 한다.

둘째, 임파워먼트는 결핍된 상태 혹은 무기력한 상태를 전제로 하지만 그 상태는 개인적인 문제가 아니라 사회적이고 구조적인 것이라고 가정한다. 즉, 개인적 결함 때문에 무기력한 것이 아니라 무기력한 집단에 속해 있기 때문에 능력을 상실하는 것이다. 이렇게 개인이 원인에서 자유롭다는 전제는 자기 비난과 책임감을 감소시키고 또 클라이언트가 힘을 느끼고·참여적 행동을 하도록 한다(김인숙 · 우국희, 2001). 다문화사회복지실천에서는 우리나라에서 경험하는 초기의 부적응과 소통의 어려움이 자신에게서 비롯되는 것이 아니라 환경적 자원의 부족과 부재, 그리고 사회제도적 미비와 관련된 것임을 알게 하고 이를 개선하기 위한 자조모임 등의 참여행동을 지원하는 것을 예로 들 수 있다.

셋째, 임파워먼트는 능력감이나 자존감, 통제력, 사회적 환경의 변화 등 가시적인 목표를 지향하지만, 객관화시키기 어려운 정서적 요소들과도 연관되어 있다. 그러므로 임파워먼트는 과정상의 의미와 파워를 소유하거나 통제할 수 있는 상태를 의미하는 산출물, 즉 결과물로서의 의미를 동시에 지닌다(Staples, 1990). 이러한 예로는 외국인 주민들이 이런 임파워먼트의 특성을 함양하도록 상담과 교육을 실시하고, 이들이 처한 내외적 상황에 대한 공감과 소통을 통해 심리적 임파워먼트가 이루어지도록 하며, 나아가 시민권과 가족권 등을 향유할 수 있도록 정치 세력화하여 관련 제도를 만들고 개선하는 데 참여하도록 돕는 활동들을 들 수 있다.

(2) 임파워먼트의 수준, 목표, 전략

임파워먼트 접근을 통해 달성하려는 궁극적인 목적은 사람들의 자기 존중감을 고양시켜 능력감을 갖도록 하고, 자원을 좀 더 형평성 있게 배분하도록 하는 데 있다. 그리고 임파워먼트 접근에서는 이러한 목적을 달성하기 위해 개인적 차원에서부터 사회적 차원까지 전반적인 변화를 지향한다(김재득, 2000).

임파워먼트의 수준 혹은 차원은 크게 개인적 · 대인관계 수준, 집단적 · 조직적 수준, 지역사회 혹은 사회적 수준의 세 가지로 구분된다. 이 세 가지 수준의 임파워먼트는 사실 연속선상에 위치하여 상호 영향을 주고받는다. 하지만 실천 접근의 주요 초점이 무엇인가에 따라 개입전략이나 중점적인 효과 면에서 차이를 보인다.

첫째, 개인적 · 대인관계 수준에서는 클라이언트가 힘과 통제력이 증대되었다는 느낌을 갖게 하는 데 목표를 둔다. 또 개인적 차원이나 대인관계 차원에서 능력감과 통제력을 경험하도록 하고 자존감과 자신에 대한 충족감을 증대시키도록 하는 데 주안점을 둔다. 이를 위해 사회복지사는 문화적 차이로 인해 경험하는 어려움과 맥락을 검토하고, 외국인 주민의 특수성을 고려하여야 하며, 언어와 문화의 차이에 대한 문화적 감수성을 갖도록 해야 한다. 즉, 외국인 주민이 경험하는 여러 가지 문화적응 관련 스트레스는 지역사회 생활이나 집단에의 참여 등에 직접적으로 영향을 미치므로, 이들의 경험에 귀를 기울이고 욕구를 파악하기 위한 노력을 해야 한다(윤혜미, 2009). 또 한국사회 적응을 위해 필요한 지식이나 기술을 획득하고 타인과 연합하여 자원을 수집하거나 지지망을 연결하여 자원을 활용하는 기회를 갖도록 돕는 것이 필요하다(Longress & McLeod, 1980). 이러한 사회복지사의 자세는 외국인 주민으로 하여금 이중언어 구사능력을 갖고 또 본국을 떠나 운명을 개척하는 적극적이고 도전적인 사람이라는 인식에 근거하여 내적 임파워먼트를 하는 데 매우 필요하다(윤혜미, 2009). 개인적 · 대인적 차원에서는 자기효능감과 자기충족감, 자존감을 증대시키기 위해 자원과 서비스에 대한 정보를 제공하고, 법적 권리를 주장할 수 있도록 훈련시키는 기술을 활용한다. 또 요구를 충족시키기 위한 지식과 기술을 함양하고 연합을 활용하여 자원을 획득할 수 있도록 하는 전략들을 활용한다.

둘째, 집단적 · 조직적 수준에서는 클라이언트의 이익을 대변하기 위해 기관정책에 영향을 주는 방법들을 채택하거나 서비스 전달 및 자원 활용에서 클라이언트의 참여를 높이는 데 주안점을 둔다. 특히 일상생활에서 경험하는 문제를 해결하고 개선하기 위해 다양한 프로그램을 개발하고 교육하며, 다문화복지 전문인력을 발굴하고 훈련시킨다. 또 전달체계를 개선하고 관련 기관 간의 연대와 협력을 통해 최선의 이익을 제공하도록 돕는다. 집단적 수준에서의 다문화사회복지실천에서는 클라이언트가 서비스를 선택할 수 있는 자유를 향유하도록 하고, 자원을 동원할 수 있는 기회를 많이 제공하며, 조직적인 힘을 증가시켜 원하는 것을 성취하도록 하는 전략들을 활용한다. 때로는 관련기관과 협상하고 또 새로운 대안적 프로그램을 활용하는 기술들을 활용한다.

셋째, 지역사회 혹은 사회적 수준에서의 임파워먼트는 집단적 혹은 정치적 힘을 증대시키고, 때로는 목표 달성을 위해 정치적 투쟁을 시도하는 것을 목표로 삼는다. 이것은 소규모나 단기적인 문제 상황보다는 권력관계나 자원의 변화 혹은 제도의 변화를 도모한다. 또 억압받거나 박탈당한 사람들이 불평등에 대응하도록 하기 위해 직접행동이나 협상을 시도하는 사회행동(social action)을 시도하기도 한다.

이주자들의 권리 옹호를 위해 클라이언트들이 안전에 대한 권리와 존엄성, 경제적 기회에 대한 권리를 생각해 보고 차별과 배제에 대한 인식을 높여 참여를 통한 권리회복의 필요성 및 능력을 기르게 해야 한다(Robson, 1997, 윤혜미, 2009 재인용). 또 사각지대가 발생하지 않도록 제도적 차별이나 장애를 찾아 법과 제도를 개선하는 노력도 사회복지사의 핵심 역할 중 하나라 할 수 있다.

이러한 임파워먼트의 수준별 목표와 전략을 요약하면 다음과 같다.

〈표 12-1〉 임파워먼트 수준별 목표와 전략

<table>
<tr><th>수준</th><th>목 표</th><th>전 략</th><th>다문화사회복지실천 접근</th></tr>
<tr><td rowspan="3">개인적 수준</td><td rowspan="3">① 구조적 질서의 실제적 변화 없이 증대된 힘과 통제력에 관한 개인적 느낌을 개발하는 것
② 개인적, 대인관계적 차원에서 접근하여 자기효능감, 자기충족감, 자존감을 증대시키는 것</td><td rowspan="3">① 자원과 서비스에 대한 정보제공
② 법적 권리주장에 대한 훈련
③ 요구충족에 필요한 지식과 전문성 증가
④ 환경조정에 필요한 개인적 기술의 증가
⑤ 연합을 활용하여 자원획득의 기회 증가
⑥ 방해요소들의 관리를 위한 기술교육
⑦ 지지망의 연결, 자원의 활용을 격려하는 전략들(Longress & McLeod, 1980)</td><td>• 가족치료
• 부부상담
• 문화감수성 훈련
• 아동청소년 상담 및 정체성 훈련</td></tr>
<tr><td>• 서비스 효과성 개발 노력
• 여성단체나 지역단체와의 서비스 네트워킹</td></tr>
<tr><td>• 전달체계 개선
• 다문화 역량을 갖춘 전문가 양성
• 다문화이해 교육</td></tr>
</table>

<table>
<tr><td rowspan="2">집단적 혹은 조직적 수준</td><td rowspan="2">① 클라이언트의 이익을 대변하기 위해 기관정책에 영향을 주는 방법들을 집단적으로 채택
② 서비스 전달이나 자원 활용에 클라이언트의 참여를 높이는 것이 목적</td><td rowspan="2">① 전문가의 지식과 기술을 발휘
② 클라이언트의 서비스 선택의 자유와 자원동원의 기회 극대화
③ 환경변화 도모
④ 조직적인 힘 증가
⑤ 기관과 협상
⑥ 새로운 대안적 프로그램 개발 (Hazenfeld, 1987).</td><td>• 다문화주체로서의 인식과 역량개발
• 자조모임</td></tr>
<tr><td>• 다문화 인력발굴과 훈련</td></tr>
<tr><td rowspan="3">지역사회/사회적 수준</td><td rowspan="3">① 집단적, 정치적 파워를 증대시키는 과정
② 능력고취를 정치적 투쟁으로 파악</td><td rowspan="3">① 사회행동</td><td>• 교육, 보건, 정보제공, 자원봉사자 연계
• 우울과 불안 등 정신보건 서비스 제공
• 권리교육</td></tr>
<tr><td>• 지역사회 자원 연대강화, 욕구조사
• 지역사회서비스 기관의 제도적 차별 인식과 개선</td></tr>
<tr><td>• 차별금지정책 옹호
• 다문화사회 지향성 강화를 위한 예산 확보 등</td></tr>
</table>

출처 : 권종희 · 서인해(2008), p. 134; 윤혜미(2009), p. 102 재구성.

(3) 임파워먼트 효과

임파워먼트(empowerment)는 통제력을 상실하거나 무기력이나 소외감, 부정적인 자기평가를 해온 사람들에게 구체적인 자원과 서비스에 대한 욕구를 발견하고 욕구를 충족시키는 대안들을 증가시키는 과정 혹은 개입이다. 이런 임파워먼트 실천에서는 무엇보다 당사자들이 경험하는 심리사회적 문제가 단순한 서비스 접근으로는 해결하기 어려운 복합적인 특성을 가지고 있음을 이해하는 것이 매우 중요하다.

임파워먼트가 개인의 심리적 역량 강화에만 주안점을 두는 것이 아니고 암묵적으로는 사회적 변화까지 지향한다는 점에서 각 수준별 목표와 접근 방법을 일련의 연속선상에 놓고 접근하는 것이 효과적이다. 또 개인적 수준의 사례관리나 집단적 수준의 교육 혹은 소집단 활동 등을 상황에 맞게 함께 활용하는 경우 그 효과를 높일 수 있다.

이러한 임파워먼트 접근은 항상 서비스 수혜자의 위치에 놓였던 서비스 이용자의 내재된 가치와 강점을 스스로 찾도록 하고, 부정적인 이미지로 낙인찍힌 서비스 이용자 집단의 무력감을 감소시키는 효과가 있다. 또 대인관계 차원에서 지식과 기술을 증가시키고 자기주장을 하거나 문제해결 능력을 향상시키는 데도 도움이 된다. 마지막으로 사회정치적 차원에서는 환경에 대한 통제감을 획득함으로써 참여를 높이는 효과가 있다(Parsons, Gutlerrez, & Cox. 1998, 최윤진 · 허정은, 2006 재인용).

2) 성인지적 관점과 적용방법

(1) 개념

성인지적 관점(gender perspective)은 성주류화(gender-mainstreaming)의 방법들 중 하나로, 각종 제도나 정책에 포함된 특정 개념이 특정 성에게 유리하거나 불리하지 않은지, 성역할 고정관념이 개입되어 있는지 아닌지 등의 문제점을 검토하는 관점을 말한다(네이버, 행정학 사전).[3] 성인지적 관점은 생물학적 성이 어떻게 사회적 성을 규정하고 또 그와 같은 규정이 사회에서 여성과 남성의 지위 및 상호관계와 어떻게 연관되는지를 이해하여, 업무를 수행할 때 성별 역할과 지위, 입장, 경험을 동등하게 고려함으로써 특정 정책이 여성과 남성에게 미치는 차별적인 영향을 배제할 수 있도록 하는 데 필요한 안목을 갖는 것을 의미한다. 이런 의미에서 성인지적 관점은 다양한 성주류화 방법을 활용하고 적용하기 위한 전제로서의 관점이자 전체 과정에서 근간이 되는 이념이라고 할 수 있다.

다문화복지정책과 실천에서 성인지 관점을 갖는 것은 매우 중요하다. 다문화복지의 주요 대상인 다문화가족 중 외국인 주민이 주로 여성이고, 특히 이들은 민족과 피부색 등에 따른 이중 혹은 삼중의 차별과 불평등뿐만 아니라 성별에 따른 차별을 경험할 수 있다. 그러므로 이에 대한 민감성을 가지고 다문화복지정책을 개발하는 단계뿐만 아니라 정책을 집행하고 서비스를 전달하는 실무자에 이르기까지 성인지 관점을 가지고 성인지 역량을 함양하도록 해야 한다(성정현, 2003). 그것은 성인지적

3 1995년 제4차 북경 세계여성대회에서 성주류화가 행동강령으로 채택된 이후 많은 나라들이 성주류화를 이루기 위한 제도적, 정책적 분석과 대안들을 모색하고 있다. 우리나라도 1995년 여성발전기본법을 제정하면서 여성 발전전략으로서 성주류화를 채택하고 있다. 성주류화를 달성하기 위한 전략과 방법으로는 정책기구의 정비 및 예산확충, 성인지적 통계 구축, 담당자의 성인지력 향상, 성분석, 의사결정과정에의 참여, 정책의 모니터링 등을 들 수 있다(강남식, 2001; 이혜경 · 손병돈, 2001).

인 정책을 개발했다 할지라도 정책수행 과정에서 담당자가 성인지적 관점을 가지고 있지 않으면 구체적인 시행이 어려울 뿐만 아니라 시행과정에서 그 의미가 변색될 수 있기 때문이다(김양희 외, 1999b).

(2) 성인지 관점의 적용 : 다문화와 성별영향분석평가

① 성별영향분석평가

우리나라는 2002년 여성발전기본법에 관련 조항을 명문화한 이후 2005년도부터는 성별영향분석평가제도로 실시되어 왔으며, 2011년 성평등분석평가법이 제정된 이후 2012년부터는 실질적인 법적 효력을 갖게 되었다(박선영, 2012). 성별영향분석평가법 제정은 남녀 모두를 대상으로 하는 제도로서, 그 목적을 성평등 실현에 둔다는 데 의의가 있다. 또 그 대상을 계획과 법령으로까지 확대하여 성차별 법령이 입법화되는 것을 방지할 수 있는 구조를 마련한 점과 성별영향분석평가를 체계적으로 시행할 수 있는 법적 구조를 마련한 점, 그리고 정책이 성불평등하게 만들어지지 않도록 사전 개입이 가능할 뿐만 아니라 그 결과를 예산에 반영하도록 하였다는 점에서도 의의가 있다(박선영, 2012; 장민선, 2012).

이러한 성별영향분석평가는 1990년대 중반 이후 우리나라 여성정책의 기조를 이룬 성주류화(gender mainstreaming)를 달성하기 위한 정책도구 중 하나이다. 그동안 시회 전반에 성인지적 관점(gender-perspective)을 통합하여 남성중심적인 주류영역이 변화되고 양성평등의 정책목적을 달성하도록 성주류화 방법 및 도구로서 성분석(gender-analysis), 성인지 예산, 성별분리 통계 마련, 양성평등 교육 등을 활용해 왔다. 그러다가 2011년 성별영향분석평가법이 제정되면서 모든 정책에 남성과 여성이 처한 현실과 삶의 경험, 그리고 사회경제적 지위의 차이 등에 따른 특성과 차이를 반영하도록 하였으며, 이로써 실질적으로 성평등 및 형평성을 달성하도록 하는 정책 효과가 좀 더 강화되게 되었다(김경희, 2004).

성별영향분석평가를 실시하기 위해서는 무엇보다 목표와 방법이 명확해져야 한다. 그러므로 성평등의 개념과 분석평가의 대상 및 기준 등을 분명히 해야 하는데, 먼저 성평등이란 성별을 축으로 한 사회 불평등이 어떻게 생산되고 재생산되는지를 이론적, 정치적으로 개념화한 것으로, 국가와 사회마다 차이가 있을 수 있다. 또 남성과 여성의 평등한 상태에 대한 기준 또한 다를 수 있는데, 그것은 성평등의 의미 자체가 현실적이면서도 추상적이기 때문이다.

김경희 등(2016)은 성평등을 이론적 차원과 맥락적 차원으로 구분하고, 이론적 차원에서는 같음으로서의 성평등(균등기회, 균등처우), 차이에 대한 동등한 평가, 변혁으로서의 성평등(성별화된 실천과 기준의 변화)을 제시하였으며, 맥락적 차원에서는 성별 격차 해소, 일과 가정의 조화, 차이와 인권의 존중을 목표로 제시하였다. 그리고 이러한 목표를 달성하기 위한 성별영향분석평가는 공공정책을 성인지적 관점에서 분석·평가하여 정책개선안을 도출하고, 그 개선안을 정책에 반영함으로써 성평등을 향상시키는 데 일차적인 목적을 둔다. 성평등 실태를 점검하고 평가하는 영역은 다음과 같다.

〈표 12-2〉 성별영향분석평가 영역 및 대상

EU 성평등 지표			양성평등계획(과제)
일	참여	노동시장 참여, 일자리의 질, 성별 격차	경제활동 : 고용 격차 해소
	분리		
	일자리 질		
소득	재정적 지원	경제적, 재정적 자원의 불균등한 배분 문제, 노동시장 참여, 경제적 자산 등, 빈곤	돌봄 : 일·가정 양립 확산
	경제적 상황		
지식	교육성취	교육기회 접근에서의 성별 차이와 분리	복지와 건강 : 건강과 복지증진
	분리		
	평생교육		
시간	경제활동	유급·무급 노동시간, 여가시간, 공동체 참여 등	의사결정 : 공공·국제 분야 여성참여 확대
	돌봄활동		
	사회활동		
권력	정치권력	정치, 경제, 사회 등 실질적 영향 행사 시 성별 대표성과 권력 공유	안전 : 폭력근절과 인권 보호
	사회권력		
	경제권력		
건강	지위	생물학적 차이와 재생산 건강, 삶의 방식이 건강에 미치는 영향, 건강과 의료서비스 접근권	문화 : 양성평등 문화 확산
	평등		
	접근		
교차적 불평등		이질성에 대한 관심	
폭력	직접 폭력	여성성에 대한 혐오와 비하, 문화적 폭력 등	
	간접 폭력		

위의 문제영역에 대한 성별영향분석평가를 위한 평가도구 및 지표는 〈표 12-3〉과 같다. 먼저 법령은 '성별 구분 또는 성별 고정관념', '성별 특성 반영', '성별 균형 참여' 등 세 가지 항목으로 구성되어 있다. 이 중 '성별 구분'은 제정되거나 개정되는 법령의 내용에 성별 구분조항이 있는지를 점검하고 개선의 필요성을 분석하는 것이며, '성별 고정관념'은 제·개정 법령의 내용이 근로, 생계, 출산, 부양 등과 같은 성별 고정관념과 관련되어 있는지를 점검하고 필요한 경우 개선안을 제시하도록 하는 것을 의미한다. 또 '성별 특성 반영'은 제·개정 법령 내용에 자격이나 요건에 관한 조항이 있는지를 검토하고, 이것이 성별에 따라 다른 영향이 있는지를 분석하는 것이다. 마지막으로, '성별 균형 참여'는 위원회, 심의기구, 협의체 등의 구성 조항 및 위원 자격요건에 관한 사항이 있는지를 점검하는 것이다(김경희, 2016 : 31).

사업에 대한 성별영향분석평가 지표는 2개 부문에서 5개의 평가항목이다. 이 중 '정책 환경의 성별 특성' 부문에서는 법령에 성별구분이나 고정관념이 내재되어 있는지, 성별 특성을 반영하는지 그리고 위원회 등에 성별 균형참여가 이루어지는지를 검토한다. 그리고 '성평등을 위한 조치사항'에서는 법령이나 예산, 사업에 조치사항이 충실히 반영되는지를 검토한다.

〈표 12-3〉 성별영향분석평가 평가지표(2014~2015)

부문	분석지표	부문	분석지표
법령	• 성별 구분 또는 고정관념 • 성별 특성 반영 • 성별 균형 참여	사업	• 정책 환경의 성별 특성 - 사업의 성별 요구도 - 사업의 성별 형평성 • 성평등을 위한 조치사항 - 법령반영 - 예산반영 - 사업반영

출처 : 김경희 외(2016), p. 30.

② 다문화가족과 성별영향분석평가

성별영향분석평가법이 시행되면서 제도의 효율적 운영과 성평등 및 형평성의 향상을 위한 다각적인 노력이 이루어져 왔다. 그러나 사회 운영 전반에 걸쳐 남녀 모두를 대상으로 하는 성별영향분석평가가 제도화되었다고 하여, 그동안 우리 사회에 만연되어 온 성별 구분이나 성별 고정관념, 젠더불평등 문제가 확연히 개선된 것은 아니다. 오랫동안 지속되어 온 남성=생계부양자, 여성=재생산노동자라는 이분법적 성역할 구분과 가부장적 사회제도로 인해 여전히 여성은 남성보다 노동시장 진입과 고용유지, 일과 가정의 양립, 그리고 경력개발 등에서 어려움을 겪고 있고, 특히 다문화가족의 이주여성들은 더욱 그러하다.

4. 다문화사회복지실천의 가치와 윤리

1) 차별 금지

국제결혼으로 맺어진 다문화가족이 증가하고 가족 유형이 다양해지면서 정책과 제도뿐 아니라 실생활에서도 문화적 다양성을 포괄해 가고 있다. 단일민족의 정체성을 가진 민족이라는 인식이 깊게 뿌리박혔던 우리 사회가 점점 법과 제도, 서비스뿐만 아니라 외국인 주민의 문화적 권리에 대한 이해와 수용의 필요성, 그리고 마음가짐의 중요성을 강조하기에 이르렀다. 이제는 특정 가족이나 사업장의 문제가 아니라 우리 사회 전체의 현실이므로 이와 관련된 사회적 가치의 함양 또한 매우 필요하다.

문화적 차이로 인한 갈등은 다양한 현상으로 표출되며, 때로는 윤리적 딜레마를 낳는다. 또 전문직의 윤리와 가치에 기반하여 실천을 하는 과정에서 법과 제도, 규정 등으로 인해 다양한 제약에 부딪히기도 한다. 하지만 어떠한 상황이든 사회복지사는 먼저 자신의 가치와 윤리를 성찰하고, 클라이언트의 사상, 종교, 인종, 성별, 지위, 계층을 이유로 클라이언트를 차별해서는 안 된다. 이와 같은 원칙은 전미사회복지사협회(NASW)의 윤리강령 4.02에 근거한다.

4.02 차별

사회복지사는 민족, 인종, 국적, 피부색, 성별, 성적 지향, 연령, 혼인 관계, 정치적 신조, 종교, 정신적 또는 신체적 장애에 근거한 어떤 형태의 차별도 묵과, 조장, 협조해서는 안 된다.

다문화사회는 독자적이고 동등한 권리를 누리는 단체, 조직체, 기관의 사회적 · 정치적 · 사상적 · 문화적 · 경제적 이해관계들이 무제한적이고 정당성을 갖춘 다양한 형태로 표출되는 다원화된 사회를 의미한다. 또 개방적인 법적 보장과 각 문화에 대한 이해를 통해 평등권을 보장하고 차별을 금지하는 사회를 뜻한다(박지원, 2009).

이러한 다문화사회를 구현하기 위해서는 민족과 종교, 피부색 등의 차이에 기인하는 사회적 낙인과 편견이 부재하고, 복지자원을 분배할 때에도 차별이 발생하지 않도록 해야 한다. 즉, '사람이 사람답게 살 권리'로서 인간으로서의 존엄성과 가치, 자유와 권리가 존중되어야 한다.

유럽연합의 기본권 헌장 제21조에서는 성별, 인종, 피부색, 민족적 혹은 사회적 출신, 유전적 특징들, 언어, 종교, 세계관적 확신, 정치적 견해 혹은 그 이외의 다른 견해, 어떤 소수민족에의 소속, 재산, 출생, 장애, 연령 혹은 성적 지향으로 인한 차별을 금지하는 원칙을 규정하고 있다. 또 유엔인권협약은 제14조에서 유엔인권협약 속에 규정된 자유와 권리의 향유가 성별, 인종, 피부색, 언어 등의 차이에 관계없이 보장되어야 함을 명시함으로써 소수자 보호 및 다양성 보호에 초점을 두고 있다.

이와 같은 소수자에 대한 사회적 차별 금지는 곧 소수자의 생명권과 신체의 자유와 안전에 대한 권리, 표현의 자유, 종교의 자유, 거주이전의 자유 등을 포괄하는 자유권과 성별, 종교, 장애, 나이, 출신 지역과 국가, 용모, 피부색으로 인해 차별받지 않을 권리를 의미하는 평등권, 그리고 근로 및 공정하고 유리한 근로조건을 향유할 권리, 사회보장의 권리, 문화 · 과학 · 예술 활동을 권리를 포함하는 사회권을 보장하는 것을 의미한다. 즉, 인정에 기반하여 당연히 누려야 할 다양한 권리를 존중해야 하는 것이다.

2) 문화적 능력과 사회적 다양성에 대한 윤리

문화적 다양성을 보장하는 것은 국가의 민족적 · 지역적 다양성과 함께 공동의 문화유산을 강조하는 것이기 때문에 국가의 문화적 발전과 사회통합에 기여한다(박지원, 2009). 이러한 문화적 다양성의 보장은 곧 문화적 권리(cultural rights)의 향유로 실현되는데, 여기서 문화적 권리란 사회구성원으로서의 인간이라면 누구나 가지고 있는 문화적 욕구의 충족을 통해 삶의 질을 향상시켜 나갈 수 있는 기본 권리를 의미한다. 즉, 문화적 활동을 자유롭게 행하고, 타인의 문화적 활동의 성과와 문화적 유산을 향유하며, 승계하고, 문화성이 풍부한 환경에서 생활할 권리 내지 이익이라고 할 수 있다.

문화적 권리는 1948년 국제연합(UN) 회원국들이 세계인권선언 제273조에서 모든 사람은 공동체의 문화생활에 자유롭게 참여하고 예술을 감상하며, 과학의 진보와 그 혜택을 향유할 권리를 가진다고 규정하면서 천명되었다. 또 1966년 12월 UN이 채택한 "경제적 · 사회적 · 문화적 권리에 관한 국제규약"에서도 문화적 권리보장이 인권보호의 목표임을 분명히 한 바 있다. 즉, 언제나 경제성장의 그늘에 가려진 문화 및 문화적 권리가 실상은 기본적 인권임을 밝히면서 이의 향유를 통한 삶의 질을 보장하는 것이 곧 인권보호의 지향점 중 하나임을 명확히 한 것이다(유현도, 2008).

이와 같은 문화적 권리는 1960년대부터 거론되었지만, 실제 활발하게 논의되기 시작한 것은 1980년대 이후 소수민족, 소수언어, 문화유산, 문화예술의 창작의 자유 등과 같은 권리들에 대한 권고안과 선언문들이 제출되면서부터이다. 즉, 다양한 인구집단의 출현과 그로 인한 사회경제적 문제들이 부각되면서 소수자들이 향유해 온 문화, 즉 전통과 예술과 역사 등도 인정하고 보호하며, 향유할 수 있도록 해야 한다는 시각이 싹트기 시작하였다. 이런 과정을 거쳐 현재에는 집단보다는 개별적으로, 그리고 보편성보다는 다양성의 시각에서 문화적 권리를 향유할 수 있도록 지원해야 한다는 논의에 이르고 있다.

우리나라도 1980년대 이후 소수자의 권리에 대한 인식이 싹트면서 '차이'와 '다름'에 대한 담론에 이어 긍정적 다양성(affirmative diversity)에 관심을 두고 있으며, 지역복지 차원에서 다양한 문화적 배경을 가진 사람들이 자신들만의 정서와 문화적 욕구를 표출하고 이를 통해 만족감과 행복감을 느끼도록 하는 데 초점을 두고 있다.

최근과 같이 다문화가족이 증가하면서 문화적 다양성이 증폭되는 상황에서는 이와 같은 문화적 권리의 향유가 사회통합과 상호 소통의 통로로서 매우 중요하다. 이와 같은 이유로 각 지역사회마다 다양한 문화행사를 개최하여 문화적 향유권을 행사하고 즐길 수 있도록 하고 있으며, 나아가 이를 통해 지역사회 통합을 촉진하는 데 기여하도록 하고 있다. 만약 이러한 권리의 보장이 없다면 다문화주의는 몰 가치적 문화상대주의로 쉽게 변할 수 있고, 또 문화적 다양성의 존중이라는 미명 아래 폐쇄적인 문화집단의 성원들에게 비인간적인 폭력이 행사되는 것을 방조하게 될 것이다(소병철, 2010).

단지 인구사회학적 특성에 기반하여 클라이언트를 차별하지 않는 것은 어쩌면 소극적 윤리에 해당한다고 할 수 있다. 사회복지사는 여기서 더 나아가 클라이언트의 다양한 문화에 대한 이해와 그 문화가 사회적 기능에 미치는 영향 및 기능, 그리고 문화의 강점을 인식하는 것과 클라이언트 문화에 대한 지식 함양, 문화에 민감한 서비스 능력을 함양해야 하며, 이를 위해 지속적인 교육을 받도록 노력해야 한다.

1.05 문화적 능력과 사회적 다양성

ⓐ 사회복지사는 문화와 그것이 인간행동과 사회에서 수행하는 기능을 이해하며, 모든 문화가 가지고 있는 강점을 인식해야 한다.

ⓑ 사회복지사는 클라이언트가 속한 문화에 대한 기본적 지식을 가져야 하며 클라이언트의 문화 및 서로 다른 사람들이나 문화적 집단들에 민감하게 서비스를 제공할 수 있는 능력을 발휘해야 한다.

ⓒ 사회복지사는 인종, 민족, 국적, 피부색, 성별, 성적 지향, 연령, 혼인 관계, 정치적 신념, 종교, 정신적 또는 신체적 장애에 관한 사회적 다양성 및 억압의 성격 등에 관한 교육을 받고 그것을 이해하도록 힘써야 한다.

출처 : 전미사회복지사협회(NASW) 윤리강령.

이것은 한국사회복지사 윤리강령 중 전문성 개발을 위한 노력으로서, 사회복지사가 클라이언트에게 최상의 서비스를 제공하기 위해 지식과 기술을 개발해야 하는 적극적 윤리라 할 수 있다.

2. 전문성 개발을 위한 노력

① 사회복지사는 클라이언트에게 최상의 서비스를 제공하기 위해, 지식과 기술을 개발하는 데 최선을 다하며 이를 활용하고 전파할 책임이 있다.

3) 상호관용(Tolerance)과 배려

다문화사회복지 실천을 위한 윤리에서 중요하게 인식되어야 할 사회적 가치 중 하나는 '상호관용'과 소수자 배려이다. 이 중 관용은 '남의 잘못 따위를 너그럽게 받아들이거나 용서함'을 뜻하며, 상호관용은 어느 일방이 은혜를 내리는 식의 관용이 아니라 양측이 주체로서 서로 이해하고 받아들이고 견뎌내는 것을 의미한다(김용환, 1993). 전 지구화의 시대에서 다문화는 어느 사회든 피해갈 수 없는 전 세계적 현상이다. 그러므로 우리 사회 역시 다문화에 직면하여 지속가능한 공동체의 사회적 가치로서 '상호관용(tolerance)'을 수용하고(이수안, 2009), 소수자에 대한 배려를 심화시켜야 한다.

역사와 문화, 정체성이 서로 다른 집단들 간의 평화로운 공존이 이루어지기 위해서는 상호관용이 필요하다. 관용은 개인들 간의 실제적 상호작용과 호혜적 접촉에 대한 상이한 가치를 서로 수용하고 조정하게 하며, 이런 조정에 대해 평화로운 방식으로 반응하게 한다(Walzer, 2004, 이수안, 2009 재인용). 이주를 통해 문화적 교류 및 문화접변 현상이 발생하고, 그 과정에서 서로 다른 문화와 가치 때문에 갈등이 생길 때 상호관용으로 이주민을 수용하고 또 이주를 내면화하면서 서로 다른 층위에서 다양한 내용을 받아들인다면 문화적응을 이루어 나갈 수 있다.

소수자 배려의 윤리도 매우 중요하다. 결혼과 노동, 학업 등으로 인한 이주자의 증가로 우리는 이미 다문화사회에 살고 있지만, 여전히 이주자에 대한 차별과 배제가 존재하고 있다. 새로운 이주자들이 유입되고 새소수자에 대한 이해와 수용의 중요성도 함께 높아지고 있는 상황에서, 이제는 다문화주의를 지향하기 위해 소수자를 오점으로 백안시하는 낙인이 아니라 배려하는 윤리가 우선 자리 잡아야 한다(김대군, 2011).[4] 이때의 소수자 배려는 사회통합을 위한 전제라는 점에서 시민윤리의 차원으로 접근하여야 한다.

4 김대군(2011). 다문화사회에서 소수자 배려윤리. 윤리교육연구, 24(4), 185-198.

4) 인정(Recognition)

다인종, 다문화, 다종교 등 이질적인 요소들이 어울리면서 경계가 무너지고 섞이는 융합(consilience)의 시대를 살아가면서 차이와 다름으로 인한 불편함과 차별을 극복하고 균형과 조화를 이루어 나가야 하는 과제를 안고 있다. 과거에는 삶의 방식과 문제해결 방식을 '같은 피', '같은 동네', '같은 학교 출신'이라는 공동체 의식과 동질성, 그리고 공동체 내의 연령이나 성별에 따른 높고 낮음과 같은 수직적 위계질서에 근거했다(최성식, 2008). 하지만 이제는 새로운 윤리로서 타자들과 함께하고 또 다름과 차이를 대하는 윤리도 배워가야 할 시점에 이르렀다.

차이의 윤리는 관계와 소통을 전제로 한다. 다름만을 강조할 때는 소통이 불가능하므로 유사한 점과 다른 점을 소통하고 균형과 조화를 이루어 나갈 때 차이도 정당화될 수 있다. 또 다름과 차이를 수용하기 위해서는 인정(recognition)이 이루어져야 한다. 동일하다는 전제에서 비롯되는 단일민족의 정체성을 넘어 타자의 가치와 정체에 대한 인정은 다문화사회를 살아가는 우리 시대의 필수적인 요소이다.

인정에는 인정하는 자와 인정받는 자가 존재하기 때문에 그 내부에 다시 힘의 논리가 작용하면서 인정의 대상이 되는 타자에 대한 상처와 억압이 발생할 수 있다. 또 문화적 지배와 불인정, 경멸 등과 같은 문화적 부정의(cultural injustice)를 해결하는 과정에서 도덕적 및 문화적 상대주의의 딜레마가 발생할 수도 있다(송재룡, 2009). 그러니 상호 인정을 이루어 나가는 과정에서 수용되는 다양한 소수자 집단의 고유한 정체성과 문화적 특성에 대한 수용은 인정을 위한 투쟁의 과정을 통해 획득할 만한 가치가 있고 또 무엇보다 인간의 본질적인 존엄과 가치를 지향하는 윤리원칙에 근거한다는 점에서 지속적으로 성취해 나가야 할 윤리적 과제이다.

- 가치 : 인간의 존엄과 가치
- 윤리원칙 : 사회복지사는 인간의 본질적인 존엄과 가치를 존중한다.

사회복지사는 개인적인 차이나 문화적 윤리적 다양성에 유의하면서 관심과 존경의 자세로 모든 사람들을 대해야 한다. 사회복지사는 클라이언트가 사회적으로 책임 있는 자기결정을 내리도록 도와야 한다. 사회복지사는 클라이언트 스스로 욕구를 변화시키며 해결할 수 있도록 그의 역량과 기회를 강화시키고자 한다. 사회복지사는 클라이언트와 사회 전반에 대한 이중적 책임을 인식해야 한다. 또한 클라이언트의 이익과 일반사회의 이익 간의 갈등을 가치관, 윤리원칙 및 전문직의 윤리적 기준에 일치하는, 사회적으로 책임 있는 자세로 해결하도록 힘쓴다.

5) 상호문화성(Interculturality)

다문화사회로의 변화와 흐름의 핵심은 다양성이다. 이런 다양성을 이해하고 존중하며 상호 소통하는 데에는 상호문화성에 대한 이해가 필요하다. 여기서 상호문화성이란 개인 간, 문화 간 상호적 관계를 전제로 타자와의 관계, 타문화를 통해 주체 및 자기 문화를 인식하는 것을 의미한다. 즉, 타자의 정체성과 타문화에 대한 인정과 긍정을 통해 나의 정체성과 인정을 찾을 수 있는 것이다. 이를 위해서는 다른 사람과 다른 문화를 통해 자신과 자신의 문화, 우리와 우리의 문화를 되돌아보고 공통점과 차이점을 찾아가야 한다. 이와 같은 상호관계를 통해 공통의 의미지평을 공유해 나가면 점차 각각의 문화는 주관성을 넘어 보편성을 지향하게 된다. 이런 의미에서 상호문화성은 고정적이고 동질적인 개념이 아니라 가변적이고 복합적이며 개방적인 개념이라 할 수 있다(이화도, 2011).[5]

상호문화성을 바탕으로 하는 상호문화주의는 문화 간 차이와 보편성뿐만 아니라 타자와의 경계와 접촉 사이에서 발생하는 상호 간의 간섭과 방해, 의존, 침투까지 모두 중요시한다. 또 다양한 집단 간의 인정투쟁뿐만 아니라 집단과 환경 간의 관

5 20세기 초 독일 사회학자 짐멜(Georg Simmel)에 의해 완성된 상호문화의 개념은 19세기 말부터 20세기 초 유럽과 아메리카의 이주흐름을 배경으로 향후 이주흐름의 필연성과 그 속에서 함께 살아가야 하는 존재로서의 이방인 인식, 그리고 다양성 인정에 대한 인식론적 접근에서 비롯된 개념이다. 초기에는 주목받지 못했지만, 미국에서 동화주의 문화변용정책의 부정적 폐해에 대한 대안으로 상호문화교육국(Bureau of Intercultural Education)을 설립하면서 주목받기 시작했으며, 이후 시민운동과 의사소통이론이 접목되면서 상호문화적 가치가 재도입되었으며, 상호문화성 개념으로 발전하였다(박영자, 2012).

계도 중시한다. 이것은 단일문화와 다문화, 동화정책과 인정정책을 수렴하고자 하는 시도에서 비롯되는 것이다. 그러므로 상호문화성은 다문화교육과 인식개선에 있어서 매우 중요한 근거와 기준을 제공한다. 단순히 타문화를 알리고 정보를 제공하는 수준을 넘어 타문화가 자문화에 어떤 영향을 미치고 있으며, 우리는 어떻게 영향을 미치고 있는지를 이해할 수 있도록 하기 때문이다. 이런 의미에서 서구에서는 다문화교육에 있어 문화적 다양성의 인식과 사회통합, 편견의 타파, 공동체 의식의 함양을 중시하고 있다(김현덕, 2010). 심지어 독일은 다문화교육보다 상호문화교육을 활용할 정도이며, 나아가 문화 간 소통과 관계능력으로서의 상호문화능력(inter-cultural competence)을 기르는 것을 지향할 정도이다(이화도, 2011). 우리나라도 점차 다문화교육과 인식개선의 중요성이 커지고 있는 상황에서 이와 같은 상호문화성을 바탕으로 하는 다문화이해와 사회통합을 이루어 나갈 필요가 있다. 즉, 상호 관계맺기를 통한 공생보다는 관계를 맺는 방식과 과정에서 상호성을 만들어 냄으로써 '다양성 속의 통일성'을 창출해 나가야 할 것이다(박영자, 2012).

CHAPTER 13

다문화가족 대상 사회복지실천 과정

다문화가족 및 외국 출신 구성원을 대상으로 사회복지실천 과정은 다른 대상자와 진행하는 여느 사회복지실천 과정과 크게 다르지 않다. 초기 만남부터 시작되어, 관계 형성, 정보 수집, 사정 및 개입의 목표 설정, 계약, 개입, 평가 및 종결, 사후관리까지 이어지는 일련의 실천과정은 대상의 구분 없이 동일하게 진행된다. 다만, 사회복지사가 만나는 대상자가 누구이고, 어떤 삶을 살아왔으며, 어떤 이중문화에 소속되어 있느냐에 따라 각 단계에서 고려해야 할 부분과 요소가 추가된다. 특히 이 장에서는 이주민을 대상으로 하는 사회복지실천 단계를 살펴봄과 동시에 각 단계에서 요구되는 실천기술 및 고려 사항에 대해 다루고자 한다.

1. 이론적 틀

일반적인 사회복지실천의 기본 틀로 활용되는 관점은 생태체계 관점이다. 생태체계이론은 생태학적 관점과 사회체계 이론을 결합하여 만들어진 이론으로, 사회복지실천의 기초 틀로 활용되고 있다. 먼저, 생태학적 관점은 실천가로 하여금 대상자와 대상자의 환경을 동시에 살펴보고 이들이 공유하는 영역과 그 경계에서 일어나는 상호작용 및 교류에 초점을 두는 관점으로 사회복지실천에서 다루는 환경 속 인간에 대한 관점을 강화한다(최해경, 2017). 생태학적 관점에서는 개인의 환경을 미시체계, 중간체계, 외부체계, 거시체계 및 시간체계 등으로 구성하며 개인은 그를 둘러싼 생태학적 환경과 끊임없이 역동적으로 상호작용함을 전제한다. 생태학적 관점은 개인과 환경의 상호 교류에 관심을 두며 둘 간의 적합성(goodness of fit)과 적응(adaptation)에 초점을 둔다. 사회체계 이론은 생태학적 관점과 유사하게 개인과 환경 간의 관계에 초점을 두는 이론으로 개인을 둘러싼 체계를 다양한 수준의 사회체계로 간주하고 개인과 체계 간 일어나는 상호작용과 그 영역을 살펴봄으로써 변화와 통합을 촉진하는 실천의 토대를 마련해 준다.

다문화가족 대상 실천에 있어 생태체계 관점은 특히 더 유용한 관점으로 활용된다. 생태체계 관점을 통해 실천가는 대상자의 "상황을 보는 눈을 확대"시켜 주기 때문이다(Meyer, 1983 재인용; 최혜지 외, 2013 : 125). 생태체계 관점은 타국에서 출생하고 성장한 이주민과 그 가족을 이해함에 있어 각 개인의 삶을 단순화하는 것에서 탈피하고 전반적인 삶의 맥락(life context)에서 살펴볼 수 있게 한다(Narhi & Mattheis, 2001). 실천가는 외국 출신 배우자가 어떤 사회적 맥락에서 출생하여 성장해 왔으며, 그의 생태체계가 시간의 흐름에 따라 어떻게 변화해 왔는지, 그리고 한국으로 이주 후 또한 결혼하여 가정을 꾸린 후 이들의 삶이 어떻게 변화해 왔는지를 전반적으로 이해할 수 있어야 할 것이다. 또한 생태체계 관점은 단순히 개개인이 직접적으로 접촉하는 미시체계와 더불어 이들의 삶 속에서 중간체계, 외부체계 및 거시체계가 어떻게 작용하며 어떤 사회구조적 상황에 이들이 놓여 있는지에 대한 탐색을 용이하게 하며, 실천가로 하여금 다문화가족에 대한 이해의 폭을 넓힐 수 있는 틀을 마련해준다는 이점을 가진다.

생태체계 관점이 다문화가족 개개인 및 가족을 이해하는 틀을 제공하는 유익한 관점을 제공해 준다면, 실제 실천 과정에서 유용하게 사용할 수 있는 이론적 틀은 강점관점이다. 강점관점은 개인과 가족, 지역사회를 바라봄에 있어 전통적인 병리적 관점에서 탈피하여 그들의 상황이 얼마나 절망적인 것과 무관하게 대상자의 역량, 장점, 가능성, 가치, 희망을 중심으로 대상자의 상황과 대상자를 이해하는 틀을 제공하는 관점이다(Saleebey, 1996). 다문화가족을 대상으로 하는 사회복지실천에서 강점관점은 매우 중요한 개입모델로도 활용되는데(최혜지 외, 2013), 이는 사회구조와 대인관계 속에서 종종 취약한 위치에 놓여 있는 이주민과 그 가족들에게 스스로 설 수 있는 힘을 찾게 하기 때문이다. 강점관점에서는 특히 개개인의 문화적, 개인적 이야기와 역사를 매우 중요한 힘의 원천(sources of strength)으로 바라보며, 자신의 원

가족과 원 문화를 떠나 새로운 환경에서 적응하고 살아가는 이들의 삶이 이미 이들의 생존력, 탄력성, 힘, 그리고 무한한 가능성을 내포한다고 설명한다(Saleebey, 1996).

강점관점은 사회복지사로 하여금 대상자의 역량, 재능, 가능성 및 희망 등에 초점을 두고 개입할 것을 요구한다. 즉, 대상자의 결핍보다는 이미 가지고 있는 것, 모르는 것보다는 아는 것, 할 수 없다고 생각하는 것 대신 할 수 있다고 생각하는 것 중심으로 사고하며, 개입해야 한다고 설명하는데(엄명용 외, 2019), 이는 특히 다문화가족을 포함한 이주민과 함께 하는 사회복지실천에서 중요하다. 한국사회, 한국어, 한국문화에 대해 상대적으로 아는 것보다 모르는 것이 더 많고, 가지고 있는 것보다 부족한 것이 더 많다고 스스로 인식하거나 주위에서 인식하는 이주민의 경우, 이런 강점관점은 이들로 하여금 힘을 갖게 하고, 자신과 이주민 집단에 대해 긍정적 시각을 갖게 하는 데 도움이 될 수 있다.

셀리비(Saleebey, 2012)는 강점관점 실천을 위한 여섯 가지 원칙을 제시했다. 첫째, 모든 개인, 가족, 집단과 지역사회는 강점을 가지고 있다. 둘째, 트라우마, 학대, 질병과 역경은 개인에게 상처가 될 수 있으나 동시에 이들은 새로운 도전과 기회의 원천이 될 수 있다. 셋째, 사회복지사는 대상자가 가진 역량의 한계를 모른다고 가정하고, 대상자의 무한한 성장과 변화 가능성을 믿고 이들이 원하는 바를 진지하게 받아들여야 한다. 넷째, 대상자와 협력할 때 사회복지사는 최고의 서비스를 제공할 수 있으며, 다섯째, 모든 환경은 자원으로 가득 차 있고, 여섯째, 사회복지사는 맥락 가운데 대상자를 돌보고 보살펴야 한다. 이주민과 함께하는 사회복지실천에서 사회복지사는 위 6개 원칙을 토대로 활동하며, 이주민의 관점과 삶의 맥락에서 이들의 삶과 어려움, 변화와 가능성을 이해하려는 노력을 해야 한다.

생태체계 관점과 강점관점은 사회복지실천의 모든 대상에게 두루 적용되는 관점이나, 다문화가족을 대상으로 하는 실천에 있어서 반드시 고려되고 적용해야 하는 관점이다. 실천가는 현장에서 만나게 되는 다문화가족과 구성원을 이해함에 있어 보다 넓은 관점에서 이들의 삶을 이해할 필요가 있으며, 이들을 바라보는 관점에 있어 문제중심적이고 병리적인 관점이 아닌 잠재력을 가진 개개인, 집단으로 바라봐야 할 것이다.

2. 실천과정

1) 준비하기

외국 출신 대상자와의 만남에 앞서 사회복지사는 예비적 이해(tuning in) 과정을 거쳐야 한다. 예비적 이해란 대상자가 사회복지사를 만나기까지의 과정에 대한 일시적인 이해로 대상자의 연령, 성별, 성 정체성, 문화적 배경, 욕구 등을 파악하기 위한 사회복지사의 노력을 가리킨다(Schulman, 1979 재인용; 최해경, 2017). 이주민 집단 내에는 북한이탈주민, 결혼이민자, 외국인근로자, 난민, 유학생 등 다양한 하위 집단이 존재하며 출신국가와 이주 유형에 따라 한국 입국 경로와 적응 과정 및 제공되는 서비스 등이 상이할 수 있으므로 이에 대한 기본적 이해가 필요하다. 또한 이때 대상자의 다양한 특성에 대한 사회복지사 스스로의 반응에 대한 탐색 역시 동시에 이루어져야 하며 보다 민감한 자기 성찰이 요구된다. 사회복지사가 외국인 혹은 특정 외국 출신 집단에 대한 부정적 인식을 가지고 있다면 이는 개입에 위험요소로 작용할 수 있음을 인지해야 하며, 만남과 개입에 앞서 이에 대한 충분한 성찰이 필요하다.

예비적 이해와 더불어 지역사회 내 다문화가족 및 이주민을 대상으로 서비스를 제공하는 기관 내 사회복지사는 기본적으로 지역사회 내 이주민에 대한 사전 지식이 필요하다. 지역 내 이주민 구성, 유형 및 출신국가 등에 대한 이해와 기관을 이용하는 대상자의 문화와 언어를 포함한 문화적 소통 방식 및 제스처(gesture)에 대한 선행 이해 역시 대상자와의 원활한 관계 수립에 도움이 된다. 이런 배경적 지식이 부족할 경우, 관계 형성과 개입 과정에서 상호 어려움을 경험할 수 있다.

2) 시작하기

기본적으로 시작하기 단계에서 사회복지사가 수행해야 하는 과업은 크게 서비스 제공 여부와 동기부여로 볼 수 있다(최해경, 2017). 사회복지사는 대상자의 욕구와 서비스가 필요한 이유, 영역 등을 살펴보고 요청 사항이 기관의 목적, 기능 및 제공 서비스 범위 내에서 가능한지 여부를 탐색해야 한다. 개입이 가능하다고 판단될 경우, 개입에 대한 동기부여를 하는 것 역시 시작하기 단계에서 사회복지사의 과업이 된다.

이주민의 경우 상담 및 사례관리와 같은 사회복지서비스를 이용하기까지 이미 다양한 어려움을 경험한 경우가 많다. 사회복지사는 이런 이주민의 어려움에 대해 숙지하고 첫 만남을 시작할 필요가 있다. 첫 만남에서는 대상자들이 자신의 상황에 대해 사회복지사가 경청하고 있으며 이해하려고 노력하고 있다고 느낄 수 있어야 하며, 여느 상담에서와 같이 편안하고 아늑한 분위기 속에 상담이 진행될 수 있어야 한다. 여기서 중요한 것은 사회복지사가 대상자의 문화적 배경 및 특성에 대해 궁금해하고 물어보는 것에 대해 두려워하지 않아야 한다는 점이다. 예로, 대상자의 문화적 배경 및 특성에 따라 인사를 하는 방법, 서로를 호칭하는 방법, 대상자를 어떻게 대해주어야 하는지에 대한 기대 등이 다를 수 있음을 알고 이에 대해 대상자에게 직접 물어볼 수도 있다(최명민 외, 2015). 또한 언어적 어려움으로 대상자가 전달하는 내용이 이해가 안 될 때, '명확하게 하기' 등의 기술을 활용하여 사회복지사는 반복하여 질문할 수 있어야 한다. 동시에 대상자 역시 사회복지사가 말하는 것에 대해 이해하지 못할 수 있으므로 대상자에게 언제든지 질문할 수 있음에 대해 충분히 안내할 필요가 있다.

사회복지사가 대상자의 기본적인 정보에 대해 질문하고 대상자가 서비스를 필요로 하는 이유 등에 대해 탐색하는 과정은 조심스럽게 접근할 필요가 있다. 한국으로 이주까지의 경로 및 기간 등의 경험은 이주민에 따라 상이할 수 있으며, 한국에서의 거주기간에 따라 한국문화에 대한 이해 수준이 다를 수 있기 때문에 개인의 정보에 대해 질문할 때 매우 신중하게 접근할 필요가 있다. 예로, 개인적 정보를 드러내는 것에 대해 일부 이주민과 난민들은 매우 민감하게 반응할 수 있다. 이전 경험에 근거한 정부 기관에 대한 불신, 자신의 삶을 노출시키는 것에 대한 두려움 등은 개인 정보를 요청하는 사회복지사에게 적대감을 가지게 하거나 혹은 만남에 대한 불안함을 야기하는 요소로 작용할 수 있으므로(Segal & Mayadas, 2005) 사회복지사는 이에 대해 최대한 신중한 자세로 임해야 한다. 따라서 시작하기 단계에서 비밀보장의 의무에 대해 충분히 안내할 필요가 있다.

3) 신뢰관계 형성

대상자와의 신뢰관계 형성은 개입의 효과성에 크게 영향을 미치는 중요한 요소이다. 특히 이주 후 외부인과의 긍정적인 신뢰관계를 경험하지 못한 이주민의 경우 사회복지사와 형성하는 신뢰관계는 개입의 질, 결과와 더불어 추후 한국인과 맺게 되는 관계까지 영향을 미칠 수 있다. 신뢰관계 형성에 유의할 점이 몇 가지 있는데, 먼저 사회복지사는 이주민과의 관계 형성에 있어 언어적, 문화적 차이로 인해 신뢰관계 구축까지 오랜 시간이 걸릴 수 있음에 대해 대비하고 있어야 한다. 또한 신뢰관계 구축을 위해서는 사회복지사가 대상자의 일반적이고도 구체적인 이주 경험, 한국에서의 적응 경험 및 상태 등에 대해 파악하고 있을 필요가 있다(Segal & Mayadas, 2005). 대상자의 문화권에서 상담 및 사례관리가 가지는 의미가 무엇이며, 외부인에게 정보를 공유하며 자신의 어려움에 대해 노출하는 것이 어떤 의미를 가지는지 등에 대해 충분히 탐색하고 그 맥락에서 실천 과정에 대해 소개하고 안내할 필요가 있다. 예로 정치적 탄압이나 종교적 억압으로 인해 한국으로 이주한 난민의 경우 자신의 경험에 대해 거리낌없이 묻는 사회복지사에 대해 불신과 두려움을 경험할 수 있다. 즉, 사회복지사는 대상자에게 민감성(sensitivity)과 신중함의 태도로 접근해야 하며, 충분한 신뢰관계가 구축된 경우에만 대상자는 사회복지사에게 개입 과정에서 요구되는 자신에 대한 정보를 편안하게 공유할 수 있을 것이다.

4) 정보 수집 및 사정

정보 수집은 대상자와의 첫 만남에서부터 시작되어 개입 과정 내 지속된다. 신뢰관계가 구축되지 않은 상태에서 섣불리 대상자의 정보를 묻거나 상황에 대해 질문할 경우 오히려 사회복지사와 기관에 대한 불신이 생길 수 있으므로 정보 수집은 관계 형성 수준에 맞추어 진행해야 한다.

정보 수집의 궁극적인 목표는 대상자의 상황에 대한 체계적인 사정을 위해 광범위한 자료를 모으는 것이다. 이를 위해 사회복지사는 대상자가 문제로 간주하는 것이 무엇인지 파악하고, 대상자의 개인적 환경적 상황 및 관련 자료를 수집해야 한다(Timberlake, Farber & Sabatino, 2002 재인용; 최해경 2017). 정보 수집과 사정의 기초 틀은 일반 사회복지실천에서 사용되는 틀과 크게 다를 바가 없으나 이주민의 경우 추가적으로 살펴봐야 하는 영역과 내용들이 있다. 앞서 언급한 것과 같이 정보 수집은 생태체계적 관점에서 넓고 광범위하게 이루어져야 한다. 즉, 이주민의 이주 이전 경험부터 현재까지, 개인적 요소부터 문화적 요소, 대상자에게 중요한 가족, 지인부터 지역사회와 관련 기관, 대상자의 삶에 영향을 미칠 수 있는 법, 제도, 한국사회의 문화까지 탐색되어야 한다. 주의할 부분은 외국 태생 대상자의 경우 이주 경로와 기간에 따라 이주 경험 자체가 많이 다를 수 있으며 이에 따라 한국에서의 적응 양상 역시 다를 수 있다는 것이다. 예로, 결혼이민자로 한국에 이주한 경우와 난민으로 한국에 이주한 경우 이주 경험 자체뿐 아니라 한국 이주 후 생활과 관련된 여러 영역에서 다른 경험을 할 수 있다. 따라서 사회복지사는 이주 경험에 대해 탐색하는 과정에서 다음과 같은 부분에서의 정보 수집을 해야 한다.

① 출신국의 객관적인 상황(사회경제적 상황)
② 본국에서의 대상자의 삶과 경험
③ 본국에서의 사회적 자본
④ 본국을 떠난 이유 및 동기
⑤ 이주 과정에서의 어려움 혹은 관련 트라우마

위와 관련된 정보 수집을 위해 사용할 수 있는 질문 목록은 다음과 같다.

"고국에서의 일상생활은 어땠는지 이야기해 주겠어요?"
"당신의 나라에 대해 어떤 점을 좋아했고 어떤 점을 싫어했나요?"
"가족생활은 어땠나요? 가족 내 어떤 역할을 담당했나요?"
"당신이 살던 고향, 지역은 어떤 곳이었나요?"
"한국으로 이주하겠다는 결정은 어떻게 내렸나요?"
"이주에 대한 당신의 결정에 대해서 가족과 다른 사람들은 어떻게 반응했나요?"
"이주하기 전이나, 하는 과정에서, 또 그 이후에 어떤 일이 있었나요?"
"고국에서의 생활과 한국에서의 생활에는 어떤 차이가 있나요?"
"양쪽 나라에서 사는 것의 장점과 단점은 무엇이 있을까요?"

출처 : Sue & Sue(2008, 하혜숙 외 공역, 2011).

이주 전의 경험에 대해 탐색한 후, 사회복지사는 다음과 같은 대상자의 현재 상황에 대한 정보를 수집해야 한다. 한국에서의 거주 기간, 비자 혹은 법적 지위,[1] 주로 사용하는 언어, 한국어 수준, 취업 여부, 경제적 수준, 문화적응 관련 어려움, 한국에서의 사회적 관계망, 결혼 여부 및 가족 관계 등에 대해 탐색할 필요가 있다. 다수의 적응 이론에 따르면 이민자의 경우 이주 사회에서의 거주 기간에 따라 적응 수준, 삶 만족도, 건강 등이 다르게 변화할 수 있다고 한다. 예로, 오버그(Oberg)의 문화충격이론에 따르면 이주 초반의 대다수의 이민자들은 밀월기간(honeymoon period)을 보내게 되며 삶의 다양한 영역에서 높은 만족도를 보인다고 설명한다. 하지만 거주기간이 길어질수록 문화적 이질감을 지속적으로 경험하게 되면서 문화 충격(culture shock)을 경험하게 되고 이때 만족도 수준 및 개인의 정신적 안녕 상태 역시 하락하게 된다. 하지만 시간이 흐름에 따라 이주사회에서 어느 정도 적응하게 된 후 다시 이민자들의 삶은 안정된다고 이 이론은 설명한다(Oberg, 1960). 즉, 외국 태생 대상자를 만날 때, 한국 내 거주기간에 따른 이들의 적응 수준 및 그로 비롯된 어려움의 유형과 강도에 대해 사회복지사는 일부 예측할 수 있어야 할 것이다.

또한 국제결혼을 통해 가정을 꾸린 부부 역시 결혼 기간에 따라 부부관계 만족도가 다르게 나타날 수 있기 때문에 이주민의 현 상황에 대한 구체적인 정보를 탐색할 필요가 있다. 정보 수집과 동시에 사회복지사는 대상자의 상황에 대해 면밀히 사정해야 한다. 예로, 한국으로 이주한 지 1년이 채 되지 않은 결혼이주여성이 한국생활에 대해 매우 만족하고 있으며 결혼생활에 대해서도 매우 높은 만족도를 보일 때, 이러한 보고(report)를 대상자의 높은 적응 수준을 나타내는 지표로 이해할 것인지 혹은 적응이론에서 설명하는 것과 같이 밀월기간에 속한 결과로 볼 수 있는지에 대한 사회복지사의 이해가 필요할 것이다. 반대로 한국에 거주한 지 5년이 넘었고 한국어 구사 능력이 높은 대상자가 부부관계나 한국사람과의 관계에서의 어려움과 전반적인 한국생활에 대한 불만족을 표시할 때 이를 단순히 대상자의 관계 속 어려움으로 간주하고 개입 방향을 관계 향상으로 설정하는 것은 불완전한 사정 결과로 볼 수 있을 것이다. 즉, 이주민의 상황에 대한 이해와 그에 기반한 사정을 위해서는

1 비자 유형에 따라 취업 여부, 사회복지 서비스 이용 여부 및 지원 범위, 공공부조 지원 여부 등이 상이할 수 있다.

이주와 이주 경험에 대한 다양한 이론과 폭넓은 이해의 틀 속에서 대상자의 어려움을 이해하고 상황을 사정해야 할 것이다.

대상자를 상담 요청으로 이끈 문제 혹은 어려움에 대해 정보를 수집하고 사정할 때 사회복지사는 대상자와 함께 다음의 네 가지 부분을 다룰 필요가 있다(최해경, 2017).

① 문제의 내력, 배경, 의미, 결과를 포함하여 도움을 필요로 하는 문제가 무엇인지 대상자에게 설명하도록 한다.

② 도움을 필요로 하는 이유와 도움을 구하는 것에 대한 대상자의 생각과 감정에 대해 이야기하도록 한다.

③ 어려움을 해결하기 위해 대상자가 그동안 해온 노력들에 대해 이야기하게 한다.

④ 어려움의 원인이 무엇이라고 생각하는지, 그리고 이를 해결하기 위해 대상자가 어떤 능력/ 장점/ 힘을 가지고 있는지에 대한 의견을 나눈다.

최명민 등(2017)은 다문화가족 혹은 외국 태생 이주민을 대상으로 정보 수집 및 사정 과정에서 추가적으로 고려해야 하는 항목은 대상자의 가족에 대한 정보라고 설명한다. 특히 결혼이주여성의 경우, 가족에 대한 정보 수집은 매우 중요한데, 외부 개입에 대한 가족의 생각과 태도, 가족의 심리적 정신 상태, 가족의 문화적 동화 수준 및 대상자의 동화에 대한 가족의 생각과 태도에 관한 정보는 향후 대상자와 넓게는 가족에 대한 개입에 크게 도움이 될 수 있다.

더불어 외국 태생 이주민이 호소하는 어려움에 대해 사정 시 반드시 고려해야 할 부분은 대상자가 호소하는 어려움을 대상자의 문화적 규범 맥락에서 이해해야 한다는 것이다. 무엇이 문제이며 어려움인가는 많은 경우 문화적으로 다르게 해석된다. 예로, 우울증 혹은 문화적응 스트레스와 같은 심리적, 정신적 어려움은 일부 문화권의 경우 문제 자체로 여겨지지 않을 수 있으며(Segal, 2002), 자녀 방임 혹은 신체적 처벌(physical punishment) 등의 행위 역시 문제로 간주되지 않는 사회가 있다. 따라서 사회복지사는 대상자가 호소하는 문제를 다룰 때 반드시 대상자의 문화적 규범에서 이를 이해하려는 노력이 필요하며, 이것이 한국사회의 규범과 불일치할 경우 이에 대해 구체적으로 설명하고 이해시키려는 노력이 필요할 것이다. 예로, 자녀 양육방법에 대한 문제로 기관에 의뢰된 대상자의 경우 사회복지사는 첫째, 대상자의 양육

방법이 무엇인지(구체적인 행위가 무엇인지), 둘째, 대상자의 문화적 규범에서 이런 양육방법은 어떻게 이해되는지, 셋째, 한국사회에서는 대상자의 양육행동에 대해 어떻게 규정하는지, 넷째, 문제적이라 판단된다면 대상자로 하여금 왜 양육방법의 변화가 요구되는지 이해할 수 있도록 충분히 설명하는 단계를 거쳐야 할 것이다(Segal & Mayadas, 2005).

마지막으로, 사회복지사는 생태체계적 관점 속에서 대상자가 호소하는 어려움과 대상자의 삶을 이해하는 데 있어 그를 둘러싼 거시체계에 대한 정보를 수집하고 이를 고려한 사정을 실시해야 한다. 대상자의 미시적 측면뿐 아니라, 지역사회 및 조직 수준의 중간체계, 그리고 이주민과 그들의 삶에 영향을 미칠 수 있는 거시적 요소의 맥락 속에서 문제를 규명해야 할 것이다(Lum, 2004). 보고(Bogo, 2006)는 대상자의 환경 관련 정보 수집을 위해 다음과 같은 질문을 활용할 수 있다고 설명한다(최해경, 2017 재인용).

"대상자 환경의 특성은 무엇인가?"
"대상자의 주요 대인관계와 체계는 누구이며 이들과의 관계는 어떠한가?"
"대상자의 삶에서 어떤 문화적, 사회적 요소들이 중요한가?"
"주요 사회제도 및 서비스(이용)에 대한 대상자의 경험은 어떠한가?"
"대상자는 (한국사회에서) 차별과 소외를 경험한 적이 있는가?"

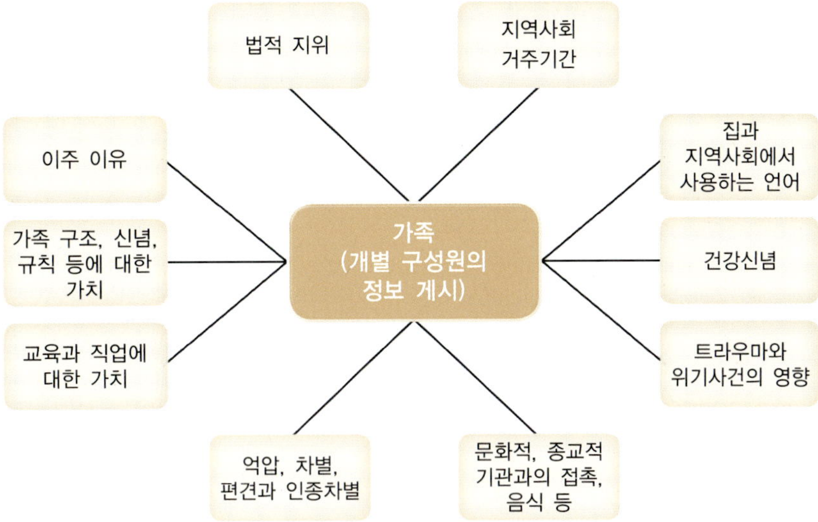

|그림 13-1| 문화도

출처 : Congress(2002; 2008b), 김 욱 외(2016) 재인용.

다문화가족 혹은 개인 구성원 사정 시 유용하게 사용할 수 있는 도구는 문화도(culturagram)이다(Congress, 2002, 2008b, 김 욱 외, 2016 재인용). 문화도는 다양한 가족 내 문화 요소와 그 역할을 이해하기 위해 개발된 도구로, 이민자 가족을 위한 실천 현장에서 활용되는 도구 중 하나이다. 앞서 언급한 다양한 영역을 탐색하고 이를 종합하여 그림으로 보여주는 문화도는 위 |그림 13-1|과 같으며, 이주 가족을 이해하기 위해 해당 요소들이 반드시 고려되어야 함을 알려준다.

정리하면, 정보 수집 및 사정 단계에서 사회복지사는 이주민의 문화적, 사회적 경험에 대한 이해를 바탕으로 다양한 수준에서 정보를 수집해야 하며 이주민의 호소하는 문제와 어려움에 대해 사정 시, 이들의 이주 전, 이주 과정 내, 이주 후 삶과 삶 속 변화에 대해 미시적 차원부터 거시적 차원에서 탐색해야 한다. 또한 대상자가 직접적으로 호소하는 문제와 드러나지 않으나 어려움으로 간주될 수 있는 부분에 대해 대상자가 어떻게 인식하며 이해하는지에 대한 탐색이 반드시 이루어져야 할 것이다.

5) 개입 계획 수립 및 계약

개입 계획은 사정된 내용을 기반으로 개입의 방향성을 가리키며, 어려움으로 합의된 부분에 대한 해결방안을 형성하고 변화를 위한 전략을 제시하는 과업이다. 개입 계획은 대상자가 직면하고 있는 문제에 대해 묘사하며, 문제를 유지시키는 혹은 악화시키는 위험요인에 대해 파악함과 동시에 이를 완화시킬 수 있는 대상자와 대상자 환경 내 강점을 묘사하고 궁극적으로 대상자가 원하는 변화를 이끌어낼 수 있는 전략을 구체화시키는 단계이다. 커스트-애쉬만과 헐(Kirst-Ashman & Hull, 2009, 최혜지 외, 2013 재인용)은 총 8단계의 개입 계획 과정을 제시하였으며 이는 다음과 같다.

대상자와 함께 일하기
↓
문제들 중 우선순위 정하기
↓
문제를 욕구로 변환시키기
↓
각 욕구 충족을 위한 개입의 수준 평가하기
↓
목적 설정하기
↓
목표 구체화하기
↓
실행단계 구체화하기
↓
계약 절차 진행하기

|그림 13-2| 개입 계획 과정

사회복지실천의 전 과정에서 지켜져야 하는 원칙 중에 하나는 대상자와 함께 일하는 것이다(최혜지 외, 2013). 상담이나 사례관리 같은 사회복지실천과정에 익숙하지 않은 대상자일수록 강점관점의 틀 속에서 대상자와 함께하려는 사회복지사의 태도

는 대상자의 역량강화를 위해서도 반드시 갖추어야 할 요소이다. 두 번째 단계인 표적 문제 설정에 있어서 사회복지사와 문화적 배경이 다른 대상자일 경우, 문제를 무엇으로 인식하며 어떤 문제가 우선적으로 다루어져야 하는지에 대한 사회복지사와 대상자 간 이견이 있을 수 있으므로 이에 대해 섬세히 다룰 필요가 있다. 사회복지사가 인식하기에 중요하다고 생각하는 문제가 대상자에게는 문제로 인식되지 않을 수 있는데, 이때 이것이 단순한 사고의 차이인지 혹은 문화적 차이에 기인한 것인지에 대한 탐색이 이루어져야 할 것이다. 그리고 이에 대해 "신중한 의사소통 기술"(최혜지, 2013 : 313)을 활용한 논의가 진행되어야 할 것이다.

문제를 욕구로 전환하는 단계는 문제중심적인 사고에서 탈피하여 대상자가 필요한 것이 무엇인지에 초점을 맞춰 이에 대해 논리적으로 사고하고 정리하는 것이 요구되는 단계이다. 예로, '실직'이 문제라면 이에 대한 욕구는 '구직'으로 정리할 수 있으며 마찬가지로 '가족 갈등'이 문제라면 '만족스러운 가족 관계 유지'가 욕구로 정리될 수 있을 것이다. 개입 수준 평가 및 전략 선택 단계에서 사회복지사는 대상자와 함께 생태체계 관점에 입각하여 다차원적인 계획을 세워야 한다(최혜지, 2013). 실행계획은 일반적으로 다수준적, 다면적, 다표적이어야 하며 미시적인 수준에서 거시적인 수준까지 계획을 수립할 필요가 있다. 특히 사회구조적으로 취약한 위치에 놓여 있는 대상자의 경우, 사회복지사는 조직적으로 대응해야 하는 측면은 무엇이며 사회복지사가 취해야 할 역할은 무엇인지, 옹호 혹은 대변가의 역할을 수행해야 하는지 등에 대해 면밀히 고려해야 할 것이다. 예로, 또래 따돌림과 교사의 무관심으로 인해 학교생활에 어려움을 겪고 있는 다문화가족 아동의 경우 사회복지사는 아동의 궁극적인 학교생활 변화를 위해 아동을 대변하여 어떤 역할을 수행해야 하는지, 또한 아동 스스로와 아동의 부모는 어떤 행동을 취해야 하며 각 전략에 대한 장·단점은 무엇인지에 대한 평가를 대상자와 함께 논의해야 한다.

최혜지 등(2013)은 특히 전략 선택에 있어 사회복지사는 대상자의 문화적 가치와 생활방식을 반드시 고려해야 한다고 설명한다. 사회복지사와 대상자가 함께 고안하고 선택하는 전략과 행동 방안은 대상자의 생활방식과 부합되어야 하며, 대상자의 강점과 자원을 활용할 수 있는 것이어야 한다. 대상자의 개인적, 문화적 가치관 및 신념 그리고 이에 기초한 생활방식에 어긋나는 전략은 아무리 좋은 전략이라도 대상자에게는 의미 없는 것으로 간주될 수 있다. 상호 이해와 합의가 이루어진 전략일 때 개입 과정에서 불필요한 마찰을 방지할 수 있다.

목적, 목표 및 실행단계 구체화 단계에서 유의해야 할 점은 이러한 목적, 목표 및 실행이 대상자의 현실 상황에서 가능한 것이어야 하며 실행 주체가 다양화되어야 한다는 것이다. 사회복지사는 대상자의 공식적 · 비공식적 자원을 적극 활용하여 하며 각 과업을 수행할 수 있는 주체를 대상자와 사회복지사뿐 아니라 대상자와 관련 있는 중요한 인물(가족, 이웃, 친구 등)을 포함한 다양한 체계 내에서 찾아내고 포함시켜야 한다. 특히 활용 가능한 자원 탐색 및 활용 계획 수립 시, 이런 자원 활용에 대한 대상자의 관점과 감정에 대한 검토가 반드시 이루어져야 한다. 예로, 학교 교육복지사와의 협업이 필요한 경우라도, 대상자가 교육복지사에 대해 부정적인 감정을 가지고 있거나 혹은 교육복지사와의 만남에 대해 두려운 감정을 느끼고 있다면 이에 대해 탐색하고 감정을 다룬 이후에야 자원 활용이 가능할 것이다.

또한 실행단계 점검 주기 및 방법에 대해서 대상자와 함께 논의하며 지속적으로 진행 상황에 대해 점검할 필요가 있다. 일반적인 실천과정에서와 마찬가지로 계획했던 활동에 어려움이 발생하거나 이행 과정 내 장애요인 및 제약이 발견될 때, 이에 대해 사회복지사는 대상자와 함께 검토하고 목적, 목표 및 실행 과업 변경이 필요할 경우 이를 수정하는 등 지속적인 환류과정을 가져야 한다.

개입 계획 수립의 마지막 단계는 계약하기이다. 현재 국내 모든 복지관을 포함한 사회복지시설에서는 구두 계약이 아닌 서면 계약을 원칙으로 하고 있으며, 서면 계약 양식은 기관마다 약간의 차이는 있다. 그러나 기본적으로 개입 절차 안내 및 상호 지켜야 할 개입 과정 내 규정을 포함하여 대상자와 사회복지사가 함께 수립한 개입 목적, 목표, 세부 계획 및 이행자, 평가 방법 및 개입 기간 등이 제시되며 대상자와 사회복지사의 서명란과 계약날짜로 구성된다. 이 단계에서 특별히 주의할 점은 이주민에 따라 서명과 계약 행위에 익숙하지 않거나, 혹은 서명 및 계약에 따라 본인의 신분 및 상황 노출에 대해 불안해할 수 있는 경우가 종종 발생할 수 있다는 점이며, 따라서 사회복지사는 해당 단계에 대한 구체적이고 자세한 안내를 해야 한다. 또한 한국어가 서툰 이주민의 경우, 일반적으로 사용되는 계약서 내용을 이해하지 못할 수 있으므로 사회복지사는 반드시 포함 내용에 대해 구체적으로 설명하고 이에 대해 대상자가 충분히 이해하고 있음이 확인된 후 서명할 것을 권유해야 한다.

6) 개 입

개입은 실천과정의 핵심 단계로 궁극적으로 변화를 이끌어 내는 구체적인 활동 단계이다. 개입활동은 크게 직접적 개입, 간접적 개입으로 구분되는데, 직접적 개입활동은 사회복지사가 대상자와 직접 접촉하여 수행하는 활동을 가리키며 간접적 개입활동은 대상자의 주변 환경에 대한 개입, 조정 및 중재 등 환경에 대한 활동을 총칭하는 활동이다(최해경, 2017). 사회복지사는 개입 과정 중 다양한 역할을 수행하게 되는데, 이는 교육자, 상담가, 중개자, 중재자, 옹호자, 사회행동가 등의 역할을 포함한다. 개입활동의 범위는 대상자의 수준에 따라 달라지는데, 대상자는 개인, 커플(부부 등), 가족, 집단, 민족공동체 등으로 다시 구분되며 대상자가 누구이냐에 따라 실천 과정의 전반적인 틀과 접근 방법 역시 달라진다.

(1) 개인수준에서의 실천

개인수준에서의 사회복지실천 대부분은 개인 대상 상담 혹은 사례관리 영역에서 다루어지며, 주로 대상자의 심리적·정서적 어려움, 대인관계 어려움, 개개인의 발달과업 및 생활 변화 과정에서의 적응/ 부적응 문제 등을 주로 다루게 된다. 개인수준에서의 실천에서 사용되는 개입모델은 대상자의 연령, 문제의 유형 및 범위에 따라 매우 다양하다.

개인 이민자 대상 실천에서 활용하는 개입 모델 및 기법은 비 다문화가족 혹은 선주민을 대상으로 할 때와 크게 다르지 않을 수 있다. 일반적인 경우와 같이 사회복지사의 선호 혹은 대상자가 호소하는 문제에 따라 활용되는 개입모델 및 접근방법은 다를 수 있으나, 외국 출신 구성원을 대상으로 하는 실천에 있어 공통적으로 유의할 점은 다음과 같다.

먼저, 개입모델 선정에 있어 해당 모델이 서구 문화권 혹은 백인이 아닌 유색인종과 이민자를 대상으로도 활용되고 있는 모델인지 검토할 필요가 있다. 많은 실천

모델과 기법은 사실상 유럽 및 북미 지역 내 백인을 대상으로 개발된 경우가 많아, 다양한 인종·민족 집단을 대상으로 하는 실천에서의 적절성에 대한 논의는 지속적으로 진행 중에 있다. 예로, 수와 수(Sue & Sue, 2008)는 대부분의 치료는 대화를 중요시하며 자신의 정서적, 상황적 상태에 대해 직접적으로 표현하는 "언어화"(p. 193)를 중시한다고 설명한다. 즉, 서구권에서의 상담과 심리치료에서는 개인이 얼마나 자유롭게 자신의 정서를 언어적으로 표현하는가가 중요한 치료 목표가 될 수 있는데, 일본을 포함한 다수의 아시아 문화집단은 감정 억제를 중요한 덕목으로 평가하기 때문에 이러한 서구적 치료 목표와 상충되는 상황이 종종 발생한다고 설명한다. 또한 자기주장훈련(self-assertiveness training)과 같은 실천 방법은 일부 문화집단 내에서는 유용성이 떨어지는 방법일 수 있다. 따라서 사회복지사가 사용하려는 개입 모델 및 실천 기법 등이 대상자가 속한 민족·문화집단의 정서, 신념 및 가치관에 부합하는지에 대한 고려가 선행되어야 한다.

둘째, 이주민을 대상으로 하는 실천 활동은 다중적 접근이 요구된다. 즉, 개인의 심리·사회·문화적응을 지원하기 위한 다양한 개입활동을 진행함과 동시에 각 이주민을 둘러싼 주변 체계를 대상으로 동시 개입이 필요하다. 특히 간접개입은 이주민 대상 개입에 중요한 부분을 차지하는데, 이는 이주민의 적응이 일방적인 동화로 이루어지는 것이 아닌 이주민과 거주 지역, 사회의 상호작용을 통해 일어나는 양방향적(bi-directional) 적응이기 때문이다(Berry, 1994). 즉, 이주민의 건강한 적응과 심리·사회적 기능 향상을 위해서는 이주민뿐 아니라 이주민의 주변 체계에 대한 교육, 지원 및 변화 도출을 위한 노력도 요구된다. 예로, 난민 아동이나 중도입국 아동·청소년같이 외국에서 성장한 아동이 학교 적응에 어려움을 경험할 때 개입의 초점은 아동·학교에 이중적으로 맞춰져야 한다. 아동의 한국생활 및 한국 학교생활 적응 지원을 위한 다각적 노력도 필요하지만, 동시에 아동의 원활한 적응을 지원하기 위한 학교, 교사, 또래 학생들에 대한 개입 역시 이루어져야 하며 이것이 동시다발적으로 진행되었을 때 양방향적 문화적응이 가능할 것이다.

셋째, 이주민의 사회적 지지체계 발굴 및 강화는 모든 유형의 개입에서 매우 중요한 과업이다. 이는 이주와 함께 이주민이 기존에 활용 가능했던 대다수의 지지체계가 손실되기 때문이다. 최근 들어 개개인의 삶의 질과 삶의 다양한 영역에서의 기능 향상을 위해서 개인의 사회적 자본의 역할이 중요시되고 있다(Putnam, 1993). 특히 이주민에게 사회적 자본은 새로운 사회에서의 적응을 돕고 이들의 경제적, 문화적 적응을 연결하고 촉진시키는 중요한 자원으로 작용한다(이종호 · 노연희, 2017). 하지만 최근 연구결과에도 보고되듯이, 이주민의 경우 이러한 사회적 자본이 부족한 것을 알 수 있다. 예로, 2015 전국다문화가족실태조사 결과, 결혼이주민의 약 30% 이상이 어려움에 대해 의논할 사람이 없다고 응답한 것으로 보고되었다(정해숙 외, 2016). 사회적 지지와 네트워크와 같은 사회적 자본의 중요성을 고려할 때, 이주민 대상 사회복지실천에 있어 이들의 비공식적 · 공식적 자원체계를 구축하고 유지하며 강화하는 데 많은 비중을 두어야 할 필요가 있으며, 그 방안에 대해서도 대상자와 함께 모색할 필요가 있다.

(2) 가족대상 개입

한국 사회 내 제공되는 대다수의 가족 관련 개입은 다문화가족과 난민 가족에 국한되어 있으며, 이 중에서 커플 치료, 부부관계 개선 및 가족 관계 향상에 직접적으로 개입하는 대상은 다문화가족이 유일하다. 최근 들어 국제결혼을 통해 형성된 다문화가족 내 이혼율이 증가하면서 다문화 가족해체 문제의 심각성이 논의되기 시작하였다. 또한 이혼, 배우자 사망 등 다양한 이유로 다문화 한부모가족이 증가함에 따라 이들을 대상으로 하는 실천 영역의 확장 및 필요성은 지속적으로 논의되고 있다.

개인대상 실천과 마찬가지로 가족을 대상으로 하는 실천에 있어서도 사회복지사는 가족대상 개입모델의 적용 가능성에 대해 깊이 탐구할 필요가 있다. 현재 가족, 가족관계, 가족 역할에 대해 소개된 개념은 대부분이 서구 문화에 기반한 개념으로 문화적 특수성에 대한 고려 없이 사용되었을 때 부정적인 결과를 초래할 수 있다(Lum, 2004, 재인용; Sue, 2006). 특히 가족의 범위, 가족 내 성역할, 가족구성원의 역할 및 가족 규칙 등은 가족구성원이 속한 문화권에 따라 다르게 이해될 수 있으며 사회복지사가 속한 문화권에서 지향하는 혹은 보편화된 가치와 관습과 충돌할 수 있는 가능성에 대해서도 인지해야 한다. 예로, 사회복지사가 가진 양성평등적인 관점은 특정 문화권에서 보고되는 가족 내 성역할과 가치관과 매우 다를 수 있으며 사회복지사의 관점에서 가족을 사정하고 개입을 진행할 때 일부 갈등상황이 발생할 수도 있다. 즉, 가족과 함께 일함에 있어 그들의 문화가 좋은지 혹은 나쁜지 판단하는 것(Sue, 2006)이 개입 과정 내 초점이 되면 안 될 것이다.

수(Sue, 2006)는 효과적인 다문화가족 대상 상담과 개입에 있어 특별히 고려해야 할 요소들을 다음과 같이 소개했다. 첫째, 다문화가족이 거주하는 사회 내 소수인종·민족으로 사는 역사적 현실에 대한 이해이다. 예로 국내 화교의 한국사회 정착 역사와 한국 사회 내 이들의 사회적·경제적·법적 위치 변화와 현실에 대한 이해는 화교 출신 다문화가족 개입에 있어 선행되어야 할 것이다. 또한 일반적으로 선주민에 비해 낮은 소득수준, 낮은 교육수준, 낮은 학업성취도 및 건강상태, 빈곤선 이하의 생활수준 등 이주민과 그 가족이 처한 현실이 이주민 개인과 그 가족들에 어떤 영향을 미치는지에 대한 지식 역시 필수적이다. 둘째, 앞서 언급한 것과 같은 가치체계의 충돌에 대한 인식이다. 주류사회의 가족 가치와 가족 관련 개념이 실제 많은 이주민의 가족 가치관과 상이할 수 있음에 대해 인식하고 이런 가치 차이에 대해 인지하고 있어야 한다. 셋째, 이중문화주의가 가족 내 가지는 영향에 대한 이해이다. 국제결혼을 통해 형성된 다문화가족뿐 아니라 외국에서 성장한 부모세대와 이주사회에서 성장한 자녀 세대로 구성된 가족의 경우 두 개의 다른 문화적 요소가 공존하며 이것이 가족 내 역동, 구조와 관계에 중대한 영향을 미칠 수 있음에 대해 인식해야 한다. 즉, 다문화가족과 같이 한 가족 내 이중문화가 존재하는 경우, 이런 이중문화로 인해 나타날 수 있는 가족 내 역동 변화에 대해 인지할 수 있어야 할 것이다.

이주민 집단 내 민족적, 문화적 이질성으로 인해 하나의 다문화적 치료모델, 개입 기술 및 기법을 설명하는 것은 매우 어려운 과업이다(Sue, 2006). 다만, 이주민가족을 대상으로 하는 개입에서 사회복지사는 가족을 하나의 체계로 보되, 동시에 가족 내 각각 구성원을 가족 내 문화와 가치의 맥락에서 살펴볼 수 있어야 하며 문화도와 가계도 등의 다양한 사정도구를 활용하여 다측면적인 가족 사정을 할 수 있어야 한다. 또한 사용되는 개입 기술 및 전략에 있어 문화적으로 상충될 수 있는 요소에 대한 검토와 더불어 가족개입의 목표 및 지향점이 대상가족의 문화 및 가치와 일치하는지에 대해서도 가족과 함께 면밀히 살펴볼 필요가 있다. 정리하면, 가족의 개념,

기능, 범위, 역할, 구조 등 가족에 대한 모든 요소와 부분을 대상 가족의 문화적 관점에서 수직적, 수평적으로 이해하려는 노력이 필요하며, 보다 효과적인 가족 지원을 위해서는 사회복지사의 문화적 역량 증진이 요구된다.

(3) 집단대상 실천

타코어-던랩과 벨서(Thakore-Dunlap & Velsor, 2014)는 미국 내 동남아시아 문화권에서 이주해 온 여자 청소년을 대상으로 하는 집단상담 과정을 소개하며 이주 청소년을 대상으로 하는 집단 운영 시 유의사항에 대해 안내하였다. 국내 일반 학교에서 접하게 되는 이주 배경 청소년의 대부분은 다문화가족 내 중도입국청소년인데, 타코어-던랩과 벨서(Thakore-Dunlap & Velsor, 2014)가 제시한 상담 과정을 참고하면 다음과 같다.

첫째, 가급적이면 같은 문화권 혹은 국가 출신으로 구성된 집단을 구성하는 것이 좋다. 이주민 집단은 매우 이질적인 집단이며 출신국가별로 공유하는 문화, 언어 등이 모두 다르다. 단순히 다문화가족 혹은 외국 출신이라는 이유로 한 집단으로 구성하는 것은 오히려 집단 응집성 형성에 방해가 될 수 있다.

둘째, 학교 및 기관에서 집단 운영 시 반드시 안전한 공간(safe space)을 마련해야 한다. 안전한 공간이란 단순히 물리적인 환경만을 가리키는 것이 아니라 집단활동에 참여하는 청소년들로 하여금 심리적으로 편안하고 안전한 공간으로 인식되고 느껴지는 공간이다. 이를 위해 실천가는 스스로의 문화적 역량 강화를 위한 다양한 노력을 해야 하며 본인이 잘 알지 못하는 문화권인 경우 대상자의 문화권 및 출신국가에 대한 지식을 쌓기 위해 노력해야 한다.

셋째, 개인적 정보 공유 및 노출, 개별화 및 자율성(autonomy), 직접적인 의사소통 등에 대한 참여자들의 생각에 대해 논의할 시간을 마련해야 한다. 예로, 많은 아시아권 문화에 속한 이주민들은 자신과 자신의 가족에 대한 정보를 공유하는 것에 대해 불안함을 느낄 수 있으므로 이런 경우 사회복지사가 먼저 자기 노출을 통해 자신의 가족과 관련 경험에 대해 참여자와 공유하는 것이 도움이 된다. 특히 청소년의 경우 본인이 공유하는 내용이 부모 및 자신이 속한 공동체 내에 보고되는 것에 대해 걱정할 수 있으므로 이런 고민과 두려움에 대해 충분히 논의할 시간을 마련해야 한다.

넷째, 이중문화권에 속한 청소년과 함께하는 집단 상담 시, 이중 민족정체성 발달단계 및 그 중요성에 대해 반드시 숙지하고 이에 기반한 상담을 진행할 필요가 있다. 파버와 학자들(Farver et al., 2002)은 자신이 속한 민족집단에 대한 자긍심은 곧 이들의 긍정적인 자아존중감 발달로 연결될 수 있다고 설명하며, 이중문화권에 속한 이민자 청소년 대상 실천 시 반드시 이중문화권에 사는 것의 의미에 대해 탐색하여 본인이 속한 문화권 및 민족집단의 장점, 자랑스럽게 여길 수 있는 가족과 문화적 전통 등에 대해 충분히 공유할 필요가 있다고 설명한다.

다섯째, 청소년이 거주하는 사회에서 경험하는 사회적 차별 및 부당 대우에 대해 반드시 논의하는 시간과 과정이 필요하다. 예로, 타민족에 대해 비교적 낮은 수용성을 가지며 특히 외국인노동자, 난민 등 이주민 중 특정 집단에 대해 강한 배타성을 보이는 한국사회에서 '이민자'로 살아가는 것이 각 개인에게 어떤 의미이며 어떤 경험을 갖게 하는지에 대해 공유하는 시간은 경험과 관련된 감정의 환기뿐 아니라 부당 대우에 대해 어떻게 반응할 수 있는지 학습할 수 있는 기회를 제공한다. 비해리와 크로지어(Beharry & Crozier, 2008)는 청소년기에 경험한 인종차별경험은 성인기에 경험한 경우보다 이들의 자아존중감 및 자기효능감에 더 치명적인 영향을 미친다고 설명하며, 이를 완충하기 위한 중요한 요인으로 사회적 지지를 제시하였다. 따라서 이주 경험을 가진 청소년을 위한 집단 상담 및 실천은 이들에게 지지적인 환경 속에서 차별과 부당대우에 대해 어떻게 대처하고 극복하는지에 대해 건설적으로 학습하고 연습할 수 있는 좋은 기회가 될 수 있다.

7) 종결과 평가

사회복지실천에서의 종결은 크게 계획된 종결과 계획되지 않은 종결로 구분된다. 계획된 종결은 개입 목적의 달성, 약속된 시간 혹은 기간 소요로 인한 종결 등으로 구분되며 계획되지 않은 종결은 대상자의 일방적 종결과 사회복지사의 이직 및 기관 상황 변화 등 서비스 제공자로 인한 종결 등으로 구분된다. 가장 이상적인 형태의 종결은 사회복지사와 대상자가 합의한 목표가 달성되고 개입의 효과가 명확히 나타남으로 인해 이루어지는 종결이나 현실적으로는 많은 경우가 대상자의 잠적, 일방적인 종결 선언, 개입 거부 등으로 인해 미처 정리되지 못한 상태에서 종결되기도 한다.

이주민과 함께하는 개입의 종결은 선주민과의 종결과정과 크게 다르지 않다. 개입을 진행하며 종결에 대한 지속적 안내가 있어야 하며, 종결에 대한 대상자의 정서적 반응을 구체적으로 다루며 지속적으로 '지지적인 태도'로 대상자를 대할 필요가 있다. 특히 한국인과의 교류가 적거나 서비스 이용 경험이 적은 이주민인 경우, 한국인 사회복지사와 형성한 관계와 지속해 온 개입활동은 이주민에게 중요한 자원이자 경험이 될 수 있기 때문에 그만큼 종결은 이들에게 중요한 사람과의 관계 상실로도 인식될 수 있다. 따라서 사회복지사는 대상자와 함께 종결의 의미를 깊게 탐색하고 수반되는 감정의 변화와 정서적 반응에 대해서 다룰 필요가 있을 것이다.

개입에 대한 평가는 선주민을 대상으로 하는 평가와 다를 바 없으나, 평가를 이행하는 방식은 일부 다를 수 있을 것이다. 예로, 평가의 필요성에 대한 설명이 구체적으로 제공될 것이어야 하며 평가 수행 시 반드시 개입 과정과 사회복지사와의 관계 형성 및 사회복지사의 업무 수행 등에 대한 이주민의 주관적인 만족도와 경험에 대해 구체적으로 질문할 수 있어야 할 것이다. 또한 대상자의 한국어 수준 등을 고려하여 평가 시 사용되는 척도 및 도구의 사용 여부에 대해서도 검토할 필요가 있다. 마지막으로 종결과 평가 다음 단계로 반드시 포함되어야 하는 단계는 사후관리이다. 사후관리에 대한 지침 및 규정은 기관에 따라 다를 수 있으나 일반적으로 종결 후 1개월 이내, 그리고 6개월 이내에 대상자의 상황을 점검해야 하며 새로운 어려움이 발생되었는지 혹은 개입을 통해 습득한 대처기술 등의 활용이 적절히 이어지는지 등에 대한 검토가 주기적으로 이루어져야 할 것이다.

참고문헌

강남식 · 신은주 · 성정현. 2001. 여성조건부 수급자들의 자활후견기관 프로그램 만족 실태 및 정책제언. 한국여성단체연합. 여성빈곤 깨뜨리기 II. 빈곤없는 사회 만들기. 세미나 자료집.

강성록. 2000. 탈북자의 외상척도 개발 연구. 연세대학교 대학원 석사학위논문.

강혜성. 2011. 북한이탈여성의 남한사회 초기적응 경험에 관한 연구. 건국대학교 대학원 석사학위논문.

고상두 · 하명신. 2010. 다문화 시대 독일의 시민권 변화 : 개정국적법 및 이민법을 중심으로. **국제정치논총**, 40.

공미혜 · 이진숙 · 성정현 · 한정원. 2015. **여성복지론**. 신정.

곽윤경. 2018. 결혼이주남성가족의 경험을 통해 본 다문화가족지원정책. 한국사회복지정책학회 춘계학술대회발표자료집, 141-158.

교육부. 2019. 2019 다문화교육 지원계획.

교육인적자원부 외. 2006. 4. 26. 혼혈인 및 이주자의 사회통합 지원방안.

국가인권위원회. 2003. 기지촌 혼혈인 인권실태 조사.

______________. 2011. 이주 인권가이드라인 구축을 위한 실태조사.

국민일보. 2015. 불법체류 외국인근로자도 노동3권 보장. 노조설립 가능. news.kmib.co.kr/article/view.asp?arcid=0923135064&code=11131900&cp=nv, (2015. 6. 26일자)

권상철. 1998. 미국 대도시지역 동양계 동족경제의 특성에 관한 연구 : 뉴욕과 로스앤젤레스의 비교. **지리 · 환경교육**, 8(1), 117-135.

권종희 · 서인해. 2008. 프로그램 디자인 구성요소에 관한 연구 : 여성 한부모 임파워먼트 프로그램을 중심으로, **한국가족복지학**, 24, 121-159.

김 욱 외. 2016. **다문화클라이언트와 가족을 위한 사회복지실천**. 나눔의집.

김광억. 1998 동아시아 담론의 문화적 의미. **정신문화연구**, 21(1), 3-26.

김광억 외. 2005. **종족과 민족 : 그 단일과 보편의 신화를 넘어서**. 아카넷.

김기우. 2011. 외국인 근로자이 고용 및 저임금 실태와 국내법상 지위, 연구총서, 1-156.

김미란. 2010. 타이완의 대륙상상과 양안(兩岸) 결혼. **중국현대문학**, 54, 271-314.

______. 2011a. 타이완의 젠더화된 이민과 양안(兩岸) 결혼. **중국어문학논집**, 68, 215-246.

______. 2011b. 타이완의 중국 '고향친지방문(返鄉探親)'(1987)과 타이완 사회의 '통일/독립' 담

론. 중국연구, 52, 241-262.

김병모. 2008. 허황옥 루트, 인도에서 가야까지. 역사의 아침.

김병창. 2010. 북한이탈주민 정신건강. 정신건강정책포럼, 4, 4-37.

김상수. 1999. 동기부여적 언어가 임파워먼트에 미치는 영향에 관한 연구. 연세대학교 대학원 석사학위논문.

김선회. 2011. 북한이탈주민 사회적응 패러다임 전환의 요청과 인문-융합적 패러다임. 통일인문학논총, 52, 181-205.

김성남 · 양옥경. 2015. 북한이탈주민 어머니들의 자녀양육과 교육의 경험에 관한 질적 연구. 사회복지실천과 연구, 12(1), 5-37.

김성종. 2012. 북한이탈주민 정착지원을 위한 협력적 거버넌스 구축. 한국콘텐츠학회논문지, 12(2), 311-321.

김숙이. 2010. 대만 다문화 교육의 이해-신주민의 정착과 교육을 중심으로. 다문화교육연구, 3(1), 28-54.

김순양. 2013. 한국 다문화사회의 이방인 : 사회적 배제와 정책적 대응. 집문당.

김순양 · 이지영 · 남경선. 2008. 저숙련 외국인노동자의 사회적 배제와 정책적 대응. 아태연구, 15(2), 1-30.

김연희. 2007. 한국 사회의 다문화화와 사회복지분야의 문화적 역량. 사회복지연구, 35(3), 117-144.

김연희 · 전우택 · 조영아. 2010. 북한이탈주민 정신건강 문제 유병율과 영향요인 : 2007년 입국자를 중심으로. 통일정책연구, 19(2), 141-174.

김영란. 2017. 독일의 다문화 사회통합정책 연구. 다문화콘텐츠연구, 25.

김영혜 · 김민혜, 2017. 여성결혼이민자의 인적자본 및 사회자본과 취업지원방안 연구. 경기도가족여성연구원. 정책보고서.

김이선 · 김인순 · 이창호 · 박준규. 2008. 다문화사회로의 이행을 위한 문화정책 현황과 발전방안. 한국여성정책연구원.

김이선 · 장혜경 · 김혜영 · 양명희 · 최은영. 2007b. 결혼이민자가족 지원 서비스 효율화 방안 연구. 여성부.

김이선 · 황정미 · 이진영. 2007a. 다민족 · 다문화사회로의 이행을 위한 정책 패러다임 구축(Ⅰ) : 한국사회의 수용현실과 정책과제. 한국여성정책연구원.

김인숙 · 우국희. 2001. 사회복지사가 인식하는 임파워먼트의 의미에 관한 질적 연구 : 한국에서 임파워먼트 실천은 가능한가?. 한국사회복지학, 49, 34-61.

김재득. 2000. 행정부문에서 임파워먼트 개념에 대한 올바른 이해. 한국인간관계학보, 5(1), 215-240.

김재엽 · 최지현 · 류원정. 2012. PTSD가 북한이탈주민의 남한사회적응에 미치는 영향 : 자아탄력성, 사회적 교류의 조절효과를 중심으로. **사회복지연구**, 43(4), 343-367.

김정인. 2018. 지방자치단체의 다문화가족 지원 조례와 다문화가족의 이주사회 적응전략. **지방정부연구**, 21(4), 267-292.

김정호. 2003. **한국의 귀화 성씨 : 성씨로 본 우리 민족의 구성**. 지식산업사.

김종군. 2011. 구술을 통해 본 분단 트라우마의 실체. **통일인문학논총**, 제51집, 37-65.

김태희. 2014. 외국인노동자의 사회통합정책 방안. **한국균형발전연구**, 5(2), 101-114.

김현미. 2008. 다문화 사회의 문화적 쟁점과 정책방향. 다문화포럼 자료집, pp. 1-14.

김현미 · 김민정 · 김정선. 2008. 몽골여성들의 한국으로의 이주 과정과 경험. **한국여성학**, 24(1), 121-155.

김혜미. 2013. 다문화가정 외국인 배우자의 서비스 이용에 관한 연구. **사회복지연구**, 44(4), 57-94.

김혜순. 2008. 결혼이주여성과 다문화사회 실험: 최근 다문화담론의 사회학. **한국사회학**, 42(2), 36-71.

김혜영. 2014. 한 · 미 · 일 아동보호서비스 제도에 대한 비교연구. **아시아일본학회**, 52, 119-141.

김희정. 2007. 한국의 관주도형 다문화주의 : 다문화주의 이론과 한국적 적용. **한국에서의 다문화주의 : 현실과 쟁점**. 한울아카데미, pp. 57-79.

남영호. 2008. '주둔지 혼혈인'과 생물학적 시민권. **한국문화인류학**, 41(1), 91-128.

네이버지식백과. '노동3권', https://terms.naver.com/entry.nhn?docId=1076636&cid=40942&categoryId=31721.

노충래 · 김정화. 2011. 다문화 사회복지 실무자의 문화적 역량 척도개발 및 타당화. **한국사회복지학**, 63(2), 207-231.

노호창. 2015. 현행 사회보장제도에서 외국인의 처우에 대한 현황과 문제점. **사회보장법연구**, 4(1), 55-97.

도서리뷰. 2011. **호주의 다문화주의**. 도서리뷰.

문홍빈. 2000. 임파워먼트를 위한 지역사회조직 사례연구. 가톨릭대학교 대학원 석사학위논문.

박기현. 2007. **우리 역사를 바꾼 귀화 성씨**. 역사의 아침.

박동성. 2008. 일본 과소지역에서의 '국제가족'의 형성과 지역사회의 대응 : 아마가타현의 사례분석. **한국문화인류학**, 41(1).

박상순. 2001. 在韓中國人의 法的地位에 관한 研究: 臺灣系中國人을 中心으로. 인천대학교 행정대학원 석사학위논문.

박선영. 2007. 사회복지실천에서 클라이언트의 초기 임파워먼트에 관한 탐색적 연구 : 저소득층 여성가장을 중심으로. **사회과학논총**, 26(1), 173-192.

박영희. 2003. 북한이탈주민의 지역사회 통합을 위한 실천적 방안. 교수논문집, 2, 164-282.

박은경. 1986. 한국화교의 種族性. 한국연구원.

______. 2002. 한국인과 비한국인: 단일 혈통의 신화가 남긴 차별의 논리. 당대비평, 19, 272-287.

박재영. 2012. 독일 다문화사회의 터키인 공동체. 다문화콘텐츠연구, 12.

박진완. 2010. 이주노동자권리협약에 규정된 권리들의 헌법적합성에 대한 검토. 세계헌법연구, 16(2), 139-170.

박채순. 2011. 북한이탈주민의 한국사회 유입과 적응 실태 연구 : 서울시 노원구를 중심으로. 디아스포라연구, 5(2), 63-86.

박철옥 · 안현의. 2009. 새터민의 대인관계적 외상경험, 용서, 경험회피와 외상후스트레스 증상 간의 관계. 상담학연구, 10(4), 1891-1906.

박현옥 · 박정동. 2003. 한국화교(인천화교)의 경제활동 및 사회적 지위에 대한 연구. 인천발전연구원.

법무부. 2008. 다문화 사회통합프로그램 구축방안 마련을 위한 공청회 자료집. 법무부 출입국외국인정책본부.

______. 2018. 출입국 · 외국인정책 통계연보.

베네딕트 앤더슨 저. 서지원 역. 2018. 상상된 공동체 : 민족주의의 기원과 보급에 대한 고찰. 도서출판 길.

변수정. 2014. 동아시아 국가의 다문화가족 현황 및 정책 비교연구. 한국보건사회연구원.

변수정 · 조성호 · 이상림 · 서희정 · 정준호 · 이윤석. 2014. 동아시아 국가의 다문화가족 현황 및 정책 비교연구. 한국보건사회연구원.

북한이탈주민지원재단. 2017; 2019. 북한이탈주민 정착실태조사 기본분석보고서.

서주연. 2005. 북한이탈주민의 외상후 스트레스 장애(PTSD)와 남한사회 적응에 관한 탐색적 연구. 이화여자대학교 대학원 석사학위논문.

설동훈. 2006. 국민 · 민족 · 인종 : 결혼이민자 자녀의 정체. 한국사회학회 동북아시대위원회 용역과제, 06-8, pp. 79-99.

______. 2007. 혼혈인의 사회학 : 한국인의 위계적 민족성. 인문연구, 52, 125-160.

______. 2009. 한국사회의 외국인 이주노동자 : 새로운 '소수자 집단'에 대한 사회학적 설명. 사림, 34, 53-77.

______. 2013. 국제이동과 이민자의 시민권. 한국인구학, 36.

설진배 · 송은희. 2013. 북한이탈여성의 자존감과 경제적 적응이 생활만족도에 미치는 영향. 평화학연구, 14(4), 291-314.

성정현. 2014. 탈북여성들의 남한사회에서의 차별경험과 트라우마 경험의 재현에 관한 탐색적 연구. 한국콘텐츠학회, 14(5), 117-131.

______. 2019. 탈북여성들에 대한 남한사회의 '종속화된 낙인'과 탈북여성들의 공동체 형성 및 활동, 한국가족복지학, 53, 79-115.

손윤성. 2013. 이주노동자의 고용허가제 개선방안. 법학연구, 49, 1-23.

손정목. 1982. 韓國 開港期 都市變化過程硏究: 開港場·開市場·租界·居留地. 일지사.

송다영. 2006. 한부모여성가구주를 위한 심리정서적 지원프로그램 실태와 임파워먼트 대안. 한국가족복지학, 11(1), 131-154.

신기욱 저. 이진준 역. 2012. 민족 개념의 역사적 전개 과정과 그것이 의미하는 것. 역사비평.

신미녀. 2009. 남한주민과 북한이탈주민의 상호인식: 한국사회정착에서 제기되는 문제를 중심으로. 북한학연구, 5(2), 119-143.

신수문. 2013. 북한이탈주민의 정착지원 정책과 지방자치단체의 역할에 대한 연구. 고려대학교 행정대학원 석사학위논문.

신지원 외. 2012. 이민정책 해외사례 연구 : 다문화정책의 최근 논의를 중심으로. IOM이민정책연구원(IOM이민정책연구원 연구보고서 No.2011-08).

심혜영. 2001. 대만정체성 논의에 관하여. 중국학보, 44, 145-161.

앤서니 D. 스미스 저. 강철구 역. 2012. 민족주의란 무엇인가 : 근대주의를 넘어선 새로운 모색. 용의숲.

앤서니 D. 스미스 저. 김인중 역. 2016. 족류-상징주의와 민족주의 : 문화적 접근방법. 아카넷.

앤서니 D. 스미스 저. 이재석 역. 2018. 민족의 인종적 기원. 그린비.

양필승·이정희. 2004. 차이나타운 없는 나라 : 한국화교 경제의 어제와 오늘. 삼성경제연구소.

엄명용·김성천·오혜경·윤혜미. 2019. 사회복지실천의 이해. 학지사.

엄태완. 2016. 이주민으로서의 북한이탈주민 경험 연구 : 생존과 일상의 경계를 넘어. 한국사회복지행정학, 18(1)(통권 제50호), 165-198.

엄한진. 2006. 전지구적 맥락에서 본 한국의 다문화주의 이민논의. 한국사회학회 동북아시대위원회 용역과제, 06-8, 13-46.

______. 2011. 다문화사회론. 소화.

에릭 홉스봄(Eric Hobsbawm) 외 공저. 박지향·장문석 공역. 2004. 만들어진 전통(The Invention of Tradition). 휴머니스트.

여성가족부. 2013. 제2차 다문화가족지원정책 기본계획(2013~2017).

________. 2018. 다문화가족 관련 연도별 통계현황(8월 기준).

________. 2018. 제3차 다문화가족지원정책 기본계획(2018-2022).

염운옥. 2014. 영국 이민사 연구의 쟁점과 전망 : 인종주의와 다문화주의의 이중주. Homo Migrants, 11. 이주사학회.

오명석 편. 2004. 동남아의 지역주의와 종족갈등. 도서출판 오름.

오정영. 2003. 사회복지현장의 변화에 따른 상담실천의 필요성. **복지상담학연구**, 1(1), 49-62.

우수명 · 주경희 · 김희주. 2015. **다문화사회복지개론**. 양서원.

유미옥. 1999. 도시저소득층 여성의 임파워먼트 실천에 관한 연구. 숭실대학교 대학원 석사학위논문.

유선영. 2011. 식민지의 스티그마 정치-식민화 초기 부랑자표상의 현실효과. **사회와 역사**, 89(3), 41-84.

윤민화. 1999. 사회복지사의 임파워먼트에 관한 연구 : 지역사회복지관의 사회복지사를 중심으로. 이화여자대학교 대학원 석사학위논문.

윤인진. 2003. 코리안 디아스포라 : 재외 한인의 이주, 적응, 정체성. **한국사회학**, 42(3), 101-142.

______. 2004. **코리안 디아스포라 : 재외 한인의 이주, 적응, 정체성**. 고려대학교출판부.

______. 2006. **북한이탈주민의 사회적응과 사회통합**. 한국사회학회.

윤인진 · 송영호. 2013. 북한이주민에 대한 남한주민의 민족의식과 다문화의식. **재외한인연구**, 30, 7-40.

윤인진 외. 2017. **디아스포라와 초국가주의의 이론과 실태**. 북코리아.

윤혜미. 2009. 결혼이민자 가족을 위한 임파워먼트 기반의 사회복지실천 연구. **한국사회복지학**, 61(4), 85-108.

이광규. 1997. **민족과 국가**. 일조각.

이광석 외. 2014. **다문화행정론**. 조명문화사.

이민경 · 김경근. 2009. 이주 근로자가정 청소년들의 적응전략. **한국사회학연구**, 19(2), 107-132.

이병준. 2007. 다문화역량이란 무엇인가. **한국교육사상연구회 학술논문집**, 37, 1-11.

이삼식 · 최효진. 2012. 저출산대책 관련 국제동향분석 : 미국, 영국 편. 한국보건사회연구원(연구보고서 2012-47-22).

이영민. 2013. 글로벌 시대의 트랜스이주와 장소의 재구성: 문화지리적 연구 관점과 방법의 재정립. **문화역사지리**, 25(1), 47-62.

이윤화. 1999. 역량강화적 접근의 효과성에 관한 연구. 연세대학교 대학원 박사학위논문.

이정환. 2011. 이주자 사회통합 정책교육 : Volume Ⅳ. **다문화 사회의 시민 교육**. IOM 이민정책연구원.

이정환 · 이성용. 2007. 외국인 노동자의 이주 특성과 연구동향. **한국인구학**, 30(2), 147-168.

이종호 · 노연희. 2017. 결혼이주여성의 사회적 자본, 문화적응 스트레스와 문화적응 간의 관계. **다문화콘텐츠연구**, 24, 235-273.

이창호. 2007. 한국 화교(華僑)의 사회적 공간과 장소 : 인천 차이나타운을 중심으로. 한국학중앙연구원 인류학전공 박사학위논문.

______. 2008a. 차이나타운의 재개발과 의미의 경합 : 인천지역의 사례를 중심으로. **한국문화인류학**, 41(1), 209-248.

______. 2008b. 한국 화교(華僑)의 사회적 지위와 관계의 공간 : 인천 화교의 관시(關係)와 후이(會)를 중심으로. 비교문화연구, 14(1), 75-122.

이효재 · 박은경. 1981. 한국 화교 및 화교의 이동에 관한 연구. 이화여대한국문화연구논총, 37, 211-253.

임목옥. 2006. 외상후스트레스장애-충격적 사건에 대한 공포감과 재경험. http://boog.naver.com.

임완섭. 2014. 최근 빈곤 및 불평등 추이와 시사점. 보건복지 이슈&포커스. 271회. 한국보건사회연구원.

임정빈. 2012. 북한이탈주민 정착을 위한 지역사회 지원체계 및 이해관계자 분석. 한국정책연구, 12(2), 249-272.

임지현. 1999. 민족주의는 반역이다. 소나무.

장문석. 2006. 민족주의 길들이기. 지식의 풍경.

장수현. 2001. 한국 화교의 사회적 위상과 문화적 정체성. 국제인권법, 4, 1-30.

______. 2002. 한화(韓華), 그 배제의 역사. 당대비평, 19, 245-258.

장인협 · 우국희. 2001. 케어 · 케이스 매니지먼트. 서울대학교출판부.

전우용. 2003. 한국 근대의 華僑 문제. 韓國史學報, 15, 377-409.

전우택 · 윤덕용 · 엄진섭. 2003. 탈북자들의 남한사회 적응생활 실태조사 : 2001년도 553명의 탈북자들에 대한 조사를 중심으로. 통일연구, 7(1), 155-208.

정길호. 2009. 북한이탈주민의 지역사회 정착을 위한 연계협력체계 구축방향. 한국행정학회 하계학술대회.

정미숙. 1999. 만성질환자의 사회복귀를 위한 사례관리에서 임파워먼트의 적용 : 단일사례연구. 서울여자대학교 대학원 석사학위논문.

정수일. 2005. 한국 속의 세계 : 우리는 어떻게 세계와 소통해왔는가(상/하). 창작과 비평사.

정윤태 · 김원철 · 김학만. 2012. 북한이탈주민 정착을 위한 민간지원 발전방안에 관한 연구 : 서비스전달체계 분석틀에 근거하여. 한국정책연구, 12(1), 185-201.

정준호. 2015. 대만 다문화정책의 경향성 연구. 한국비교정부학보, 19(3), 43-69.

정해숙 외. 2015. 2015년 전국 다문화가족 실태조사 정책연구 활용결과 보고서.

정해숙 외. 2016. 2015년 전국다문화가족실태조사 분석. 한국여성정책연구원.

정혜실. 2007. 파키스탄 이주노동자와 결혼한 여성들의 이야기. 여성이론, 16, 89-98.

조영달. 2006. 다문화가정의 자녀 교육 실태조사. 교육인적자원부.

조영아 · 전우택 · 유시은 · 엄진섭. 2005. 북한이탈주민의 우울 예측 요인 : 3년 추적연구. 상담 및 심리치료, 17(2), 467-484.

주성훈. 2010. 다문화가족지원사업 문제점과 개선과제. 국회예산정책처.

지은주. 2012. 정체성과 경제적 이익의 동학 : 2008년 대만 총통선거에서 유권자의 선택. 한국

정치학회보, 46(1), 359-382.

차옥승. 2013. 이주노동자들의 실태와 문제점 해결 방안 모색 - 남양주 가구단지를 중심으로. 한국사회역사학회, 16(2), 165-193.

채나리. 2011. 북한이탈주민의 문화변용과 남한사회 적응에 관한 연구. 사회복지실천, 10, 165-185.

채형복. 2008. 국제이주노동자권리협약에 대한 고찰. 법학논고, 29, 339-365.

최강민. 2006. 단일민족의 신화와 혼혈인. 語文論集, 35(2), 287-314.

최남희. 2006. 재난피해자 사후 지원 : 재난피해자의 사후 복귀. 한국위기관리논집, 2(2), 1-18.

최명민. 2002. 사회복지사 셀프-임파워먼트 프로그램의 효과: 정신보건사회복지사의 자아개념 및 클라이언트의 평가를 중심으로. 한국사회복지학, 50, 3-32.

최명민 외. 2015. 사회복지시설 평가제도, 사회복지사는 무엇을 경험하고 무엇을 바라는가?. 한국사회복지행정학, 17(3), 1-26.

최명민 · 이기영 · 김정진 · 최현미. 2015. 다문화사회복지론. 학지사.

최병두. 2000. 공간의 정치경제학. 아카넷, pp. 15-35.

최용민. 2006. 임파워먼트와 살회복지실천. 복지행정논집, 16(2), 71-100.

최윤정 외. 2019. 2018 전국다문화가족실태조사. 한국여성정책연구원.

최윤진 · 허정은. 2006. 여성한부모에 대한 사회복지 임파워먼트 실천. 임상사회사업연구, 3(2), 203-224.

최저임금위원회 홈페이지. https://www.minimumwage.go.kr.

최해경. 2017. 사회복지실천론. 학지사.

최혜지 외. 2013. 사회복지실천론. 학지사.

통계청. 2010. 인구주택총조사.

______. 2013. 북한이탈주민현황.

______. 2016. 2015년 다문화 인구동태 통계.

______. 2017. 2016년 다문화 인구동태 통계.

______. 2018. 다문화가족 관련 연도별 통계.

______. 2019. 2018년 다문화 인구동태 통계 보도자료.

프리드리히 마이네케 저. 이상신 · 최호근 공역. 2007. 세계시민주의와 민족국가 : 독일 민족국가의 형성에 관한 연구. 나남.

한건수. 2003. "타자 만들기" : 한국 사회와 이주노동자의 재현. 비교문화연구, 9(2), 157-193.

한건수 · 설동훈. 2006. 결혼중개업체 실태조사 및 관리방안 연구. 보건복지부.

____________. 2007. 이주자가 본 한국의 정책과 제도. 한국여성정책연구원.

한경구. 1997. 문화상대주의. 신인문. 창간호, 한길사.

한경구 · 한건수. 2007. 한국적 다문화 사회의 이상과 현실 : 순혈주의와 문명론적 차별을 넘어. 한국사회학회 동북아시대위원회 용역과제, 07-7, pp. 71-116.

한국산업인력공단. 2015. 외국인근로자 전용보험 안내서.

한순미. 2010. 나환의 기억과 서서적 욕망 : 맥락과 징후. **국어국문학**, 155(8), 357-384.

한승준 · 오승은 · 정준호 · 최무현. 2009. 다민족 · 다문화사회로의 이행을 위한 정책 패러다임 구축(III) : 아시아국가의 다문화사회 형성과정과 정책추진체계 연구. 한국여성정책연구원 · 한국정책학회.

홍석준. 1997. 말레이시아 농촌의 이슬람화와 사회변동 : 끌란딴(Kelantan)의 말레이 마을에 대한 사례연구. 서울대학교 대학원 박사학위논문.

_____. 1998. 문화 이해의 새로운 지평을 위하여 : 지역연구와 문화연구에 대한 방법론적 시론. **아시아문화연구**, 3, 177-193.

_____. 2001. 현대 말레이시아 이슬람부흥운동의 문화적 의미. **동남아시아연구**, 11, 1-27.

_____. 2003. 현대 한국에서의 동아시아 정체성 담론에 대한 비판적 검토. **인문학논총**, 3, 345-360.

_____. 2018. 현대 한국에서의 '다문화' 담론에 대한 비판적 검토. **다문화와 인간**, 7(1/2), 153-192.

홍창영. 2004. 북한이탈주민의 외상후스트레스장애에 대한 3년 추적연구. 연세대학교 대학원 석사학위논문.

뉴스위크 한국판. 2016. 10. 17. "세계 인구 7명 중 1명이 난민 · 이주자".

월간조선. 2014. 11월호 "동아시아 多文化의 운명공동체, 韓 · 日 · 臺灣".

藤巻秀樹. 2012. 移民列島」ニッポン[他文化共生社会に生きる]. 藤原書店.

王俐容. 2004. 多元文化主義在台灣：衝突與挑戰. 2004年台灣社會學年會提出.

李玉蓮. 2005. 近代 韓國華僑社會의 形成과 展開. 인하대학교 대학원 박사학위논문.

黃文彦. 2008. 外籍配偶教育問題分析與制度建構-以2002-2006臺北縣爲例. 未發行碩士論文, 國立臺灣師範大學. 臺北.

Appadurai, Arjun. 1990. Disjuncture and Difference in the Global Cultural Economy. *Public Culture, 2*(2), 1-32.

Appadurai, Arjun. 1996. *Modernity At Large : Cultural Dimensions of Globalization*. Minnesota Press.

Beharry, P., & Crozier, S. 2008. Using phenomenology to understand experiences of racism for second-generation South Asian Women. *Canadian Journal of Counselling, 42*(4), 262-277.

Bennett, M. J. 2004. Becoming interculturally competent. In J. Wurzel(Ed.), *Toward multiculturalism : a reader in multicultural education*(2nd ed.). Newton, MA : Intercultural Resource Corporation.

Berry, J. W. 1994. Acculturation and psychological adaptation : An overview. In A.-M. Bouvy, F. J. R. van de Vijver, P. Boski, & P. G. Schmitz(Eds.), *Journeys into Cross-cultural Psychology*(pp. 129-141). Lisse, Netherlands : Swets & Zeitlinger Publishers.

__________1997. Immigration, acculturation and adaptation. *Applied Psychology : An International Review, 46*(1), 5-68.

__________2006. Context of Acculturation. In Berry, J. W., & Sam, David L.(Eds.), *The Cambridge Handbook of Acculturation Psychology*. Cambridge Univ. Press.

Beynon, John, & Dunkerley, David(Eds.). 2000. *Globalization : The Reader*. London : Routledge.

Bitonti, C., Albers, E., & Reilly, T. 1996. Multicultural Competence in Nevada Human Services : A Statewide Survey. *Journal of Multicultural Social Work, 4*(4), 67-83.

Bleslau, Joshua. 2004 Cultures of Trauma : Anthropological Views of Posttraumatic Stress Disorder in International Health. *Culture, Medicine and Psychiatry, 28*, 113-116.

Brach C., & Fraser, I. 2000. Can Cultural Competency Reduce Racial and Health Disparities? : A Review and Conceptual model. *Medical Care Research and Review, 57*, 181-217.

Brown, Lisa M. 1998. Ethnic Stigma as a Contextual Experience : A Possible Selves Perspective. *Persnality and Social Psychological Bulletin*. February 1998 24, 163-172.

Browne, C. W. 1995. Empowerment in Socilal Work Practice with Older Women. *Social Work, 40*(3), 358-364.

Bruneau, M. 2010 Diasporas, Transnational Spaces and Communities. In Rainer Bauböck & Thomas Faist(Eds.), *Diaspora and Transnationalism : Concepts, Theories and Methods*. Amsterdam University Press.

Castles, Hein de Haas & Miller, Mark J. 2013. *The Age of Migration, Fifth Edition : International Population Movements in the Modern World*. 한국이민학회 역. 이주의 시대. 일조각.

Clifford, James, & Marcus, George E.(Eds.). 1986. *Writing Culture*. Berkeley : California University Press.

Clifford, James. 1997. *Travel and Translation in the Late Twentieth Century*. Cambridge and London : Harvard University Press.

Cohen, M. B. 1998. Perceptions of power in client-worker relationships. *Families in Society, 79*(4).

Cross, T. L., Bazron, B. J., Dennis, K. W., & Issacs, M. R. 1989. *Towards a Culturally Competent System of Care*. Washington, DC : Georgetown University Child Development Center.

Eriksen, Thomas Hylland. 1993. *Ethnicity and Nationalism : Anthropological Perspectives*. London · Boulder : Pluto Press.

Farver, J. A., Narang, S. K., & Bhadha, B. R. 2002. East meets West : Ethnic identity, acculturation, and conflict in Asian Indian families. *Journal of Family Psychology, 16*(3), 338-350.

Gordon, M. M. 1978. *Human Nature, Class, and Ethnicity*. New York : Oxford University Press.

__________1964. *Assimilation in American Life : The Role of Race, Religion, and National Origins*. New York : Oxford University Press.

Hodge, J. L., Struckmann, D. K., & Trost L. D. 1975. *Cultural Bases of Racism and Group Oppression : An Examination of Traditional "Western" Concepts, Values, and Institutional Structures which Support Racism, Sexism, and Elitism. Berkeley*, Calif. : Two Riders Press.

Joplin, J. R., and Daus, C. S. 1997. Challenges of Leading Diverse Workforce. *Academy of Management Executive, 11*(3), 32-48.

Kahn, Joel. S. 1995. *Culture, Multiculture, Postculture*. London : Sage.

Kujawa-Holbrook, S. 2002. Beyond Diversity : Cultural Competence, White Racism Awareness, and European-American Theology Students. *Teaching Theology and Religion, 5*(3), 141-14.

LaFromboise, T., Colema, H., & Gerton, J. 1993. Psychological Impact of Biculturalism : Evidence and Theory. *Psychological Bulletin 114*, 395-412.

Larkey, L. K. 1996. The Development and Validation of the Workforce Diversity Questionnaire : An Instrument to Assess Interactions in Diverse Workgroups. *Management Communication, Quarterly* 9(3), 296-337.

Lum, D. 2004. *Social Work Practice and People of Color : A Process-stage Approach*. Brooks/Cole Publishing Company.

______2005. *Cultural Competence, Practice Stages, and Client Systems : A Case Study Approach*. Australia; Belmont, CA : Thomson/Brooks/Cole.

______2007. *Culturally Competent Practice: A Framework for Understanding Diverse Groups and Justice Issues*. Belmont, CA : Brooks/Cole.

Miley, K., O'Melia, M. & DuBois, B. 1995. *Generalist Social Work Practice : An Empowering Approach*. Allyn and Bacon.

Oberg, K. 1960. Cultural shock : Adjustment to new cultural environments. *Practical Anthropology*, 7, 177-182.

Osborn, Chandra Y. Mayberry, Lindsay Satterwhite, Wagner, Julie A., & Welch, Garry W. 2014. Stressors May Compromise Medication Adherence Among Adults With Diabetes and Low

Socioeconomic Status. *Western Journal of Nursing Research*, Feb. 25, 1-20.

Picho, Katherine & Brown, Scott W. 2011. Can Stereotype Threat Be Measured? A Validation of the Social Identities and Attitudes Scale(SIAS). *Journal of Advanced Academics, 22*, 374-411.

Putnam R. 1993. *Making Democracy Work : Civic Tradition in Modern Italy*. Princeton.

Rose, S. M. 2000. Reflections on empowerment-based practice. *Social Work, 45*(5).

Rush, Ladonna L. 1998. Affective Reactions to Multiple Social Stigmas. *The Journal of Social Psychology, 138*(4), 421-430.

Saleebey, D. 1996. The strengths perspective in social work practice : Extensions and cautions. *Social Work, 41*(3), 296-305.

Saleebey, D. 2012. *The strength perspective in social work practice,* 6th ed. Boston : Pearson Education.

Sam, D. L., & Berry, J. W.(Eds.). 2006. *The Cambridge Handbook of Acculturation Psychology*. Cambridge, UK : Cambridge University Press

Segal, U. 2002. *A framework of immigration : Applications to Asians in the United States*. New York : Columbia University Press.

Segal, U. A., & Mayadas, N. 2005. Assessment of issues facing immigrant and refugee families. *Child Welfare, 84*(5), 563-583.

Short, E. C. 1985. The Concept of Competence: Its Use and Misuse in Education. *Journal of Teacher Education, 37*, 2-6.

Short, John Rennie. 2001. *Global Dimensions : Space, Place and The Contemporary World*. Reakyion Books.

Solomon, B. 1976. *Black Empowerment : Social Work in Oppressed Communities*. New York : Columbia University Press.

Sue, D. W. 2001. Multidemensional Facets of Cultural Competence. *The Counseling Psychologist, 29*, 790-821.

__________2006. *Multicultural Social Work Practice*. Hoboken, NJ : Wiley.

Sue, D. W., & Sue, D. 2011. 하혜숙 외 공역. 다문화 상담 이론과 실제. 학지사. (원서출판 2008).

Sue, S. 2006. Cultural competency : From philosophy to research and practice. *Journal of Community Psychology, 34*(2), 2.

Thakore-Dunlap, U., & Van Velsor, P. 2014. Group counseling with South Asian immigrant high school girls : Reflections and commentary of a group facilitator. *Professional Counselor, 4*(5), 505-518.

The Department of Statistics of Malaysia. 2018. Census Report of Malaysia 1911-2018. The

Department of Statistics of Malaysia.

Timberlake, E. M., Farber, M. Z., & Sabatino, C. A. 2002. *The General Method of Social Work Practice. McMahon's Generalist Perspective*. Boston, MA : Allyn and Bacon.

Tylor, Michael. 2002. The Shaping of San Livelihood Strategies : Government Policy and Popular Values. *Development and Change, 33*(3), 467-488.

Wang, Li-jung. 2005/2006. Creating Taiwanese Citizenship : Identity, Difference and Cultural Policy. *International Journal of the Humanities, 3*(8), 231-242.

_____________ 2005. The Formation of 'Transnational Communities' : A New Challenge to 'Multicultural Taiwan'. *International Journal of Cultural Policy, 11*(2), 171-185.

Weaver, H. N. 2005. *Explorations in Cultural Competence : Journeys to the Four Directions*. Belmont, CA : Thomson.

Wing Sue, D., & Sue, D. 2008. *Counseling the Culturally Diverse : Theory and Practice*(5th ed.). Hoboken, NJ, US : John Wiley & Sons Inc.

Wirth, Louis, 2000(1938). Urbanism As a Way of Life. In George Gmelch & Walter P. Zenner(Eds.), *Urban Life : Readings in Urban Anthropology*. Illinois : Waveland Press, pp. 14-34.

Zainah Anwar. 1987. *Islamic Revivalism in Malaysia : Dakwah Among the Students*. Petaling Jaya : Pelanduk Publications.

Zhou, Min. 1992. *Chinatown : The Sociological Potential of an Urban Enclave*. Philadelphia : Temple University Press.

__________ 1997. Segmented Assimilation: Issues Controversies, and Recent Research on the New Second Generation. *The International Migration Review, 31*(4), 975-1008.

Zhou, Yu. 1998. Beyond Ethnic Enclaves: Location Strategies of Chinese Producer Service Firms in Los Angeles. *Economic Geography, 74*(3).

네이버 지식백과 인종 [race] (사회학사전, 2000. 10. 30., 사회문화연구소).

노팅힐폭동 https://en.wikipedia.org/wiki/1958_Notting_Hill_race_riots

독일 통계청 https://www.destatis.de

영국 통계청 https://www.ons.gov.uk

영국폭동 https://en.wikipedia.org/wiki/2011_England_riots

이민배경 https://de.wikipedia.org/wiki/Migrationshintergrund

일본 총무성 통계국 https://www.stat.go.jp

통일부 http://www.unikorea.go.kr

doopedia http://www.doopedia.co.kr

external/upload.wikimedia.org/605px-Meyers_b11_s0476a.jpg

http://blog.naver.com/kevin8878/120011497391

https://jaymans.files.wordpress.com/2014/05/global-genetic-distances-map.jpg

The Department of Statistics Malaysia www.statistics.gov.my

www.thestyleandbeautydoctor.com/Estee-Lauder-Idealist-Campaign.jpg

찾아보기

인 명

내 용

저/자/약/력

■ 성정현
협성대학교 사회복지학과 교수

■ 김혜미
인천대학교 사회복지학과 교수

■ 김희주
협성대학교 사회복지학과 교수

■ 박동성
순천향대학교 국제문화학과/글로벌문화산업학과 교수

■ 이창호
한양대학교 글로벌다문화연구원 학술연구교수

■ 홍석준
국립목포대학교 고고문화인류학과 교수

사회복지와 문화다양성

|공저자| 성정현 · 김혜미 · 김희주 · 박동성 · 이창호 · 홍석준

|1판 1쇄| 발행 2020년 12월 31일
|1판 2쇄| 발행 2022년 8월 30일
|1판 3쇄| 발행 2025년 8월 30일

|발행인| 김동훈
|발행처| 공 동 체

|주소| 경기도 고양시 일산동구 호수로 358-39, 동문타워 I 905호(백석동)
|전화| 031) 814-3000(대표)
|팩스| 031) 814-3100
|홈페이지| www.compub.co.kr
|전자우편| compub@naver.com
|출판등록| 2005년 10월 6일
|등록번호| 제396-2005-36호

|ISBN| 979-11-6105-759-0
정가 18,000원